독자의 1초를
아껴주는 정성을
만나보세요!

세상이 아무리 바쁘게 돌아가더라도 책까지 아무렇게나 빨리 만들 수는 없습니다.
인스턴트 식품 같은 책보다 오래 익힌 술이나 장맛이 밴 책을 만들고 싶습니다.
땀 흘리며 일하는 당신을 위해 한 권 한 권 마음을 다해 만들겠습니다.
마지막 페이지에서 만날 새로운 당신을 위해 더 나은 길을 준비하겠습니다.

핵심 C++ 표준 라이브러리, 2판

The C++ Standard Library: Second Edition includes C++17

초판 발행 • 2021년 11월 30일

지은이 • 라이너 그림
옮긴이 • 남기혁
발행인 • 이종원
발행처 • (주)도서출판 길벗
출판사 등록일 • 1990년 12월 24일
주소 • 서울시 마포구 월드컵로 10길 56(서교동)
대표 전화 • 02)332-0931 | **팩스** • 02)323-0586
홈페이지 • www.gilbut.co.kr | **이메일** • gilbut@gilbut.co.kr

기획 및 책임편집 • 이원휘(wh@gilbut.co.kr) | **디자인** • 장기춘 | **제작** • 이준호, 손일순, 이진혁
영업마케팅 • 임태호, 전선하, 차명환, 지운집, 박성용 | **영업관리** • 김명자 | **독자지원** • 송혜란, 윤정아, 홍혜진

교정교열 • 전도영 | **전산편집** • 박진희 | **출력 · 인쇄** • 금강인쇄 | **제본** • 금강제본

ISBN 979-11-6521-787-7 93000
(길벗 도서번호 080248)

정가 25,000원

예제소스 • https://github.com/gilbutITbook/080248

라이너 그림 지음
남기혁 옮김

핵심 C++ 표준 라이브러리, 2판

THE C++ STANDARD LIBRARY: SECOND EDITION INCLUDES C++17

길벗

현재 C++는 3년마다 새로운 표준을 내놓고 있습니다. 표준이 나올 때마다 다양한 기능이 추가되고 변경됩니다. 그러다 보니 시간이 지날수록 배워야 할 기능은 점점 늘어납니다. C++ 표준 라이브러리에도 수많은 기능이 있어서 모두 살펴보려면 꽤 오랜 시간이 걸립니다.

〈핵심 C++ 표준 라이브러리, 2판〉은 방대한 C++ 표준 라이브러리를 가장 중요한 부분 위주로 빠르고 쉽게 배울 수 있도록 구성되어 있습니다. 특히 C++98, 03 표준 이후 오랜만에 C++를 사용하는 분에게 적합한 책이며, 최신 C++ 표준을 알고 있는 분도 필요할 때마다 레퍼런스로 찾아볼 수 있는 좋은 책입니다.

– 옥찬호, Momenti/Microsoft MVP/C++ Korea 운영진

C++ 표준 라이브러리에서 가장 중요한 부분을 가장 빠르고 쉽게 익히기 좋은 책이다. 모든 C++ 프로그래머에게 추천한다.

– 릭 오데, 돌비 연구소 수석 엔지니어

이 책의 이름에서 알 수 있듯이 STL에 대해 상당히 자세히 설명하고 있다. 또한, 저자가 직접 작성한 수준 높은 예제도 제공하며 여러 전문서에서 보기 힘든 조언이나 팁도 나와 있다. 가령 95%의 경우에는 `std::vector`를 쓰는 것이 바람직하다거나, `std::async`를 사용해야 하는 경우가 대부분이라는 것이다. 이런 조언은 독자를 올바른 방향으로 안내한다.

책에서 설명하는 STL의 구성 요소도 잘 선택했다. (어떠한 책도 STL 전체를 짧게 설명할 수는 없을 것이다.) 많은 책에서 중요한 요소를 다루기보다는 설명하기 쉬운 요소를 다룬다. 예를 들어 `std::regex`를 짧은 분량으로 제대로 설명하기란 쉽지 않은데, 이 책은 훌륭하다.

– 오딘 홈즈, 아우토-인테른 CEO/CTO

200여 페이지의 본문(원서 기준), 상세한 색인으로 방대한 내용을 잘 다루고 있다. 표준 라이브러리 중에서 고전 알고리즘에 대한 내용은 대략 131페이지(원서 기준)를 차지한다. 표준 라이브러리에서 가장 중요한 요소에 대해 간략한 예를 제시한 점도 훌륭하다. Dash나 잘 구성된 IDE에 레퍼런스가 잘 나와 있지만, 이 책은 모든 C++ 개발자가 간편하게 갖고 다니면서 참고할 수 있는 동반자다. 킨들과 같은 온라인 버전을 이용하면 더욱 편리할 것이다.

– 라몬 와르탈라, 퍼포먼스 미디어 기술 부장

이 책은 C++17 표준인 ISO/IEC 14882:2017[1]에서 정한 표준 라이브러리 규격을 간편히 찾아보기 위한 레퍼런스다.[2] C++ 표준 문서는 C++17부터 1,600페이지 정도로 크게 늘었다. C++14는 C++11에 약간만 추가된 것이다. C++11은 표준 문서로 1,300페이지 정도였으며 2011년에 발표됐는데, 최초의 C++ 표준인 C++98이 나오고 나서 13년이 지난 후 발표됐다. 물론 2003년에 발표된 C++03도 있지만 버그 픽스 릴리스에 해당한다.

이 책의 목적은 C++ 표준 라이브러리에 대한 간결하고 명료한 레퍼런스를 제공하는 것이다. 이 책은 여러분이 C++에 어느 정도 익숙하다고 가정했으므로, C++를 잘 알아야만 이 책을 최대로 활용할 수 있다. 따라서 C++를 처음 접하는 독자라면 C++ 기초에 대한 책부터 먼저 읽길 바란다. 기본기를 어느 정도 갖췄다면 이 책을 통해 실력을 크게 향상시킬 수 있을 것이다. 이 과정을 좀 더 쉽게 거칠 수 있도록 이론과 실전을 연결하는 간단한 코드 예제도 많이 제시했다.

찾아보기

이 책은 C++에 대한 레퍼런스인 만큼 찾아보기도 제공한다. 원서 출판사인 Leanpub에서 찾아보기를 따로 만들어주지 않았으므로 정규 표현식, 명명 규칙, 여러 가지 파이썬 기법과 페이지 단위로 쪼갤 수밖에 없었던 기나긴 테이블을 토대로 직접 찾아보기를 만들었다.

관례

이 책에서는 최소한의 관례만 적용하고자 노력했다.

1 https://www.iso.org/standard/68564.html

2 역주 현재 표준인 C++20, ISO/IEC 14882:2020(https://www.iso.org/standard/79358.html) 관련 사항도 필요에 따라 언급했다.

참고

고유한 정보나 팁, 주의 사항 등은 참고 박스에 넣어 제시했다.

- Note: 정보
- Tip: 팁
- Warning: 주의 사항

예제 코드

using 디렉티브(directive)나 using 선언문(declaration)은 라이브러리 함수의 네임스페이스를 가리기 때문에 나는 그런 문장을 사용하길 꺼리는 편이지만, 이 책에서는 페이지 공간이 넉넉치 않아서 어쩔 수 없이 써야 할 때가 있었다. 그렇더라도 원문을 유추할 수 있도록 using 디렉티브(예 using namespace std;)나 using 선언문(예 using std::cout;)을 작성했다.

또한, 헤더 파일은 본문의 주제에 해당하는 것만 표기했다. 불 타입 값을 출력할 때는 true나 false로 표시했다.

소스 코드

간결한 구성을 위해 핵심 부분만 발췌했다. 프로그램 전체 이름은 코드 예제의 첫 줄에 표기했다.

값과 오브젝트

여기서 값(value)이란 기본 데이터 타입의 인스턴스를 가리키며 C에서 물려받은 것이다. 반면 오브젝트(object)란 여러 가지 기본 타입으로 구성된 고급 타입의 인스턴스를 말한다. 오브젝트는 흔히 사용자 정의 타입이나 컨테이너의 인스턴스다.

추가 정보

이 책의 목적은 한마디로 '전문 C++ 프로그래머라면 반드시 알아야 할 C++ 표준 라이브러리를 다루는 것'이라고 표현할 수 있다. 그래서 자세히 설명하지 않은 내용도 많다. 그 대신 상세한 내용에 대한 링크를 각 주제의 첫 부분마다 제시했다. 링크는 모두 최고의 온라인 레퍼런스인 www.cppreference.com[3]에 대한 것이다.

C++와 C++11

C++의 창시자인 비야네 스트롭스트룹(Bjarne Stroustrup)보다 C++11의 특징을 가장 잘 표현할 사람은 없을 것이다.

> 놀랍게도 C++11은 새로운 언어처럼 느껴진다. 각 요소가 예전보다 훨씬 잘 들어맞고 프로그래밍을 좀 더 하이레벨 스타일로 할 수 있으며 효율성도 더 높아졌다.
>
> – 비야네 스트롭스트룹, http://www.stroustrup.com/C++11FAQ.html

정말 그랬다. C++11은 완전히 새로운 언어 같았다. 기존 C++에 추가된 것들이 상당히 많았기 때문이다. 코어 언어도 그랬지만 표준 라이브러리는 대폭 향상되고 확장됐다. 텍스트 조작을 위한 정규 표현식 라이브러리, 타입 트레이트 라이브러리, 타입 비교 및 조작, 새로운 난수 라이브러리, 크로노(chrono) 라이브러리 등은 모두 C++11부터 새롭게 등장한 것이다. 여기서 끝이 아니다. 자동 메모리 관리를 위한 스마트 포인터, `std::array`와 `std::tuple` 같은 새로운 컨테이너도 추가됐고, 이는 C++14에서 더욱 개선됐다. C++11부터 멀티스레드를 처리하고, 멀티스레딩 라이브러리가 제공됐다.

3 http://en.cppreference.com/w/

먼저 오라일리에서 독일어로 출간된 〈C++ Standardbiblithek〉[4]의 담당 편집자인 알렉산드라 폴레니우스에게 감사한다. 독자들도 짐작했겠지만, 이 책은 독일어판을 토대로 집필한 것이다. 원본인 〈C++ Standardbiblithek〉을 교정해준 카르스텐 아네르트, 군트람 베르티, 드미트리 가뉴신, 스벤 요한센, 토스텐 로비츠키, 바트 반데워스타인, 펠릭스 빈터에게 깊은 감사의 마음을 전한다.

이 책을 영어로 번역하기 위해 영어 버전 블로그인 www.ModernesCpp.com[5]을 통해 검토를 받았으며, 기대 이상으로 많은 피드백을 받았다. 영어 버전을 처음으로 교정해준 내 아들 마리우스를 비롯해 이 책을 검토해준 모두에게 감사한다.

그 외에 도움을 주신 분들을 알파벳순으로 나열하면 다음과 같다.

마헤시 아타르드, 릭 오데, 피트 배로우, 마이클 벤-다비드, 데이브 번스, 알바로 페르난데스, 조지 헤이크, 클레어 마크레, 아르네 메르츠, 이안 리브, 제이슨 터너, 바트 반데워스타인, 이반 베르길리예프, 안제이 바르진스키

라이너 그림

4 http://shop.oreilly.com/product/9783955619688.do

5 http://www.modernescpp.com/index.php/do-you-wan-t-to-proofread-a-book

C++는 역사가 길고 최근 변화의 폭도 큰 편이라 각 버전별 기능을 모두 머릿속에 담고 있기 힘듭니다. C++20도 기회가 닿는 대로 언급하고 싶었지만, 모든 내용을 다루자면 이만한 책 한 권을 새로 써야 할 정도라 아쉬움이 남습니다. 아무쪼록 C++ 프로그래밍에 이 책이 도움이 되길 바랍니다.

참고로 번역에 사용한 용어는 다음과 같습니다.

원문 용어	번역 용어
object	오브젝트
use case	활용 사례
cyclic dependency	순환 의존성
shared ownership	공유 소유권
explicit ownership	단독 소유권
reference counting	레퍼런스 카운팅
associative container	연관 컨테이너
execution policy	실행 정책
range	범위
end iterator	끝 반복자
callable	콜러블
random number	난수
non-owning reference	비소유 레퍼런스
extraction operator	추출 연산자
insertion operator	추가 연산자
manipulator	조작자
task	태스크
condition variable	상태 변수
fully qualified name	긴 이름
unqualified name	짧은 이름

계속

원문 용어	번역 용어
scope resolution operator	스코프 지정 연산자
specialization	특수화
atomic	어토믹
pair	페어
type trait	타입 트레이트
predicate	프레디케이트
r-value reference	우측값 참조
preferect forwarding	완벽 전달
universal reference	보편 참조
forwarding reference	전달 참조
RAII idiom	RAII 이디엄
delete	삭제자
primary type category	기본 타입 카테고리
composite type category	합성 타입 카테고리
qualifier	지정자
quantifier	한정자
overload resolution	오버로드 결정
time point	시점
time duration	기간
sequential container	순차 컨테이너
allocator	할당자
initializer list	이니셜라이저 리스트
aggregate initialization	묶음 초기화
deque	덱
strict weak ordering	엄격한 약순서화

계속

원문 용어	번역 용어
boolean	불 타입
predefined function object	미리 정의된 함수 오브젝트
ordered associative container	정렬 연관 컨테이너
unordered associative container	비정렬 연관 컨테이너
iterator	반복자
constant iterator	상수 반복자
generic programming	제네릭 프로그래밍
non-modifying algorithm	원소를 수정하지 않는 알고리즘
modifying algorithm	원소를 수정하는 알고리즘
copy	복제
remove	제거
source/destination	원본/대상
erase-remove idiom	삭제 후 제거 구문
move semantics	이동 의미론
swap	맞바꾸기
partition	분할
iterable	반복형
numeric/mathematical function	수학 함수
random access iterator	임의 접근 반복자
character trait	문자 트레이트
exception	익셉션
global/local	글로벌/로컬
modifying/non-modifying operation	수정/비수정 연산
fill character	채우기 문자
scientific format	과학 표기법

계속

원문 용어	번역 용어
significant digit	유효 숫자
non-constant	비상수
format specifier	포맷 지정자
canonical path	표준 경로
non-member function	비멤버 함수
working directory	작업 디렉터리
truncation	잘라내기
named pipe	네임드 파이프
sequential consistency	순차 일관성
base class	기본 클래스
virtual class	가상 클래스
variadic template	가변 인수 템플릿
reference	레퍼런스
lock	락/잠금 상태
static	스태틱
thread-safe	스레드에 안전한
promise	프로미스
future	퓨처
shared future	공유 퓨처
eager/lazy	즉시/지연
spurious wakeup	잘못된 깨우기
lost wakeup	사라진 깨우기
start policy	구동 정책
work package	작업 패키지

소스 코드

이 책의 소스 코드는 다음 환경에서 검증했다.

- **검증 환경**: clang/g++ 12.0, macOS 10.15.7, Visual Studio Code 1.58.2

소스 코드를 실행하는 방법은 다음과 같다.

- `# clang++ -stdlib=libc++ -std=<원하는 표준 버전> <소스 파일> <결과 파일>`

  예 `# clang++ -stdlib=libc++ -std=c++17 minMax.cpp minMax`

- 남기혁

예제 파일 내려받기

이 책에서 사용하는 예제 코드는 길벗출판사 웹 사이트에서 도서명으로 검색하여 내려받거나 아래 깃허브 저장소에서 내려받을 수 있습니다.

- **길벗출판사 웹 사이트**: http://www.gilbut.co.kr/
- **길벗출판사 깃허브**: https://github.com/gilbutITbook/080248

예제 파일 구조 및 참고 사항

이 책에서 사용하는 예제 파일은 프로젝트별로 제공합니다.

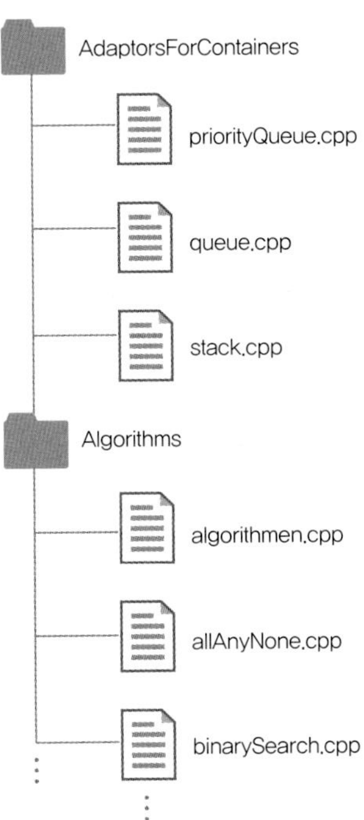

책의 분량이 그다지 많지 않음에도 STL을 이해하는 데 필요한 핵심 내용과 간결한 예제를 담고 있습니다. STL 전반을 살펴보고자 하는 경우, 라이브러리 사용법이 궁금한 경우 곁에 두고 볼 수 있는 책입니다.

- **실습 환경** clang, godbolt

김종덕_ 네이버 브라우저 개발

이 책은 C++의 STL을 소개하고 있으므로 C++ 기본 문법을 익히고 나서 보는 것을 추천한다.
많은 사람이 C++ 기본 문법을 공부하지만, STL은 공부하지 않는 것 같다. 하지만 C++ STL을 익히고 나면 직접 구현하지 않고도 많은 기능을 활용할 수 있다. 필요할 때 찾아 쓰는 형태로 STL을 공부한다면 어떤 라이브러리를 제공하는지 모르기 때문에 직접 구현하거나 서드파티 라이브러리를 이용하게 되는데, 이 책은 그런 수고를 덜어주며 C++ STL에서 제공하는 많은 함수를 예제를 통해 간결하게 설명하고 있다. 전체적으로 STL을 훑어보고 싶다면 이 책을 강력히 추천한다.

- **실습 환경** Visual Studio Code 16.11.5

노형석_ NAVER Cloud

확실히 간략하게 설명하므로 깔끔한 맛이 있었고, 키워드(keyword)가 다 정리돼 있어서 좋았다. 또한, 새로운 C++17 버전에 대해 배워야겠다고 늘 생각만 해왔는데, 여러 가지 알고리즘을 자세히 설명해줘서 매우 유익했다. C/C++ 입문자나 초보자에게는 다소 어려울 수도 있겠다.

- **실습 환경** Ubuntu 18.04, Visual Studio Code

장승호_ 미주리 대학교 – 세인트루이스

C++ 표준 라이브러리를 전반적으로 훑어보는 데 도움이 됩니다. 또한, 컨테이너, 알고리즘 등의 구조와 동작 원리를 담고 있으므로 표준 라이브러리가 제공하는 기능 중에서 내가 구현하고자 하는 로직에 적합한 것을 선택하는 데도 유용한 좋은 책입니다.

- **실습 환경** clang, Visual Studio Code 2019(/std:c17)

한원식_ 콘텐츠웨이브

C++ 표준이나 레퍼런스라는 타이틀이 붙으면 이른바 '베개 책'을 떠올리게 됩니다. 과연 저 책을 몇 번이나 읽을지 의문이 드는 엄청난 두께의 책들이 대부분이기 때문이죠. 하지만 라이너 그림의 이 책은 이미 만족스럽게 읽었던 1판만큼이나 2판에서도 마찬가지로 좋은 느낌을 안겨줬습니다.

이 책은 C++ API 자체를 나열한 것이 아니라 C++의 핵심 API들과 함께 주요 자료구조와 알고리즘, 특히 최신 C++17 표준을 포함해 기술했습니다. 따라서 매번 인터넷을 뒤지기보다는 한 권 정도 소장해서 필요할 때마다 꺼내 레퍼런스로 이용할 만한 도서입니다.

C++는 쉽지 않고 다른 언어들의 인기는 치솟고 있지만, 네이티브 코드에서는 C++가 여전히 주류를 이루고 있습니다. 이 책을 통해 C++ 실력이 한층 더 발전하길 기대합니다.

- **실습 환경** Visual Studio Code 16.11

이진_ 휴맥스

C++의 기본을 학습하고 나서 추가 학습을 할 때 추천하는 책입니다.

예제를 통해 다양한 라이브러리를 사용하면서 배울 수 있기에 책을 보고 개발을 하면 코드를 더욱더 발전시킬 수 있을 것입니다. 여러 라이브러리를 통해 코드를 익힐 수 있고 용어 설명도 잘돼 있으므로, 이 책을 다 읽고 나면 자신도 모르게 실력이 향상될 것입니다.

- **실습 환경** Visual Studio Code 2019 커뮤니티 버전

고요한_ 페이스북 그룹 C++ OpenSource 운영진

1장 표준 라이브러리 ····· 27

1.1 역사 28

1.2 개요 29

1.2.1 유틸리티 29

1.2.2 표준 템플릿 라이브러리 30

1.2.3 수치 연산 32

1.2.4 텍스트 처리 32

1.2.5 입력과 출력 33

1.2.6 멀티스레딩 33

1.3 라이브러리 활용 34

1.3.1 헤더 파일 인클루드하기 35

1.3.2 네임스페이스 지정하기 35

1.3.3 실행 파일 생성하기 37

2장 유틸리티 ····· 39

2.1 유용한 함수들 40

2.1.1 std::min, std::max, std::minmax 40

2.1.2 std::move 42

2.1.3 std::forward 43

2.1.4 std::swap 44

2.2 함수 어댑터 45

2.2.1 std::bind 46

2.2.2 std::function 47

2.3 페어 48

2.3.1 std::make_pair 49

2.4 튜플 49

2.4.1 std::make_tuple 50

2.4.2 std::tie와 std::ignore 51

2.5 레퍼런스 래퍼 53

2.5.1 std::ref와 std::cref 54

2.6 스마트 포인터 55

2.6.1 std::unique_ptr 56

2.6.2 std::shared_ptr 60

2.6.3 std::weak_ptr 63

2.6.4 순환 참조 66

2.7 타입 트레이트 68

2.7.1 타입 정보 검사 68

2.7.2 기본 타입 카테고리 69

2.7.3 복합 타입 카테고리 70

2.7.4 타입 속성 71

2.7.5 타입 비교 72

2.7.6 타입 수정 72

2.8 시간 라이브러리 74

2.8.1 시점 76

2.8.2 기간 77

2.8.3 클럭 79

2.9 std::any, std::optional, std::variant 80

2.9.1 std::any 80

2.9.2 std::optional 82

2.9.3 std::variant 83

3장 컨테이너 인터페이스 ····· 87

3.1 생성과 삭제 88

3.2 크기 90

3.3 접근 91

3.4 대입과 맞바꾸기 93

3.5 비교 94

4장 순차 컨테이너 ····· 97

4.1 배열 99

4.2 벡터 101

4.2.1 크기 vs. 용량 102

4.3 덱 104

4.4 리스트 106

4.5 포워드 리스트 107

5장 연관 컨테이너 ····· 111

5.1 개요 112

5.1.1 원소의 추가와 삭제 114

5.2 정렬 연관 컨테이너 116

5.2.1 개요 116

5.2.2 키와 값 117

5.2.3 비교 기준 117

5.2.4 탐색 함수 118

5.2.5 std::map 120

5.3 비정렬 연관 컨테이너 121

5.3.1 개요 121

5.3.2 키와 값 122

5.3.3 성능 122

5.3.4 해시 함수 123

5.3.5 세부 사항 125

6장 컨테이너 어댑터 ····· 129

6.1 스택 130

6.2 큐 131

6.3 우선순위 큐 133

7장 반복자 ····· 135

7.1 카테고리 136

7.2 반복자 만들기 137

7.3 유용한 함수 139

7.4 어댑터 141

7.4.1 추가 반복자 141

7.4.2 스트림 반복자 142

8장 콜러블 ····· 145

8.1 함수 146

8.2 함수 오브젝트 147

8.2.1 미리 정의된 함수 오브젝트 147

8.3 람다 함수 148

9장 알고리즘 ····· 151

9.1 사용법 153

9.2 반복자 155

9.3 순차, 병렬 실행 또는 벡터화를 적용한 병렬 실행 155

9.3.1 실행 정책 155

9.3.2 병렬 실행을 지원하는 알고리즘 157

9.4 for_each 159

9.5 원소를 수정하지 않는 알고리즘 161

9.5.1 원소 탐색 161

9.5.2 원소 개수 세기 163

9.5.3 범위에 대한 조건 검사하기 164

9.5.4 범위 비교 165

9.5.5 범위 탐색하기 168

9.6 원소를 수정하는 알고리즘 170

9.6.1 원소와 범위 복제하기 170

9.6.2 원소와 범위 교체하기 171

9.6.3 원소와 범위 제거하기 173

9.6.4 범위 채우고 생성하기 174

9.6.5 범위 옮기기 176

9.6.6 범위 맞바꾸기 177

9.6.7 범위 변환하기 178

9.6.8 범위 순서 바꾸기 179

9.6.9 범위 회전시키기 181

9.6.10 범위 무작위로 섞기 182

9.6.11 중복 제거하기 183

9.7 분할 184

9.8 정렬 187

9.9 이진 탐색 189

9.10 합병 연산 191

9.11 힙 195

9.12 최대 최소 198

9.13 순열 200

9.14 수치 알고리즘 201

9.15 C++17부터 추가된 알고리즘 204

9.16 C++20부터 추가된 알고리즘 209

10장 수학 ····· 211

10.1 무작위수 212

10.1.1 무작위수 생성기 212

10.1.2 무작위수 분포 213

10.2 C에서 물려받은 수학 함수 216

11장 스트링 ····· 219

11.1 생성과 삭제 222

11.2 C++ 스트링과 C 스트링 간 변환 224

11.3 크기 vs. 용량 225

11.4 비교 227

11.5 스트링 결합 228

11.6 원소 접근 228

11.7 입력과 출력 230

11.8 탐색 231

11.9 수정 연산 233

11.10 숫자 변환 237

12장 스트링 뷰 ····· 241

12.1 생성과 초기화 243

12.2 비수정 연산 243

12.3 수정 연산 244

13장 정규 표현식 ····· 247

13.1 문자 타입 249

13.2 정규 표현식 오브젝트 250

13.3 검색 결과 – match_results 251

13.3.1 std::sub_match 253

13.4 매치 255

13.5 검색 256

13.6 교체 258

13.7 포맷 259

13.8 반복 검색 261

13.8.1 std::regex_iterator 261

13.8.2 std::regex_token_iterator 263

14장 입력 스트림과 출력 스트림 ····· 265

14.1 계층 구조 266

14.2 입력 함수와 출력 함수 267

14.2.1 입력 269

14.2.2 포맷 비지정 입력 270

14.2.3 출력 271
14.2.4 포맷 지정자 271

14.3 스트림 275
14.3.1 스트링 스트림 275
14.3.2 파일 스트림 277
14.3.3 스트림 상태 281

14.4 사용자 정의 데이터 타입 283

15장 파일 시스템 라이브러리 ····· 287

15.1 클래스 290
15.1.1 파일의 접근 권한 조작하기 291

15.2 비멤버 함수 293
15.2.1 파일을 마지막으로 쓴 시각을 읽거나 설정하기 294
15.2.2 파일 시스템 공간 정보 알아내기 295

15.3 파일 타입 296
15.3.1 파일 타입 알아내기 297

16장 멀티스레딩 ····· 301

16.1 메모리 모델 302

16.2 어토믹 데이터 타입 302

16.3 스레드 304
16.3.1 생성 304
16.3.2 수명 305
16.3.3 인수 307
16.3.4 연산 309

16.4 공유 변수 311

16.4.1 데이터 경쟁 311

16.4.2 뮤텍스 313

16.4.3 데드락 315

16.4.4 락 317

16.4.5 std::shared_lock 320

16.4.6 스레드에 안전한 초기화 321

16.5 스레드 로컬 데이터 323

16.6 상태 변수 325

16.7 태스크 327

16.7.1 스레드 vs. 태스크 328

16.7.2 std::async 329

16.7.3 std::packaged_task 330

16.7.4 std::promise와 std::future 333

찾아보기 337

1장

표준 라이브러리

1.1 역사

1.2 개요

1.3 라이브러리 활용

C++ 표준 라이브러리(standard library)는 여러 컴포넌트로 구성돼 있다. 이 장에서는 컴포넌트의 개요와 사용법을 개략적으로 살펴본다.

1.1 역사

C++와 표준 라이브러리의 역사는 길다. C++는 지난 밀레니엄인 1980년대에 등장해서 2017년 버전까지 이어졌다. 소프트웨어 분야에 종사하는 이라면 누구나 알고 있듯이, 발전 속도가 빠른 이 분야에서 30년은 상당히 긴 기간이다. I/O 스트림과 같은 C++의 초창기 컴포넌트를 설계할 때 가졌던 패러다임은 최신 표준 템플릿 라이브러리(Standard Template Library, STL)를 설계할 때 적용한 패러다임과 상당히 다르다. 지난 30년 동안 C++가 얼마나 달라졌는지는 C++ 표준 라이브러리만 봐도 알 수 있는데, 소프트웨어 분야의 문제를 해결한 역사라고도 볼 수 있다. C++는 객체지향 언어(object-oriented language)로 시작했다가 STL을 이용한 제네릭 프로그래밍 개념이 추가됐고, 최근에는 함수형 프로그래밍 개념도 상당히 반영됐다.

▼ 그림 1-1 C++ 발전 과정

C++98	TR1	C++11	C++14	C++17
1998	2005	2011	2014	2017
첫 번째 ISO 표준 • 컨테이너와 알고리즘으로 구성된 STL • 스트링 • I/O 스트림	기술 보고서 1 • 정규 표현식 • 스마트 포인터 • 해시 테이블 • 무작위수 • 시간 라이브러리	두 번째 ISO 표준 • 알고리즘 • 스마트 포인터 • 멀티스레딩	소규모 ISO 표준 • 스마트 포인터, 튜플, 타입 트레이트, 멀티스레딩에 관련된 개선 사항	현재 ISO 표준 • 스트링 뷰 • STL의 병렬 알고리즘 • 파일 시스템 라이브러리 • `std::any`, `std::optional`과 `std::variant`

1998년에 나온 최초의 C++ 표준 라이브러리는 세 가지 컴포넌트로 구성됐다. 주로 파일 처리에 사용하는 I/O 스트림, 스트링 라이브러리, 표준 템플릿 라이브러리였다. 표준 템플릿 라이브러리를 이용하면 세부 사항에 신경 쓰지 않고도 컨테이너와 알고리즘을 연결할 수 있다.

2005년에 등장한 TR1(Technical Report 1)(기술 보고서 1)은 ISO/IEC TR 19768, C++ 라이브러리 확장 기능에 대한 문서로서 공식 표준은 아니지만, 여기에 나온 거의 모든 컴포넌트가 C++11에 포함됐다. 예를 들어 정규 표현식, 스마트 포인터, 해시 테이블, 무작위수, 시간 등에 대한 라이브러리가 정의됐는데, 이는 부스트(Boost) 라이브러리(http://www.boost.org/)에 토대를 두고 있다.

C++11부터 TR1의 표준화와 함께 멀티스레딩 라이브러리가 새로 추가됐다.

C++14는 C++11 표준을 살짝 업데이트한 것에 불과하다. 그래서 스마트 포인터, 튜플, 타입 트레이트, 멀티스레딩에 대한 기존 라이브러리의 몇 가지 개선 사항만 추가됐다.

C++17부터는 파일 시스템 라이브러리, std::any, std::optional이란 데이터 타입이 새로 추가됐다. C++20(일명 'Concepts Lite')부터 네트워크 프로그래밍 라이브러리와 템플릿 매개변수에 대한 타입 시스템이 추가되고 멀티스레딩에 대한 지원이 향상됐다.

1.2 개요

C++11에서 제공하는 라이브러리가 워낙 방대해서 어느 것을 사용해야 할지 판단하기 힘들 때가 많다. 이 책을 통해 주요 특성을 잘 파악해두자. 표준 라이브러리는 크게 다음과 같이 구성된다.

1.2.1 유틸리티

유틸리티(utility) 라이브러리는 여러 문맥에 두루 활용할 수 있는 범용 기능을 모아둔 라이브러리다. 가령 주어진 값 중에서 최솟값 또는 최댓값을 계산하거나 값을 교체하거나 옮기는 함수가 있다.

또 다른 예로 std::function과 std::bind가 있다. std::bind를 이용하면 기존 함수를 토대로 새로운 함수를 쉽게 만들 수 있다. 이렇게 만든 함수를 나중에 호출하기 위해 변수에 바인딩하려면 std::function을 사용한다.

std::pair나 이를 일반화한 std::tuple을 이용하면 임의의 길이로 된 이형(heterogeneous) 페어나 튜플을 생성할 수 있다.

레퍼런스 래퍼(reference wrapper)인 std::ref와 std::cref도 꽤 유용하다. std::ref는 변수에 대한 레퍼런스 래퍼 오브젝트를 생성한다. const 레퍼런스는 std::cref로 생성한다.

유틸리티의 핵심은 C++에서 메모리를 동적으로 관리할 수 있게 해주는 스마트 포인터(smart pointer)다. 단독 소유권은 std::unique_ptr로, 공유 소유권은 std::shared_ptr로 표현한다. std::shared_ptr는 레퍼런스 수를 세는 방식(레퍼런스 카운팅(reference counting))으로 리소스를 관리한다. std::weak_ptr는 레퍼런스 카운팅의 고질적 문제인 std::shared_ptr 사이의 순환 의존성을 깨는 데 도움이 된다.

타입 트레이트(type trait) 라이브러리는 컴파일 시간에 타입 정보를 검사하고, 비교하고, 조작하는 데 사용된다.

시간(time) 라이브러리는 C++에 새롭게 추가된 멀티스레딩 기능에서 중요한 역할을 한다. 또한, 성능 측정에도 유용하다.

C++17에 추가된 특수 데이터 타입인 std::any, std::optional, std::variant는 각각 모든 값, 옵션 값, 변형 값을 표현한다.

1.2.2 표준 템플릿 라이브러리

표준 템플릿 라이브러리(STL)는 크게 세 가지 요소로 구성된다. 그 세 가지 요소는 컨테이너(container), 컨테이너에 대해 실행되는 알고리즘(algorithm), 컨테이너와 알고리즘을 연결하는 반복자(iterator)다. 이렇게 추상화된 제네릭 프로그래밍을 통해 알고리즘과 컨테이너를 고유한 방식으로 결합할 수 있다. 컨테이너의 원소에 대해서는 최소한의 요구 사항만 지키면 된다.

▼ 그림 1-2 STL의 세 가지 구성 요소

C++ 표준 라이브러리는 다양한 종류의 컨테이너를 제공한다. 크게 보면 순차 컨테이너와 연관 컨테이너로 나눌 수 있다. 연관 컨테이너는 다시 정렬 연관 컨테이너와 비정렬 연관 컨테이너로 나뉜다.

순차 컨테이너(sequential container)에 해당하는 컨테이너마다 고유한 용도가 있지만, 95%는 std::vector로 충분하다. std::vector는 크기를 동적으로 조절할 수 있고, 메모리를 자동으로 관리해주며, 성능도 좋다. 이와 대조적으로 std::array는 순차 컨테이너 중에서 유일하게 크기를 실행 시간에 조절할 수 없다. 메모리 사용량을 최소화하도록 성능을 최적화한 것이다. std::vector는 새로운 원소를 맨 뒤에 추가하는 반면, std::deque는 원소를 맨 앞에도 추가할 수 있다. std::list는 이중 연결 리스트(doubly-linked list)이고, std::forward_list은 단일 연결 리스트(singly-linked list)다. 둘 다 컨테이너에서 임의의 지점에 매우 빠르게 접근하도록 최적화됐다.

연관 컨테이너(associative container)는 키-값 쌍으로 구성된 컨테이너로, 주어진 키에 대해 값을 제공하는 형태로 구성된다. 연관 컨테이너는 이름을 키로 입력하면 전화번호를 알려주는 전화번호부 같은 기능을 구현하는 데 주로 사용된다. C++는 여덟 가지 연관 컨테이너를 제공하며, 정렬 연관 컨테이너와 비정렬 연관 컨테이너로 분류한다. 정렬 연관 컨테이너는 키를 기준으로 정렬하며 std::set, std::map, std::multiset, std::multimap 등이 있고, 비정렬 연관 컨테이너는 std::unordered_set, std::unordered_map, std::unordered_multiset, std::unordered_multimap 등이 있다.

먼저 정렬 연관 컨테이너(ordered associative container)부터 살펴보자. std::set은 키에 연관된 값이 없고, std::map은 키에 연관된 값이 있다. std::map은 키가 고유하지만 std::multimap은 키가 중복될 수 있다. 이러한 속성은 비정렬 연관 컨테이너(unordered associative container)에도 그대로 적용되며, 정렬 연관 컨테이너와 비슷한 점이 많다. 가장 큰 차이는 성능이다. 정렬 연관 컨테이너의 접근 시간은 원소의 개수에 대해 로그 함수로 증가하지만, 비정렬 연관 컨테이너는 접근 시간이 일정하다. 즉, 비정렬 연관 컨테이너의 접근 시간은 크기와 관계가 없다. std::map의 속성은 std::vector와 비슷하다. 연관 컨테이너를 사용하는 경우의 95%는 키를 기준으로 정렬하는 std::map이 적합하다.

컨테이너 어댑터(container adapter)는 순차 컨테이너에 대한 간편한 인터페이스를 제공한다. C++는 std::stack, std::deque, std::priority_queue를 제공한다.

반복자는 컨테이너와 알고리즘을 연결해준다. 반복자는 컨테이너에 의해 생성되며 범용 포인터로 구성된다. 반복자는 컨테이너에 대한 반복문을 임의의 위치를 기준으로 정방향 또는 역방향으로 진행하는 데 사용된다. 반복자의 종류는 컨테이너마다 다르다. 반복자 어댑터(iterator adapter)를 사용하면 스트림에 직접 접근할 수 있다.

STL은 알고리즘을 100개 이상 제공한다. 순차, 병렬, 병렬 및 벡터 중에서 원하는 실행 정책(execution policy)에 따라 거의 모든 알고리즘을 구동할 수 있다. 알고리즘은 원소 또는 원소 범위에 대해 작동한다. 범위(range)는 시작 지점을 가리키는 시작 반복자(begin iterator)와 끝 지점을 지정하는 끝 반복자(end iterator)로 지정한다. 참고로 끝 반복자는 범위 끝에 해당하는 원소가 아니라, 그다음 지점을 가리킨다는 점에 주의한다.

알고리즘의 활용 범위는 매우 넓다. 원소를 검색하거나 개수를 셀 수도 있고, 범위를 찾을 수도 있으며, 원소끼리 비교하거나 변환할 수도 있다. 컨테이너에서 원소를 생성하거나 교체하거나 제거하는 알고리즘도 있다. 당연히 정렬(sort), 순열(permute), 분할(partition)하는 알고리즘도 있고, 컨테이너에서 최대 원소와 최소 원소를 구하는 알고리즘도 있다. 또한, 콜러블(callable)이나 함수 오브젝트, 람다 함수 등으로 커스터마이즈(customize)할 수도 있다. 콜러블은 원소 탐색이나 변환에 대한 특수한 기준을 제공한다. 이를 사용하면 알고리즘을 더욱 강력하게 만들 수 있다.

1.2.3 수치 연산

C++가 제공하는 수치 연산 관련 라이브러리는 두 가지다. 하나는 무작위수 라이브러리이고, 다른 하나는 C에서 물려받은 수학 함수다.

무작위수 라이브러리(random number library)(난수 라이브러리)는 두 부분으로 구성된다. 하나는 무작위수 생성기(random number generator)(난수 생성기)이고, 다른 하나는 생성된 무작위수의 분포에 대한 것이다. 무작위수 생성기는 최댓값과 최솟값 사이에 있는 일련의 무작위수를 생성한다. 이렇게 생성되는 무작위수는 특정한 분포를 따른다.

C++는 C로부터 수많은 표준 수학 함수(mathematical standard function)를 물려받았다. 예를 들어 로그 함수와 지수 함수, 삼각 함수 등이 있다.

1.2.4 텍스트 처리

C++는 텍스트 처리를 위해 스트링과 정규 표현식에 관련된 두 가지 강력한 라이브러리를 제공한다.

`std::string`은 텍스트 분석과 수정에 관련된 메서드를 다양하게 제공한다. 문자에 대한 `std::vector`와 공통점이 많기 때문에 STL 알고리즘을 `std::string`에도 사용할 수 있다. `std::string`은 C의 스트링을 좀 더 쉽고 안전하게 사용하도록 확장한 것이다. C++ 스트링은 메모리를 직접 관리한다.

`std::string`과 달리 `std::string_view`는 복사 연산이 가볍다. `std::string_view`는 `std::string`에 대한 비소유 레퍼런스(non-owning reference)다.

정규 표현식은 텍스트 패턴을 표현하는 언어이며, 주어진 텍스트에 원하는 패턴이 있는지 찾는 용도로 사용한다. 또한, 패턴과 일치하는 부분을 다른 텍스트로 대체하는 용도로도 사용할 수 있다.

1.2.5 입력과 출력

I/O 스트림 라이브러리(I/O stream library)는 C++ 초기부터 제공된 라이브러리로, 외부 세계와 소통하는 기능을 제공한다.

여기서 소통의 의미를 구체적으로 설명하면, 추출 연산자(extraction operator)인 >>는 입력 스트림에서 서식이 있거나 없는 데이터를 읽고, 추가 연산자(insertion operator)인 <<는 출력 스트림에 데이터를 쓴다. 데이터의 서식은 조작자(매니퓰레이터(manipulator))로 지정한다.

스트림 클래스는 계층 구조가 정교하다. 그중에서 두 가지 클래스가 중요하다. 하나는 스트링 스트림(string stream)으로 스트링과 스트림을 다룬다. 다른 하나는 파일 스트림(file stream)으로 파일을 쉽게 읽고 쓸 수 있다. 스트림 상태는 플래그(flag)로 기록되며 사용자가 읽거나 설정할 수 있다.

입력 연산자와 출력 연산자를 오버로딩(overloading)하면 기본 데이터 타입을 사용하는 방식처럼 외부 세계와 상호 작용할 수 있다.

I/O 스트림 라이브러리와 달리 파일 시스템 라이브러리(filesystem library)는 C++17부터 표준에 추가됐다. 이 라이브러리는 세 가지 콘셉트 파일과 파일 이름, 경로를 토대로 구성된다. 파일은 디렉터리도 있고 하드 링크도 있고 심볼릭 링크도 있고 일반 파일도 있다. 경로는 절대 경로와 상대 경로가 있다.

파일 시스템 라이브러리는 파일 시스템을 읽거나 조작하기 위한 강력한 인터페이스를 제공한다.

1.2.6 멀티스레딩

2011년에 발표된 C++11부터 멀티스레딩(multithreading) 라이브러리가 표준으로 들어왔다. 이 라이브러리는 어토믹 변수(atomic variable), 스레드, 락과 상태 변수 같은 기본 구성 요소로 구성된다. 이를 토대로 향후 C++ 표준에서 더욱 고급화된 추상화가 제공될 것이다. 그런데 C++11부터 이미 태스크(task)라는 고급 추상화를 제공한다.

좀 더 구체적으로 설명하면, C++11에서 처음으로 메모리 모델과 어토믹 변수가 도입됐다. 둘 다 멀티스레딩 프로그래밍에서 잘 정의된 동작(well-defined behavior)의 토대가 된다.

C++에 새로 추가된 스레드로 원하는 작업을 실행시킬 수 있다. 스레드는 포그라운드나 백그라운드에서 구동할 수 있고, 복제나 레퍼런스 방식으로 데이터를 받을 수 있다.

스레드 사이의 공유 변수에 대한 접근 연산은 잘 다뤄야 한다. 이러한 제어 작업은 뮤텍스(mutex)나 락(lock)(잠금 장치)을 이용해 다양한 방식으로 처리할 수 있지만, 데이터를 초기화하는 부분을 보호하는 것만으로도 전체 수명 동안 불변 상태를 유지하기 때문에 이 정도로 충분한 경우가 많다.

변수를 스레드-로컬(thread-local)로 선언하면 스레드는 그 변수의 복제본을 받아오기 때문에 충돌이 발생하지 않는다.

상태 변수(condition variable)는 송신자-수신자(sender-receiver) 워크플로를 구현하기 위한 전통적인 기법이다. 그 핵심 개념을 한마디로 표현하면, 송신자가 수신자에게 작업이 끝났다고 알려주면 수신자는 작업을 시작하는 것이다.

태스크는 스레드와 비슷한 점이 많다. 그러나 스레드는 프로그래머가 직접 생성하는 데 반해, 태스크는 C++ 런타임이 내부적으로 생성한다. 태스크는 데이터 채널과 비슷하다. 데이터 채널에 데이터를 넣어 두면, 나중에 그 값을 가져가는 방식으로 작동한다. 여기서 데이터는 값일 수도 있고, 익셉션이나 알림일 수도 있다.

C++ STANDARD LIBRARY

1.3 라이브러리 활용

라이브러리를 사용하는 과정은 세 단계로 구성된다. 첫째, #include로 헤더 파일을 추가(인클루드(include), 불러오기)해야 한다. 그래야 어느 라이브러리를 사용하는지 컴파일러가 알 수 있다. 둘째, C++ 표준 라이브러리 이름은 std 네임스페이스에 있기 때문에 긴 이름(fully qualified name)으로 지정하거나 글로벌 네임스페이스로 불러와야 한다. 셋째, 실행 파일을 생성하기 위해 링커에게 라이브러리를 알려줘야 한다. 이 단계는 생략해도 되는 경우가 많다. 그럼 세 단계를 하나씩 자세히 살펴보자.

1.3.1 헤더 파일 인클루드하기

전처리기(preprocesor)는 #include로 지정한 파일을 추가(인클루드)한다. 이때 지정하는 파일은 대부분 헤더 파일이다. 헤더 파일은 다음과 같이 홑화살괄호(〈〉)로 표현한다.

```
#include <iostream>
#include <vector>
```

 Warning **필요한 헤더 파일을 직접 지정하자**

컴파일러는 헤더 파일에 얼마든지 헤더를 더 추가할 수 있다. 따라서 직접 지정하지 않아도 필요한 헤더가 모두 있을 수 있다. 하지만 이 기능에 의지하기보다는 필요한 헤더 파일을 모두 직접 지정하는 것이 좋다. 컴파일러가 업그레이드되거나 코드를 다른 곳에 포팅할 때 문제가 발생할 수 있기 때문이다.

1.3.2 네임스페이스 지정하기

긴 이름으로 지정할 때는 원래 정의된 형태 그대로, 네임스페이스마다 스코프 지정 연산자(scope resolution operator)인 ::을 붙여서 작성해야 한다. C++ 표준 라이브러리 중에서 상당수는 중첩된 네임스페이스를 사용한다.

```
#include <iostream>
#include <chrono>
...
std::cout << "Hello world:" << std::endl;
auto timeNow= std::chrono::system_clock::now();
```

짧은 이름 사용하기

C++에서는 using 선언과 using 디렉티브로 이름을 사용할 수 있다.

using 선언

using 선언을 사용하면 그 선언문에 적용된 스코프에 이름이 추가된다.

```
#include <iostream>
#include <chrono>
```

```
...
using std::cout;
using std::endl;
using std::chrono::system_clock;
...
cout << "Hello world:" << endl; // 비공식 이름
auto timeNow= now();            // 비공식 이름
```

using 선언을 하면 다음과 같은 현상이 발생한다.

- 한 스코프에 같은 이름을 선언하면 모호한 룩업(lookup)과 이에 따른 컴파일 에러가 발생한다.
- 상위 스코프에 같은 이름이 선언돼 있으면 using 선언에 의해 가려진다.

using 디렉티브

using 디렉티브를 이용하면 네임스페이스 이름을 짧게 사용할 수 있다.

```
#include <iostream>
#include <chrono>
...
using namespace std;
...
cout << "Hello world:" << endl;                 // 비공식 이름
auto timeNow= chrono::system_clock::now(); // 부분 공식 이름
```

using 디렉티브는 스코프에 이름을 새로 추가하지 않고 그 이름에 접근만 할 수 있게 만든다. 따라서 다음과 같은 현상이 발생한다.

- 한 스코프에 같은 이름을 선언하면 모호한 룩업과 이에 따른 컴파일 에러가 발생한다.
- 상위 스코프에 같은 이름이 선언돼 있으면 using 선언에 의해 가려진다.
- 다른 네임스페이스에 동일한 이름이 있거나 네임스페이스에 있는 이름이 글로벌 스코프에 있는 이름을 가리면, 모호한 룩업과 이에 따른 컴파일 에러가 발생한다.

> **Warning** using 디렉티브를 사용할 때 주의하자
>
> 소스 파일에서 using 디렉티브를 사용할 때는 각별히 주의해야 한다. using namespace std란 디렉티브로 std에 속한 모든 이름에 접근할 수 있기 때문이다. 그래서 본의 아니게 로컬에 있는 이름이나 상위 네임스페이스 이름을 가려버릴 수 있다.
>
> 헤더 파일에서는 using 디렉티브를 사용하면 안 된다. 헤더 파일에 using namespace std 디렉티브를 적으면 std에 속한 이름이 모두 드러나게 된다.

네임스페이스 앨리어스

네임스페이스 앨리어스(namespace alias)는 네임스페이스에 대한 동의어를 정의한다. 긴 네임스페이스나 중첩된 네임스페이스 대신 이렇게 앨리어스를 사용하면 편할 때가 많다.

```
#include <chrono>
...
namespace sysClock= std::chrono::system_clock;
auto nowFirst= sysClock::now();
auto nowSecond= std::chrono::system_clock::now();
```

now 함수를 공식 네임스페이스로 가리킬 수도 있지만 네임스페이스 앨리어스로 가리킬 수도 있다. 네임스페이스 앨리어스를 사용할 때는 다른 이름을 가리지 않도록 주의한다.

1.3.3 실행 파일 생성하기

라이브러리를 명시적으로 링크할 일은 거의 없지만, 플랫폼마다 다를 수 있다. 예를 들어 g++ 또는 clang++ 컴파일러에서 멀티스레딩 기능을 사용하려면 다음과 같이 pthread 라이브러리에 대한 링크를 직접 지정해야 한다.

```
g++ -std=c++14 thread.cpp -o thread -pthread
```

2장

유틸리티

2.1 유용한 함수들

2.2 함수 어댑터

2.3 페어

2.4 튜플

2.5 레퍼런스 래퍼

2.6 스마트 포인터

2.7 타입 트레이트

2.8 시간 라이브러리

2.9 std::any, std::optional, std::variant

유틸리티(utility)란 특정 영역에 국한되지 않고 다양한 용도로 활용할 수 있는 도구를 말한다. 이 장에서 소개하는 함수와 라이브러리가 바로 유틸리티에 해당한다. 2장에서는 임의의 값을 넣거나 새 함수를 생성해서 변수에 바인딩하는 데 사용할 수 있는 함수를 소개한다. 원하는 타입의 값을 페어(pair)나 튜플(tuple)에 저장할 수도 있고, 값에 대한 레퍼런스를 만들 수도 있다. 스마트 포인터를 활용하면 C++로 자동 메모리 관리 기능을 구현할 수 있다. 또한, 타입 트레이트(type trait)를 이용하면 타입에 대한 정보를 알아낼 수 있다.

2.1 유용한 함수들

min, max, minmax에 대한 다양한 변종 함수는 값이나 이니셜라이저 리스트에 적용할 수 있다. 이런 함수를 사용하려면 <algorithm> 헤더를 인클루드해야 한다. std::move, std::forward, std::swap 함수도 임의의 값에 대해 호출할 수 있다. 이 세 함수는 <utility> 헤더에 정의돼 있다.

2.1.1 std::min, std::max, std::minmax

<algorithm>에 정의된 std::min[1], std::max[2], std::minmax[3] 함수는 값 또는 이니셜라이저 리스트(initializer list)를 입력받아서 결과를 리턴한다. std::minmax는 결괏값을 std::pair로 리턴한다. 페어의 첫 번째 원소가 최솟값이고, 두 번째 원소가 최댓값이다. 이 함수에 적용되는 디폴트 연산자는 <이지만, 다른 비교 연산자를 지정할 수도 있다. 이 함수는 인수 두 개를 받고 불 타입 값 하나를 리턴한다. 이렇게 true나 false를 리턴하는 함수를 프레디케이트(predicate)라고 부른다.

std::min, std:::max, std::minmax 함수

```
// minMax.cpp
...
#include <algorithm>
```

1 http://en.cppreference.com/w/cpp/algorithm/min

2 http://en.cppreference.com/w/cpp/algorithm/max

3 http://en.cppreference.com/w/cpp/algorithm/minmax

```
...
  std::string first{"first"};
  std::string second{"second"};

  auto minInt= std::min({3, 1, 2011, 2014, -5});

  std::cout << "std::min(2011, 2014): " << std::min(2011, 2014) << std::endl;
  std::cout << "std::min(first, second): " << std::min(first, second) << std::endl;
  std::cout << "std::min({3, 1, 2011, 2014, -5}): " << std::min({3, 1, 2011, 2014, -5})
<< std::endl;
  std::cout << "std::min(-10, -5, [](int a, int b){return std::abs(a) < std::abs(b);}):
"  << std::min(-10, -5, [](int a, int b){return std::abs(a) < std::abs(b);}) <<
std::endl;

  std::cout << std::endl;

  std::cout << "std::max(2011, 2014): " << std::max(2011, 2014) << std::endl;
  std::cout << "std::max(first, second): " << std::max(first, second) << std::endl;
  std::cout << "std::max({3, 1, 2011, 2014, -5}): " << std::max({3, 1, 2011, 2014, -5})
<< std::endl;
  std::cout << "std::max(-10, -5, [](int a, int b){return std::abs(a) < std::abs(b);}):
"  << std::max(-10, -5, [](int a, int b){return std::abs(a) < std::abs(b);}) <<
std::endl;

  std::cout << std::endl;

  auto pairInt= std::minmax(2011, 2014);
  auto pairStr= std::minmax(first, second);
  auto pairSeq= std::minmax({3, 1, 2011, 2014, -5});
  auto pairAbs= std::minmax({3, 1, 2011, 2014, -5}, [](int a, int b){return std::abs(a)
< std::abs(b);});

  std::cout << "(pairInt.first, pairInt.second): (" << pairInt.first << ", " << pairInt.
second << ")" << std::endl;
  std::cout << "(pairStr.first, pairStr.second): (" << pairStr.first << ", " << pairStr.
second << ")" << std::endl;
  std::cout << "(pairSeq.first, pairSeq.second): (" << pairSeq.first << ", " << pairSeq.
second << ")" << std::endl;
  std::cout << "(pairAbs.first, pairAbs.second): (" << pairAbs.first << ", " << pairAbs.
second << ")" << std::endl;
```

Note 소스 실행 방법(검증 환경: clang/g++ 12.0, macOS 10.15.7, Visual Studio Code 1.58.2)

```
# clang++ -stdlib=libc++ -std=<원하는 표준 버전> <소스 파일> <결과 파일>
예 # clang++ -stdlib=libc++ -std=c++17 minMax.cpp minMax
```

std::min, std::max, std::minmax 함수의 변종을 간략히 정리하면 다음 표와 같다.

▼ 표 2-1 std::min, std::max, std::minmax 함수의 변종들

함수	설명
min(a, b)	a와 b 중에서 최솟값을 리턴한다.
min(a, b, comp)	프레디케이트 comp를 이용해 a와 b 중에서 최솟값을 찾아서 리턴한다.
min(이니셜라이저_리스트)	이니셜라이저 리스트에 있는 값 중에서 최솟값을 리턴한다.
min(이니셜라이저_리스트, comp)	프레디케이트 comp를 이용해 이니셜라이저 리스트의 값 중에서 최솟값을 구한다.
max(a, b)	a와 b 중에서 최댓값을 리턴한다.
max(a, b, comp)	프레디케이트 comp를 이용해 a와 b 중에서 최댓값을 찾아서 리턴한다.
max(이니셜라이저_리스트)	이니셜라이저 리스트에 있는 값 중에서 최댓값을 리턴한다.
max(이니셜라이저_리스트, comp)	프레디케이트 comp를 이용해 이니셜라이저 리스트의 값 중에서 최댓값을 리턴한다.
minmax(a, b)	a와 b 중에서 최솟값과 최댓값을 리턴한다.
minmax(a, b, comp)	프레디케이트 comp를 이용해 a와 b 중에서 최솟값과 최댓값을 리턴한다.
minmax(이니셜라이저_리스트)	이니셜라이저 리스트에 있는 값 중에서 최솟값과 최댓값을 리턴한다.
minmax(이니셜라이저_리스트, comp)	프레디케이트 comp를 이용해 이니셜라이저 리스트의 값 중에서 최솟값과 최댓값을 리턴한다.

2.1.2 std::move

<utility>에 정의된 std::move[4]는 컴파일러가 리소스를 이동할 수 있게 해주는 강력한 기능이다. 즉, 소스 오브젝트에 있는 값을 새로운 오브젝트로 옮기는 이동 의미론(move semantics)을 제공한다. 이렇게 이동한 소스는 잘 정의됐지만 구체적인 상태는 없다. 대부분 소스의 디폴트 상태가

4 http://en.cppreference.com/w/cpp/utility/move

이렇다. std::move를 사용하면 컴파일러는 소스(arg)를 우측값 참조(rvalue reference)로 변환한다 (static_cast<std::remove_reference<decltype(arg)>::type&&>(arg)). 컴파일러가 이동 의미론을 적용할 수 없다면 복제 의미론(copy semantics)을 적용한다.


```
#include <utility>
...
std::vector<int> myBigVec(10000000, 2011);
std::vector<int> myVec;
myVec = myBigVec;               // 복제 의미론
myVec = std::move(myBigVec); // 이동 의미론
```

> **Tip** **이동이 복제보다 가볍다**
>
> 이동 의미론은 두 가지 면에서 유리하다. 첫째, 복제보다 이동이 훨씬 가볍다. 다시 말해, 메모리를 할당했다가 해제하는 번거로운 작업이 필요 없다. 둘째, 스레드나 락처럼 복제할 수 없는 오브젝트에 적용할 수 있다.

2.1.3 std::forward

<utility>에 정의된 std::forward 함수[5]를 이용하면 주어진 인수를 그대로 전달하는 함수 템플릿을 작성할 수 있다. std::forward는 팩토리 함수(factory function)나 생성자(constructor)를 만드는 데 주로 활용한다. 팩토리 함수는 오브젝트를 생성하는 함수로서 주어진 인수를 그대로 전달한다. 생성자는 대체로 베이스(기본) 클래스의 필드 값을 초기화하는 데 주로 사용한다. 그래서 std::forward는 제네릭 라이브러리를 제작하는 데 적합하다.

완벽 전달(perfect forwarding)

```
// forward.cpp
...
#include <utility>
...
struct MyData{
  MyData(){};
  MyData(int, double, char){};
};
```

5 http://en.cppreference.com/w/cpp/utility/forward

```
template <typename T,  typename ... Args>
  T createT(Args&&...args){
  return T(std::forward<Args>(args)...);
}

int main(){
  int a= createT<int>();
  int b= createT<int>(1);

  std::string s= createT<std::string>("Only for testing purpose.");

  MyData myData= createT<MyData>();
  MyData myData2= createT<MyData>(1, 3.19, 'a');

  typedef std::vector<int> IntVec;
  IntVec intVec = createT<IntVec>(std::initializer_list<int>({1, 2, 3, 4, 5}));
}
```

함수 템플릿인 createT는 인수를 보편 참조 형식인 'Arg&&...args'로 받아야 한다.[6] 보편 참조(universal reference)란 타입 추론에서 우측값 참조인 것을 말하며, 전달 참조(forwarding reference)라고도 부른다.

> **Tip** std::forward를 가변 인수 템플릿과 조합하면 완벽한 제네릭 함수를 만들 수 있다
>
> std::forward와 가변 인수 템플릿(variadic template)을 조합하면 완벽한 제네릭 함수 템플릿을 정의할 수 있다. 함수 템플릿은 임의의 개수의 인수를 받아서 그대로 포워드한다.

2.1.4 std::swap

<utility>에 정의된 std::swap[7] 함수를 이용하면 두 오브젝트를 맞바꾸는 작업을 쉽게 처리할 수 있다. C++ 표준 라이브러리에서는 제네릭을 구현하는 데 내부적으로 std::move 함수를 활용하고 있다.

6 https://isocpp.org/blog/2012/11/universal-references-in-c11-scott-meyers

7 http://en.cppreference.com/w/cpp/algorithm/swap

std::swap을 이용한 이동 의미론

```
// swap.cpp
...
#include <utility>
...
template <typename T>
void swap(T& a, T& b){
  T tmp(std::move(a));
  a= std::move(b);
  b= std::move(tmp);
}
```


2.2 함수 어댑터

std::bind와 std::function은 서로 궁합이 잘 맞는다. std::bind는 새로운 함수 오브젝트를 동적으로 생성하고, std::function은 이렇게 생성된 임시 함수 오브젝트를 받아서 변수에 바인딩한다. 두 함수 모두가 함수형 프로그래밍에서 도입한 강력한 도구이며 <functional> 헤더에 정의돼 있다.

함수 오브젝트를 생성해서 바인딩하기

```
// bindAndFunction.cpp
...
#include <functional>
...
// placehoder인 _1과 _2를 위한 디렉티브
using namespace std::placeholders;

double divMe(double a, double b){
  return double(a/b);
}
int main(){
...
  // 함수 오브젝트 직접 호출하기
  std::cout << "1/2.0= " << std::bind(divMe, 1, 2.0)() << std::endl;
```

```
    // 두 인수에 대한 자리 표시자
    std::function<double(double, double)> myDivBindPlaceholder= std::bind(divMe, _1, _2);
    std::cout << "1/2.0= " << myDivBindPlaceholder(1, 2.0) << std::endl;

    // 두 인수에 대한 자리 표시자, 인수 맞바꾸기
    std::function<double(double, double)> myDivBindPlaceholderSwap= std::bind(divMe, _2,
  _1);
    std::cout << "1/2.0= " << myDivBindPlaceholderSwap(2.0, 1) << std::endl;

    // 첫 번째 인수에 대한 자리 표시자
    std::function<double(double)> myDivBind1St= std::bind(divMe, _1, 2.0);
    std::cout<< "1/2.0= " << myDivBind1St(1) << std::endl;

    // 두 번째 인수에 대한 자리 표시자
    std::function<double(double)> myDivBind2Nd= std::bind(divMe, 1.0, _1);
    std::cout << "1/2.0= " << myDivBind2Nd(2.0) << std::endl;
  ...
  }
```

Tip **std::bind와 std::function이 필요한 경우는 별로 없다**

TR1[8]의 일부분인 `std::bind`와 `std::function`이 필요한 경우는 C++11부터 줄었다. `std::bind` 대신 람다 함수(lambda function)를, `std::function` 대신 자동 타입 추론(automatic type deduction)을 활용하면 된다.

2.2.1 std::bind

`std::bind`[9]를 이용하면 함수 오브젝트를 다음과 같이 다양한 방식으로 생성할 수 있다.

- 인수를 원하는 위치에 바인딩할 수 있다.
- 인수의 순서를 바꿀 수 있다.
- 인수에 자리 표시자(placeholder)를 적용할 수 있다.
- 함수의 일부분만 평가할 수 있다.
- 새로 생성된 함수 오브젝트를 호출하고, STL 알고리즘에서 활용하거나 `std::function`에 저장할 수 있다.

8 https://en.wikipedia.org/wiki/C%2B%2B_Technical_Report_1

9 http://en.cppreference.com/w/cpp/utility/functional/bind

2.2.2 std::function

std::function[10]은 임의의 콜러블을 변수에 저장할 수 있으며, 일종의 다형 함수 래퍼(polymorphic function wrapper)라고 볼 수 있다. 이때 콜러블은 람다 함수일 수도 있고, 함수 오브젝트나 함수일 수도 있다. 콜러블의 타입을 구체적으로 지정해야 한다면 std::function을 반드시 써야 하고 auto로 교체할 수 없다.

std::function을 이용한 디스패치 테이블

```
// dispatchTable.cpp
...
#include <functional>
...
int main(){
...
  // 디스패치 테이블
  std::map< const char , std::function<double(double, double)> > dispTable;
  dispTable.insert( std::make_pair('+', [](double a, double b){ return a + b;}));
  dispTable.insert( std::make_pair('-', [](double a, double b){ return a - b;}));
  dispTable.insert( std::make_pair('*', [](double a, double b){ return a * b;}));
  dispTable.insert( std::make_pair('/', [](double a, double b){ return a / b;}));

  // 연산을 수행한다
  std::cout << "3.5 + 4.5= " << dispTable['+'](3.5, 4.5) << std::endl;
  std::cout << "3.5 - 4.5= " << dispTable['-'](3.5, 4.5) << std::endl;
  std::cout << "3.5 * 4.5= " << dispTable['*'](3.5, 4.5) << std::endl;
  std::cout << "3.5 / 4.5= " << dispTable['/'](3.5, 4.5) << std::endl;

  // 새로운 연산자를 추가한다
  dispTable.insert( std::make_pair('^', [](double a, double b){ return std::pow(a, b);
}));
  std::cout << "3.5 ^ 4.5= " << dispTable['^'](3.5, 4.5) << std::endl;
...
```

std::function의 타입 매개변수는 std::function이 받을 콜러블 타입을 지정한다.

10 http://en.cppreference.com/w/cpp/utility/functional/function

▼ 표 2-2 리턴 타입과 인수 타입

함수 타입	리턴 타입	인수 타입
double(double, double)	double	double
int()	int	
double(int, double)	double	int, double
void()		

2.3 페어

std::pair[11]를 이용하면 원하는(임의의) 타입으로 구성된 쌍을 만들 수 있다. std::pair는 클래스 템플릿이며 <utility>에 정의돼 있고, 복제 생성자와 이동 생성자를 디폴트로 제공한다. std::swap(pair1, pair2)로 페어 오브젝트끼리 맞바꿀 수도 있다.

C++ 라이브러리는 페어를 많이 사용하는 편이다. 가령 std::max는 리턴 값을 페어로 주고, 연관 컨테이너인 std::map이나 std::unordered_map, std::multimap, std::unordered_multimap 등은 키/값 관례를 페어로 구현한다.

어떤 페어 p의 원소를 구하려면 직접 접근하거나 인덱스를 이용한다. 즉, 첫 번째 원소를 가져오고 싶다면 p.first나 std::get<0>(p)와 같이 작성하고, 두 번째 원소를 가져오고 싶다면 p.second나 std::get<1>(p)와 같이 작성한다.

페어는 비교 연산자인 ==, !=, <, >, <=, >=도 지원한다. 페어 두 개가 같은지 비교하려면, 첫 번째 원소끼리(pair1.first와 pair2.first) 비교한 뒤에 두 번째 원소끼리(pair1.second와 pair2.second) 비교한다. 다른 비교 연산자도 이렇게 처리한다.

---

11 http://en.cppreference.com/w/cpp/utility/pair

2.3.1 std::make_pair

C++는 페어를 생성하기 위한 헬퍼 함수인 std::make_pair[12]를 제공하는데, 타입을 지정하지 않아도 자동으로 추론한다.

헬퍼 함수 std::make_pair

```
// pair.cpp
...
#include <utility>
...
int main(){
...
  std::pair<const char*, double> charDoub("string", 3.14);
  std::pair<const char*, double> charDoub2= std::make_pair("string", 3.14);
  auto charDoub3= std::make_pair("string", 3.14);

  std::cout << "charDoub: (" << charDoub.first << ", " << charDoub.second << ")" <<
std::endl;
  charDoub.first="String";
  std::get<1>(charDoub)=4.14;
  std::cout << "charDoub: (" << charDoub.first << ", " << charDoub.second << ")" <<
std::endl;
...
}
```


2.4 튜플

std::tuple[13]을 이용하면 원하는 길이와 타입으로 튜플을 생성할 수 있다. 이 클래스 템플릿을 사용하려면 <tuple>을 인클루드해야 한다. std::tuple은 std::pair를 일반화한 것이다. 원소가 두 개인 튜플과 페어는 상호 변환할 수 있다. 튜플은 형제 격인 std::pair와 마찬가지로 복제와 이동 생성자를 디폴트로 갖는다. 또한, std::swap 함수로 튜플끼리 맞바꿀 수 있다.

12 http://en.cppreference.com/w/cpp/utility/pair/make_pair

13 http://en.cppreference.com/w/cpp/utility/tuple

튜플 t에서 인덱스가 i인 원소는 함수 템플릿 std::get<i>(t)로 참조할 수 있다. std::get<type>(t)를 이용하면 타입이 type인 원소를 직접 참조할 수 있다.

튜플은 ==, !=, <, >, <=, >=과 같은 비교 연산자를 지원한다. 튜플 두 개를 비교할 때는 각 원소를 사전 순서로 비교한다. 비교 연산은 인덱스 0인 원소부터 시작한다.

2.4.1 std::make_tuple

튜플을 생성하는 데 헬퍼 함수인 std::make_tuple[14]을 이용하면 편리하다. 이때 타입을 따로 지정하지 않아도 컴파일러가 자동으로 추론한다.

헬퍼 함수 std::make_tuple

```
// tuple.cpp
...
#include <tuple>
...
int main(){
  std::cout << std::boolalpha << std::endl;

  // 튜플 두 개를 생성한다
  std::tuple<std::string, int, float> tup1("first", 3, 4.17f);
  auto tup2= std::make_tuple("second", 4, 1.1);

  // 값을 읽는다
  std::cout << "tup1: "  << std::get<0>(tup1) << ", " << std::get<1>(tup1) << ", "
                         << std::get<2>(tup1) << std::endl;
  std::cout << "tup2: "  << std::get<0>(tup2) << ", " << std::get<1>(tup2) << ", "
                         << std::get<2>(tup2) << std::endl;

  // 두 튜플을 비교한다
  std::cout << "tup1 < tup2: " << (tup1 < tup2) << std::endl;

  std::cout << std::endl;

  // 튜플 값을 수정한다
  std::get<0>(tup2)= "Second";
```

14 http://en.cppreference.com/w/cpp/utility/tuple/make_tuple

```
  // 값을 읽는다
  std::cout << "tup1: "  << std::get<0>(tup1) << ", " << std::get<1>(tup1) << ", "
                         << std::get<2>(tup1) << std::endl;
  std::cout << "tup2: "  << std::get<0>(tup2) << ", " << std::get<1>(tup2) << ", "
                         << std::get<2>(tup2) << std::endl;

  // 값을 비교한다
  std::cout << "tup1 < tup2: " << (tup1 < tup2) << std::endl;

  std::cout << std::endl;

  auto pair= std::make_pair(1, true);
  std::tuple<int, bool> tup= pair;
}
```


2.4.2 std::tie와 std::ignore

std::tie[15]는 원소에 대한 레퍼런스로 튜플을 생성한다. std::ignore[16]를 이용하면 튜플의 원소를 명시적으로 무시할 수 있다.

헬퍼 함수 std::tie와 std::ignore

```
// tupleTie.cpp
...
#include <tuple>
...
int main(){
...
  int first= 1;
  int second= 2;
  int third= 3;
  int fourth= 4;

  std::cout << "global variables: " << first << " " << second << " "
                                    << third << " " << fourth << std::endl;
```

15 http://en.cppreference.com/w/cpp/utility/tuple/tie

16 http://en.cppreference.com/w/cpp/utility/tuple/ignore

```
  std::cout << std::endl;

  auto tup= std::tie(first, second, third, fourth)= std::make_tuple(1001, 1002, 1003,
1004);

  std::cout << "std::tuple tup: (" << std::get<0>(tup) << ", " << std::get<1>(tup)
            << ", " << std::get<2>(tup) << ", " << std::get<3>(tup) << ")" << std::endl;
  std::cout << "global variables: " << first << " " << second << " "
                                   << third << " " << fourth << std::endl;

  first= 2001;
  std::get<1>(tup)= 2002;
...
  std::cout << "std::tuple tup: (" << std::get<0>(tup) << ", " << std::get<1>(tup)
            << ", " << std::get<2>(tup) << ", " << std::get<3>(tup) << ")" << std::endl;
  std::cout << "global variables: " << first << " " << second << " "
                                   << third << " " << fourth << std::endl;
...
  int a;
  int b;

  // 두 번째와 네 번째 인수를 각각 a와 b에 바인딩한다
  std::tie(std::ignore, a, std::ignore, b)= tup;

  // 값을 출력한다
  std::cout << "a: " << a << std::endl;
  std::cout << "b: " << b << std::endl;
...
  std::tie(a, b)= std::make_pair(3001, 3002);

  std::cout << "a: " << a << std::endl;
  std::cout << "b: " << b << std::endl;
...
}
```

2.5 레퍼런스 래퍼

레퍼런스 래퍼(reference wrapper)는 type& 오브젝트에 대한 래퍼로서 복제 생성 가능(copy-constructible)[17]하고 복제 대입 가능(copy-assignable)[18]하며 <functional> 헤더에 정의돼 있다. 즉, 레퍼런스처럼 작동하지만 복제할 수 있는 오브젝트다. 기존 레퍼런스와 달리 std::reference_wrapper[19] 오브젝트는 두 가지 유스케이스를 추가로 지원한다.

- 표준 템플릿 라이브러리에 있는 컨테이너에서 사용할 수 있다. (예 std::vector <std::reference_wrapper<int>> myIntRefVector)
- std::reference_wrapper 오브젝트를 가진 클래스 인스턴스를 복제할 수 있다. 일반 레퍼런스로는 이렇게 할 수 없다.

std::reference_wrapper<int> myInt(1)의 레퍼런스에 접근하려면 get 메서드(myInt.get())를 사용하면 된다. 레퍼런스 래퍼를 이용하면 콜러블을 캡슐화해서 호출할 수 있다.

레퍼런스 래퍼

```
// referenceWrapperCallable.cpp
#include <functional>
...
void foo(){
  std::cout << "Invoked" << std::endl;
}

int main(){
  typedef void callableUnit();
  reference_wrapper<callableUnit> refWrap(foo);
  refWrap();  // 여기서 호출됨
};
```

17 https://en.cppreference.com/w/cpp/named_req/CopyConstructible

18 https://en.cppreference.com/w/cpp/named_req/CopyAssignable

19 http://en.cppreference.com/w/cpp/utility/functional/reference_wrapper

2.5.1 std::ref와 std::cref

헬퍼 함수인 std::ref와 std::cref[20]를 이용하면 변수에 대한 레퍼런스 래퍼를 간편하게 만들 수 있다. std::ref는 상수가 아닌 레퍼런스 래퍼를 생성하고, std::cref는 상수 레퍼런스 래퍼를 생성한다.

std::ref와 std::cref 헬퍼 함수

```
// referenceWrapperRefCref.cpp
#include <functional>
...
void invokeMe(const std::string& s){
  std::cout << s << ": const " << std::endl;
}

template <typename T>
  void doubleMe(T t){
  t *= 2;
}

int main(){
...
  std::string s{"string"};
  invokeMe(std::cref(s));                              // string: const
...
  int i=1;
  std::cout << "i: " << i << std::endl;                // i: 1
  doubleMe(i);
  std::cout << "doubleMe(i): " << i << std::endl;      // doubleMe(i): 1

  doubleMe(std::ref(i));
  std::cout << "doubleMe(std::ref(i)): " << i << std::endl; // doubleMe(std::ref(i)): 2
...
  int a{2011};
  auto tup= std::make_pair(a, std::ref(a));
  std::cout << "(tup.first, tup.second): (" << tup.first << ", " << tup.second << ")"
<< std::endl; // (tup.first, tup.second): (2011, 2011)

  a=2014;
```

20 http://en.cppreference.com/w/cpp/utility/functional/ref

```
  std::cout << "(tup.first, tup.second): (" << tup.first << ", " << tup.second << ")"
<< std::endl; // (tup.first, tup.second): (2011, 2014)
...
}
```


여기서 invokeMe 함수는 std::string에 대한 상수 레퍼런스를 인수로 받는데, 상수가 아닌 std::string s를 std::cref(s)로 감싸서 호출했다. 함수 템플릿인 doubleMe를 호출할 때, 변수 i를 std::ref 헬퍼 함수로 감싸면 변수 i를 레퍼런스로 호출한다. 그래서 i 값이 두 배가 된다.

2.6 스마트 포인터

스마트 포인터는 C++에 추가된 기능 중에서도 가장 중요하다. 스마트 포인터 덕분에 메모리 관리를 쉽게 할 수 있기 때문이다. C++에서 제공하는 스마트 포인터는 현재 폐기된 std::auto_ptr를 제외하면 총 세 가지이며, 모두 <memory> 헤더에 정의돼 있다.

먼저 단독 소유권을 나타내는 std::unique_ptr가 있다. 그리고 공유 소유권을 표현하는 std::shared_ptr가 있다. 마지막으로 std::weak_ptr가 있는데, 간략한 인터페이스만 갖추고 있기 때문에 그다지 스마트하지는 않다. std::weak_ptr는 std::shared_ptr의 순환 구조를 깨는 역할을 한다. 그래서 임시 소유권을 표현한다.

스마트 포인터는 RAII 원칙에 따라 리소스를 관리한다. 따라서 스마트 포인터가 스코프를 벗어나면 자동으로 해당 리소스를 해제한다.

Note ☰ RAII

RAII이란 '리소스 획득 = 초기화'를 의미하는 'Resource Acquisition is Initialization'의 줄임말이며, C++에서 리소스 획득 및 해제와 오브젝트의 수명이 연동되는 잘 알려진 기법이다. 결국 스마트 포인터는 생성자에서 메모리를 할당했다가 소멸자에서 해제한다는 것을 의미한다. C++에서 이 기법을 적용하면 오브젝트가 스코프를 벗어날 때 소멸자가 호출된다.

▼ 표 2-3 스마트 포인터 개요

이름	표준	설명
std::auto_ptr (폐기)	C++98	리소스를 독점한다. 리소스를 복제할 때 이동시킨다.
std::unique_ptr	C++11	리소스를 독점한다. 복제할 수 없다.
std::shared_ptr	C++11	공유 변수에 대해 레퍼런스 카운터가 있다. 레퍼런스 카운터는 자동으로 관리한다. 레퍼런스 카운터가 0이 되면 리소스를 제거한다.
std::weak_ptr	C++11	std::shared_ptr의 순환 구조를 깨는 데 도움이 된다. 레퍼런스 카운터를 수정하지 않는다.

2.6.1 std::unique_ptr

std::unique_ptr[21]는 리소스를 독점적으로 관리한다. 스코프를 벗어나면 리소스를 자동으로 해제하고, 복제 의미론이 필요 없다면 표준 템플릿 라이브러리의 컨테이너나 알고리즘에서 사용할 수 있다. std::unique_ptr는 특수한 삭제자(deleter)를 사용하지 않는다면 기본 포인터만큼 빠르고 오버헤드도 적다.

Warning std::auto_ptr는 더 이상 사용하지 말자

예전의 C++03 버전에는 리소스의 수명을 독점적으로 관리하는 std::auto_ptr란 스마트 포인터가 있었다. 그런데 std::auto_ptr는 개념상 문제가 있었다. std::auto_ptr를 암묵적으로나 명시적으로 복제하면 리소스가 이동하게 된다. 그래서 복제 의미론이 아닌, 이동 의미론이 숨겨져 있으면 알 수 없는 동작이 발생하는 경우가 많았다. 따라서 C++11부터 std::auto_ptr가 폐기됐고, 이제는 std:unique_ptr를 사용해야 한다. std::unique_ptr는 명시적으로나 암묵적으로 복제할 수 없다. 오직 이동만 가능하다.

```
#include <memory>
...
std::auto_ptr<int> ap1(new int(2011));
std::auto_ptr<int> ap2 = ap1;              // OK

std::unique_ptr<int> up1(new int(2011));
std::unique_ptr<int> up2 = up1;            // ERROR
std::unique_ptr<int> up3 = std::move(up1); // OK
```

21 http://en.cppreference.com/w/cpp/memory/unique_ptr

std::unique_ptr에서 제공하는 메서드는 다음과 같다.

▼ 표 2-4 std::unique_ptr의 메서드

이름	설명
get	리소스에 대한 포인터를 리턴한다.
get_deleter	delete 함수를 리턴한다.
release	리소스에 대한 포인터를 리턴하고 그 리소스를 해제한다.
reset	리소스를 리셋한다.
swap	리소스를 맞바꾼다.

다음 코드 예제는 이 메서드를 사용하는 예를 보여준다.

std::unique_ptr

```
// uniquePtr.cpp
...
#include <memory>

struct MyInt{
  MyInt(int i):i_(i){}
  ~MyInt(){
    std::cout << "Good bye from " << i_ << std::endl;
  }
  int i_;
};

int main(){
...
  std::unique_ptr<MyInt> uniquePtr1{ new MyInt(1998) };
  std::cout << "uniquePtr1.get(): " << uniquePtr1.get() << std::endl; // 0x7fee7dc05880

  std::unique_ptr<MyInt> uniquePtr2{ std::move(uniquePtr1) };
  std::cout << "uniquePtr1.get(): " << uniquePtr1.get() << std::endl; // 0x0
  std::cout << "uniquePtr2.get(): " << uniquePtr2.get() << std::endl; // 0x7fee7dc05880
...
  {
    std::unique_ptr<MyInt> localPtr{ new MyInt(2003) };        // Good bye from 2003
  }
...
  uniquePtr2.reset(new MyInt(2011));                           // Good bye from 1998
```

2 유틸리티

```
  MyInt* myInt= uniquePtr2.release();
  delete myInt;                                          // Good bye from 2011
...
  std::unique_ptr<MyInt> uniquePtr3{ new MyInt(2017) };
  std::unique_ptr<MyInt> uniquePtr4{ new MyInt(2022) };

  std::cout << "uniquePtr3.get(): " << uniquePtr3.get() << std::endl; // 0x7fee7dc05890
  std::cout << "uniquePtr4.get(): " << uniquePtr4.get() << std::endl; // 0x7fee7dc05880

  swap(uniquePtr3, uniquePtr4);

  std::cout << "uniquePtr3.get(): " << uniquePtr3.get() << std::endl; // 0x7fee7dc05880
  std::cout << "uniquePtr4.get(): " << uniquePtr4.get() << std::endl; // 0x7fee7dc05890
...
}
```

std::unique_ptr는 배열에 대한 특수화(specialization)도 제공한다.

std::unique_ptr 배열

```
// uniquePtrArray.cpp
#include <iomanip>
#include <iostream>
#include <memory>

class MyStruct{
public:
  MyStruct():val(count){
    std::cout << std::setw(15) << std::left << (void*) this << " Hello: " << val <<
std::endl;
    MyStruct::count++;
  }
  ~MyStruct(){
    std::cout << std::setw(15) << std::left << (void*)this << " Good Bye: " << val <<
std::endl;
    MyStruct::count--;
  }
private:
  int val;
  static int count;
};
```

```
int MyStruct::count= 0;

int main(){
...
  // MyStruct 다섯 개로 구성된 myUniqueArray를 생성한다
  {
    std::unique_ptr<MyStruct[]> myUniqueArray{new MyStruct[5]};
    // 0x7fb5f8405888  Hello: 0
    // 0x7fb5f840588c  Hello: 1
    // ...
    // 0x7fb5f8405898  Hello: 4
  }
    // 0x7fb5f8405898  Good Bye: 4
    // ...
    // 0x7fb5f8405888  Good Bye: 0
...
  // myUniqueArray를 생성하고 이 배열의 한 원소에 새로운 MyStruct를 할당한다
  {
    std::unique_ptr<MyStruct[]> myUniqueArray{new MyStruct[1]};
    MyStruct myStruct;
    // 0x7fe5eec058a8  Hello: 0
    // 0x7ffee495e650  Hello: 1
    myUniqueArray[0]=myStruct;
  }
    // 0x7ffee495e650  Good Bye: 1
    // 0x7fe5eec058a8  Good Bye: 1
...
  // myUniqueArray를 생성하고 MyStruct에 새로운 myUniqueArray 원소를 할당한다
  {
    std::unique_ptr<MyStruct[]> myUniqueArray{new MyStruct[1]};
    MyStruct myStruct;
    // 0x7fe5eec058a8  Hello: 0
    // 0x7ffee495e640  Hello: 1
    myStruct= myUniqueArray[0];
  }
    // 0x7ffee495e640  Good Bye: 0
    // 0x7fe5eec058a8  Good Bye: 0
...
}
```

특수 삭제자

std::unique_ptr는 특수 삭제자를 매개변수로 지정할 수 있다. 예를 들어 std::unique_ptr<int, MyIntDeleter> up(new int(2011), myIntDeleter())와 같이 작성할 수 있다. std::unique_ptr는 기본적으로 해당 리소스의 삭제자를 사용한다.

std::make_unique

헬퍼 함수인 std::make_unique[22]는 형제 격인 std::make_shared와 조금 다르다. std::make_unique는 C++14부터 추가됐으며 std::unique_ptr를 한 스텝 만에 생성할 수 있다(예 std::unique_ptr<int> up = std::make_unique<int>(2014)).

2.6.2 std::shared_ptr

std::shared_ptr[23]는 리소스에 대한 소유권을 공유한다. 두 가지 핸들이 제공되는데, 하나는 리소스에 대한 것이고 다른 하나는 레퍼런스 카운터에 대한 것이다. std::shared_ptr를 복제하면 레퍼런스 카운터가 1씩 증가한다. 또한, std::shared_ptr가 스코프를 벗어날 때마다 레퍼런스 카운터는 1씩 감소한다. 레퍼런스 카운터가 0이 되면 해당 리소스를 가리키는 std::shared_ptr가 하나도 없다는 뜻이며, C++ 런타임은 그 리소스를 자동으로 해제한다. 이러한 리소스 해제 작업은 마지막 std::shared_ptr가 스코프를 벗어나는 즉시 실행된다. C++ 런타임은 레퍼런스 카운터를 호출하는 작업을 어토믹 연산(atomic operation)으로 처리한다. 이렇게 관리하기 때문에 std::shared_ptr는 기본 포인터나 std::unique_ptr에 비해 시간과 메모리를 더 많이 쓴다.

다음 표는 std::shared_ptr에 대해 제공되는 메서드다.

▼ 표 2-5 std::shared_ptr의 메서드

이름	설명
get	리소스에 대한 포인터를 리턴한다.
get_deleter	delete 함수를 리턴한다.
reset	리소스를 리셋한다.

계속

22 http://en.cppreference.com/w/cpp/memory/unique_ptr/make_unique

23 http://en.cppreference.com/w/cpp/memory/shared_ptr

이름	설명
swap	리소스를 맞바꾼다.
unique	현재 std::shared_ptr만 리소스를 소유하고 있는지 검사한다.
use_count	레퍼런스 카운트 값을 리턴한다.

std::make_shared

헬퍼 함수인 std::make_shared[24]는 리소스를 생성한 뒤 std::shared_ptr에 담아서 리턴한다. std::shared_ptr를 직접 생성하기보다는 std::make_shared를 사용하는 것이 바람직하다. std::make_shared가 훨씬 빠르기 때문이다.

std::shared_ptr를 활용하는 전형적인 예는 다음 코드와 같다.

std::shared_ptr

```
// sharedPtr.cpp
#include <iostream>
#include <memory>

class MyInt{
public:
  MyInt(int v):val(v){
    std::cout << "  Hello: " << val << std::endl;
  }
  ~MyInt(){
    std::cout << "  Good Bye: " << val << std::endl;
  }
private:
  int val;
};

int main(){
...
  auto sharPtr= std::make_shared<MyInt>(1998);                    // Hello: 1998
  // std::shared_ptr<MyInt> sharPtr(new MyInt(1998));
  std::cout << "sharedPtr.use_count(): " << sharPtr.use_count() << std::endl;      // 1
  {
```

24 http://en.cppreference.com/w/cpp/memory/shared_ptr/make_shared

```
    std::shared_ptr<MyInt> locSharPtr(sharPtr);
    std::cout << "locSharPtr.use_count(): " << locSharPtr.use_count() << std::endl; // 2
  }
  std::cout << "sharPtr.use_count(): "<<  sharPtr.use_count() << std::endl;       // 1

  std::shared_ptr<MyInt> globSharPtr= sharPtr;
  std::cout << "sharPtr.use_count(): "<<  sharPtr.use_count() << std::endl;       // 2
  globSharPtr.reset();
  std::cout << "sharPtr.use_count(): "<<  sharPtr.use_count() << std::endl;       // 1

  sharPtr= std::shared_ptr<MyInt>(new MyInt(2011));                          // Hello: 2011
                                                                             // Good Bye: 1998
...
}                                                                            // Good Bye: 2011
```

이 예제에 나온 콜러블은 함수 오브젝트다. 따라서 생성된 클래스 인스턴스의 개수를 쉽게 셀 수 있다. 이렇게 센 결과는 정적 변수인 count에 담긴다.

std::shared_ptr_from_this

std::enable_shared_from_this[25] 클래스 템플릿을 이용하면 자신을 가리키는 std::shared_ptr를 리턴하는 오브젝트를 생성할 수 있다. 이를 위해 std::enable_shared_from_this를 상속해서 클래스를 만들어야 한다. 이 클래스는 자신을 가리키는 std::shared_ptr를 리턴하는 shared_from_this 메서드를 제공한다.

std::shared_ptr_from_this

```
// enableShared.cpp
#include <iostream>
#include <memory>

class ShareMe: public std::enable_shared_from_this<ShareMe>{
public:
  std::shared_ptr<ShareMe> getShared(){
    return shared_from_this();
  }
};
```

25 http://en.cppreference.com/w/cpp/memory/enable_shared_from_this

```
int main(){
...
  // 동일한 ShareMe 오브젝트를 공유한다
  std::shared_ptr<ShareMe> shareMe(new ShareMe);
  std::shared_ptr<ShareMe> shareMe1= shareMe->getShared();

  // 두 리소스에 대한 주소가 같다
  std::cout <<"Address of resource of shareMe  " << (void*)shareMe.get() << " " <<
std::endl;
            // Address of resource of shareMe  0x7fe317c05880
  std::cout <<"Address of resource of shareMe1 " << (void*)shareMe1.get()<< " " <<
std::endl;
            // Address of resource of shareMe1 0x7fe317c05880

  std::cout << "shareMe.use_count(): "  << shareMe.use_count() << std::endl;
            // shareMe.use_count(): 2
...
}
```

코드 예제를 보면 get 메서드가 동일한 오브젝트를 참조하고 있다.

2.6.3 std::weak_ptr

엄밀하게 따지면, std::weak_ptr[26]는 스마트 포인터가 아니다. std::weak_ptr는 std::shared_ptr에서 리소스를 빌려오기만 할 뿐, 리소스에 직접 접근할 수 없다. 또한, std::weak_ptr는 레퍼런스 카운터를 바꾸지 않는다.

std::weak_ptr

```
// weakPtr.cpp
#include <iostream>
#include <memory>

class MyInt{
public:
```

26 http://en.cppreference.com/w/cpp/memory/weak_ptr

```
  MyInt(int i):i_(i){}
  int get() const{ return i_; }
private:
  int i_;
};

int main(){
...
  std::weak_ptr<MyInt> weakPtr;
...
  auto sharedPtr = std::make_shared<MyInt>(2011);
  // std::shared_ptr<MyInt> sharedPtr(new MyInt(2011));
  std::cout << "sharedPtr.use_count(): " << sharedPtr.use_count() << std::endl; // 1

  // weakPtr 초기화
  weakPtr= sharedPtr;
  std::cout << "weakPtr.use_count(): " << weakPtr.use_count() << std::endl;     // 1
  std::cout << "weakPtr.expired(): " << weakPtr.expired() << std::endl;         // false

  std::weak_ptr<MyInt> weakPtr1(sharedPtr);
...
  // 리소스를 참조한다.
  std::cout << "sharedPtr->get(): " << sharedPtr->get() << std::endl;           // 2011
  // weakPtr는 사용하지 않는다
  // std::cout << "weakPtr->get()" << weakPtr->get() << std::endl;

  if(std::shared_ptr<MyInt> sharedPtr1 = weakPtr.lock()) {
    std::cout << "sharedPtr->get(): " << sharedPtr->get() << std::endl;         // 2011
  }
  else{
    std::cout << "Don't get the resource!" << std::endl;                      // 출력 안 됨
  }
...
  // weakPtr를 리셋한다
  weakPtr.reset();
  if(std::shared_ptr<MyInt> sharedPtr1 = weakPtr.lock()) {
    std::cout << "sharedPtr->get(): " << sharedPtr->get() << std::endl;   // 출력 안 됨
  }
  else{
    std::cout << "Don't get the resource!" << std::endl;    // Don't get the resource!
  }
```

```
  // weakPtr2와 weakPtr3를 맞바꾼다
  std::shared_ptr<MyInt> sharedPtr2(new MyInt(2));
  std::shared_ptr<MyInt> sharedPtr3(new MyInt(3));
  std::weak_ptr<MyInt> weakPtr2(sharedPtr2);
  std::weak_ptr<MyInt> weakPtr3(sharedPtr3);

  if(std::shared_ptr<MyInt> sharedFromWeak2 = weakPtr2.lock()) {
    std::cout << "sharedFromWeak2->get(): " << sharedFromWeak2->get() << std::endl; // 2
  }
...
  weakPtr2.swap(weakPtr3);
  if(std::shared_ptr<MyInt> sharedFromWeak2 = weakPtr2.lock()) {
    std::cout << "sharedFromWeak2->get(): " << sharedFromWeak2->get() << std::endl; // 3
  }
...
  std::swap(weakPtr2, weakPtr3);
  if(std::shared_ptr<MyInt> sharedFromWeak2 = weakPtr2.lock()) {
    std::cout << "sharedFromWeak2->get(): " << sharedFromWeak2->get() << std::endl; // 2
  }
...
}
```


다음 표는 std::weak_ptr의 메서드를 개략적으로 나타낸 것이다.

▼ 표 2-6 std::weak_ptr의 메서드

이름	설명
expired	리소스가 삭제됐는지 검사한다.
lock	리소스에 대한 std::shared_ptr를 생성한다.
reset	리소스를 리셋한다.
swap	리소스를 맞바꾼다.
use_count	레퍼런스 카운터의 값을 리턴한다.

std::weak_ptr의 용도는 딱 한 가지다. 바로 std::shared_ptr의 순환 참조를 깨는 것이다.

2.6.4 순환 참조

std::shared_ptr끼리 서로 참조하면 순환 참조(cyclic reference)가 발생한다. 이렇게 되면, 리소스 카운터가 절대 0이 될 수 없어서 리소스가 자동으로 해제되지 않는다. 이런 순환 구조를 깨뜨리려면 std::weak_ptr를 넣으면 된다. std::weak_ptr는 레퍼런스 카운터를 바꾸지 않는다.

여기에 나온 코드 예제를 실행하면 딸(struct Daughter)은 자동으로 해제되지만, 아들이나 엄마(struct Son, Mother)는 그렇지 않다. 엄마는 아들을 std::shared_ptr로 참조하고, 딸은 std::weak_ptr로 참조한다. 이 코드 구조를 이해하기 쉽도록 그림으로 표현하면 다음과 같다.

▼ 그림 2-1 순환 참조

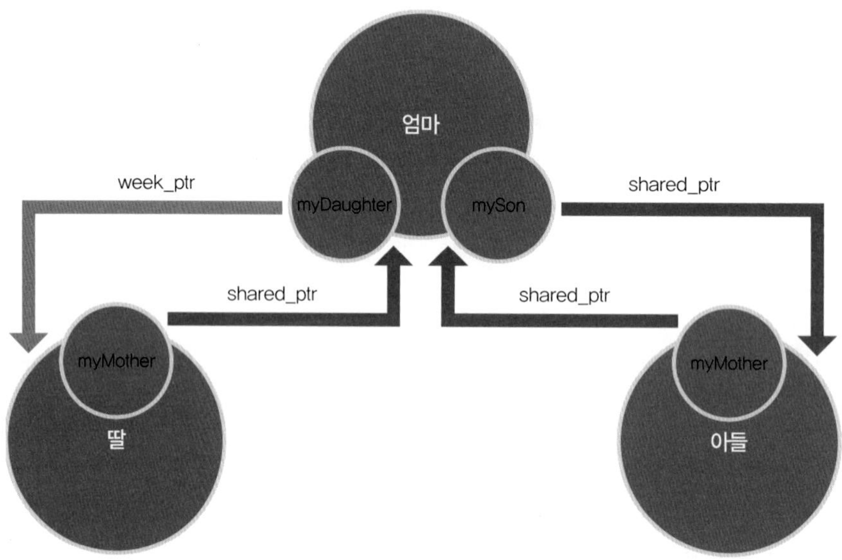

소스 코드는 다음과 같다.

순환 참조

```
// cyclicReference.cpp
#include <iostream>
#include <memory>

struct Son;
struct Daughter;

struct Mother{
```

```
  ~Mother(){
    std::cout << "Mother gone" << std::endl;
  }
  void setSon(const std::shared_ptr<Son> s ){
    mySon=s;
  }
  void setDaughter(const std::shared_ptr<Daughter> d ){
    myDaughter=d;
  }
  std::shared_ptr<const Son> mySon;
  std::weak_ptr<const Daughter> myDaughter;
};

struct Son{
  Son(std::shared_ptr<Mother> m):myMother(m){}
  ~Son(){
    std::cout << "Son gone" << std::endl;
  }
  std::shared_ptr<const Mother> myMother;
};

struct Daughter{
  Daughter(std::shared_ptr<Mother> m):myMother(m){}
  ~Daughter(){
    std::cout << "Daughter gone" << std::endl;
  }
  std::shared_ptr<const Mother> myMother;
};

int main(){
...
  {
    std::shared_ptr<Mother> mother= std::shared_ptr<Mother>( new Mother );
    std::shared_ptr<Son> son= std::shared_ptr<Son>( new Son(mother) );
    std::shared_ptr<Daughter> daugher= std::shared_ptr<Daughter>( new Daughter(mother)
);
    mother->setSon(son);
    mother->setDaughter(daugher);
  } // Daughter gone
...
}
```

2.7 타입 트레이트

타입 트레이트(type trait) 라이브러리[27]는 컴파일 시간에 타입을 검사하고, 비교하고, 수정하는 기능을 제공한다. 그래서 프로그램의 실행 시간에는 아무런 오버헤드가 발생하지 않는다. 타입 트레이트 라이브러리는 최적화와 정확성이라는 두 가지 목적을 위해 사용한다. 타입 트레이트 라이브러리는 최적화를 위해 인트로스펙션 기능을 제공한다. 그러므로 더 빠른 코드를 선택하는 작업을 자동화할 수 있다. 또한, 정확성을 위해 코드에 대한 요구 사항을 명시해서 컴파일 시간에 검사하는 기능을 제공한다.

Tip 타입 트레이트 라이브러리와 static_assert를 조합하면 막강하다

타입 트레이트 라이브러리와 static_assert 함수를 조합하면 매우 강력한 효과를 발휘한다. 타입 트레이트 라이브러리는 컴파일 시간에 타입 정보를 제공한다. 한편 static_assert 함수는 이렇게 얻은 정보를 컴파일 시간에 검사할 수 있다. 이 모든 과정은 프로그램의 실행 시간과 무관하다.

```
#include <type_traits>
...
template <typename T>T fac(T a){
  static_assert(std::is_integral<T>::value, "T not integral");
...
}
fac(10);
fac(10.1); // T= double이면 "T not integral"이 출력된다
```

이 코드를 GCC로 컴파일하면, fac(10.1) 함수 호출 부분에서 T는 double 타입이므로 정수 계열 타입이 아니라는 메시지를 출력하면서 멈춘다.

2.7.1 타입 정보 검사

타입 트레이트 라이브러리를 활용하면 기본 타입 카테고리와 복합 타입 카테고리를 검사할 수 있다. 검사 결과는 value 어트리뷰트(attribute)를 통해 알 수 있다.

27 http://en.cppreference.com/w/cpp/header/type_traits

2.7.2 기본 타입 카테고리

기본 타입 카테고리는 크게 14가지가 있다. 각각은 완전하며 서로 겹치지 않는다. 따라서 각 타입마다 타입 카테고리는 단 하나다. 현재 타입의 타입 카테고리를 검사할 때 지정자(qualifier)가 const인지, 아니면 volatile인지는 관련이 없다.

```
template <class T> struct is_void;
template <class T> struct is_integral;
template <class T> struct is_floating_point;
template <class T> struct is_array;
template <class T> struct is_pointer;
template <class T> struct is_reference;
template <class T> struct is_member_object_pointer;
template <class T> struct is_member_function_pointer;
template <class T> struct is_enum;
template <class T> struct is_union;
template <class T> struct is_class;
template <class T> struct is_function;
template <class T> struct is_lvalue_reference;
template <class T> struct is_rvalue_reference;
```

다음 코드 예제는 기본 타입 카테고리를 모두 보여준다.

모든 기본 타입 카테고리

```
// typeCategories.cpp
...
#include <type_traits>

int main(){
...
  std::cout << "std::is_void<void>::value: " << std::is_void<void>::value << std::endl;
  // true
  std::cout << "std::is_integral<short>::value: " // true
            << std::is_integral<short>::value << std::endl;
  std::cout << "std::is_floating_point<double>::value: " // true
            << std::is_floating_point<double>::value << std::endl;
  std::cout << "std::is_array<int []>::value: " // true
            << std::is_array<int [] >::value << std::endl;
```

```
    std::cout << "std::is_pointer<int*>::value: " // true
              << std::is_pointer<int*>::value << std::endl;
    std::cout << "std::is_reference<int&>::value: " // true
              << std::is_reference<int&>::value << std::endl;
    struct A{
      int a;
      int f(double){return 2011;}
    };
    std::cout << "std::is_member_object_pointer<int A::*>::value: " // true
              << std::is_member_object_pointer<int A::*>::value << std::endl;
    std::cout << "std::is_member_function_pointer<int (A::*)(double)>::value: " // true
              << std::is_member_function_pointer<int (A::*)(double)>::value << std::endl;
    enum E{
      e= 1,
    };
    std::cout << "std::is_enum<E>::value: " << std::is_enum<E>::value << std::endl;
    // true
    union U{
      int u;
    };
    std::cout << "std::is_union<U>::value: " << std::is_union<U>::value << std::endl;
    // true
    std::cout << "std::is_class<std::string>::value: " // true
              << std::is_class<std::string>::value << std::endl;
    std::cout << "std::is_function<int * (double)>::value: " // true
              << std::is_function<int * (double)>::value << std::endl;
  ...
  }
```

2.7.3 복합 타입 카테고리

앞서 본 14가지 기본 타입 카테고리를 바탕으로 다음과 같이 여섯 가지 복합 타입 카테고리를 구성할 수 있다.

▼ 표 2-7 복합 타입 카테고리

복합 타입 카테고리	기본 타입 카테고리
is_arithmetic	is_floating_point 또는 is_integral
is_fundamental	is_arithmetic 또는 is_void
is_object	is_arithmetic 또는 is_enum 또는 is_pointer 또는 is_member_pointer
is_reference	is_lvalue_reference 또는 is_rvalue_reference
is_compound	is_fundamental의 반대
is_member_pointer	is_member_object_pointer 또는 is_member_function_pointer

std::is_compound는 std::is_fundamental의 반대(complement)다.

2.7.4 타입 속성

기본 타입 카테고리와 복합 타입 카테고리 외에 다음과 같은 타입 속성도 있다.

```
template <class T> struct is_const;
template <class T> struct is_volatile;
template <class T> struct is_trivial;
template <class T> struct is_trivially_copyable;
template <class T> struct is_standard_layout;
template <class T> struct is_pod;
template <class T> struct is_literal_type;
template <class T> struct is_empty;
template <class T> struct is_polymorphic;
template <class T> struct is_abstract;

template <class T> struct is_signed;
template <class T> struct is_unsigned;

template <class T, class... Args> struct is_constructible;
template <class T> struct is_default_constructible;
template <class T> struct is_copy_constructible;
template <class T> struct is_move_constructible;

template <class T, class U> struct is_assignable;
template <class T> struct is_copy_assignable;
template <class T> struct is_move_assignable;
template <class T> struct is_destructible;
```

```
template <class T, class... Args> struct is_trivially_constructible;
template <class T> struct is_trivially_default_constructible;
template <class T> struct is_trivially_copy_constructible;
template <class T> struct is_trivially_move_constructible;
template <class T, class U> struct is_trivially_assignable;
template <class T> struct is_trivially_copy_assignable;
template <class T> struct is_trivially_move_assignable;

template <class T> struct is_trivially_destructible;

template <class T, class... Args> struct is_nothrow_constructible;
template <class T> struct is_nothrow_default_constructible;
template <class T> struct is_nothrow_copy_constructible;
template <class T> struct is_nothrow_move_constructible;

template <class T, class U> struct is_nothrow_assignable;
template <class T> struct is_nothrow_copy_assignable;
template <class T> struct is_nothrow_move_assignable;

template <class T> struct is_nothrow_destructible;
template <class T> struct has_virtual_destructor;
```

2.7.5 타입 비교

타입 트레이트 라이브러리는 타입 비교 기능도 세 가지 제공한다.

▼ 표 2-8 타입 비교

함수	설명
template class Base, class Derived> struct is_base_of	Derived가 Base를 상속한 것인지 검사한다.
template class <class From, class To> struct is_convertible	From을 To로 변환할 수 있는지 검사한다.
template <class T, class U> struct is_same	T 타입과 U 타입이 서로 같은지 검사한다.

2.7.6 타입 수정

타입 트레이트 라이브러리를 이용하면 컴파일 시간에 타입을 수정할 수 있다. 따라서 타입의 const 여부를 변경할 수 있다.

타입 수정

```
// typeTraitsModifications.cpp
#include <type_traits>
...
int main(){
...
  std::cout << "std::is_const<std::add_const<int>::type>::value: " // true
            <<  std::is_const<std::add_const<int>::type>::value << std::endl;
  std::cout << "std::is_const<std::remove_const<const int>::type>::value: " // false
            << std::is_const<std::remove_const<const int>::type>::value << std::endl;
...
  typedef std::add_const<int>::type myConstInt;
  std::cout << "std::is_const<myConstInt>::value: " // true
            << std::is_const<myConstInt>::value << std::endl;
  typedef const int myConstInt2;
  std::cout << "std::is_same<myConstInt, myConstInt2>::value: " // true
            << std::is_same<myConstInt, myConstInt2>::value << std::endl;
...
}
```

std::add_const 함수는 주어진 타입에 const 속성을 추가한다. 이와 반대로 std::remove_const는 const 속성을 제거한다.

타입 트레이트 라이브러리에서 제공하는 함수는 이보다 훨씬 많으며, 타입의 const-volatile 속성을 수정하는 기능도 제공한다.

```
template <class T> struct remove_const;
template <class T> struct remove_volatile;
template <class T> struct remove_cv;

template <class T> struct add_const;
template <class T> struct add_volatile;
template <class T> struct add_cv;
```

컴파일 시간에 부호를 변경할 수도 있다.

```
template <class T> struct make_signed;
template <class T> struct make_unsigned;
```

또는 다음과 같이 타입의 레퍼런스 또는 포인터 속성을 변경할 수도 있다.

```
template <class T> struct remove_reference;
template <class T> struct add_lvalue_reference;
template <class T> struct add_rvalue_reference;

template <class T> struct remove_pointer;
template <class T> struct add_pointer;
```

다음 세 가지 함수는 특히 제네릭(generic) 라이브러리를 작성하는 데 유용하다.

```
template <class B> struct enable_if;
template <class B, class T, class F> struct conditional;
template <class... T> common_type;
```

std::enable_if를 사용하면 함수 오버로드나 템플릿 특수화를 오버로드 결정(overload resolution) 과정에서 숨길 수 있다. std::conditional은 컴파일 시간에 삼항 연산자를 제공한다. std::common_type은 모든 타입 매개변수를 암묵적으로 변환할 수 있는 타입을 제공한다. std::common_type은 일종의 가변 인수 템플릿[28]이다. 따라서 타입 매개변수의 개수는 다양하다.

Tip **C++14는 ::type에 대한 줄임말을 제공한다**

int로부터 const int를 구하려면 타입을 요청해야 한다. 즉, std::add_const<int>::type과 같이 작성해야 한다. C++14 표준부터는 이처럼 장황하게 적을 필요가 없으며 std::add_const_t<int>와 같이 간편히 표현할 수 있게 됐다. 이 규칙은 모든 타입의 트레이트 함수에 대해 적용된다.

2.8 시간 라이브러리

시간 라이브러리(chrono)[29]는 C++에 새로 추가된 멀티스레드 기능에서 핵심적인 역할을 한다. 가령 std::this_thread::sleep_for(std::chrono::milliseconds(15))와 같이 작성하면 현재 스레드를 15ms(밀리초) 동안 재울 수 있다. 또한, lock.try_lock_until(now + std::

28 http://en.cppreference.com/w/cpp/language/parameter_pack

29 http://en.cppreference.com/w/cpp/header/chrono

chrono::minutes(2))와 같이 작성하면 2분 동안 잠금(lock)을 확보하는 시도를 할 수 있다. 크로노(chrono) 라이브러리는 이런 기능뿐만 아니라 다음과 같이 간단한 성능 테스트에도 활용된다.

성능 측정

```
// performanceMeasurement.cpp
#include <chrono>
...
int main(){

  std::cout << std::fixed << std::setprecision(10) << std::endl;

  std::vector<int> myBigVec(10000000, 2011);
  std::vector<int> myEmptyVec1;
  std::vector<int> myEmptyVec2;

  auto begin= std::chrono::system_clock::now();
  myEmptyVec1= myBigVec;
  auto end= std::chrono:: system_clock::now() - begin;

  auto timeInSeconds= std::chrono::duration<double>(end).count();
  std::cout << "Copy Initialization in seconds: " << timeInSeconds << std::endl;
  // 0.0193490000

  begin= std::chrono::system_clock::now();
  myEmptyVec2= std::move(myBigVec);
  end= std::chrono::system_clock::now() - begin;

  timeInSeconds= std::chrono::duration<double>(end).count();
  std::cout << "Move Initialization in seconds: " << timeInSeconds << std::endl;
  // 0.0000000000
...
}
```

시간 라이브러리는 시점, 기간, 클럭이라는 세 부분으로 구성된다.

- **시점**

  시점(time point)은 에포크(epoch)라고 부르는 시작점과 기간으로 정의한다.

- **기간**

  기간(time duration)은 두 시점의 차이이며, 단위는 틱(tick)이다.

• **클럭**

클럭(clock)은 시작점(에포크)과 틱으로 구성된다. 그래서 현재 시점을 계산할 수 있다.

2.8.1 시점

기간은 시간의 폭으로서 일정한 시간 단위를 틱 수로 정의한다. 시점은 클럭과 기간으로 구성되며, 기간은 양수일 수도 있고 음수일 수도 있다.

```
template <class Clock, class Duration= typename Clock::duration>
class time_point;
```

에포크는 std::chrono::steady_clock, std::chrono::high_resolution_clock, std::chrono::system과 같은 클럭에 대해서는 정의돼 있지 않다. 하지만 인기 있는 플랫폼에서 std::chrono::system의 에포크는 대체로 1.1.1970으로 정의하고 있다. 그래서 1970년 1월 1일부터 지금까지 흐른 시간을 나노초, 초, 분 단위로 계산할 수 있다.

에포크부터 지금까지 흐른 시간

```
// epoch.cpp
#include <chrono>
...
int main(){
...
  auto timeNow= std::chrono::system_clock::now();
  auto duration= timeNow.time_since_epoch();
  std::cout << duration.count() << " microseconds " << std::endl; // 1629374983250852

  typedef std::chrono::duration<double, std::ratio<1, 1000>> MyMilliSecondTick;
  MyMilliSecondTick milli(duration);
  std::cout << milli.count() << " milliseconds" << std::endl; // 1629374983250.852051

  typedef std::chrono::duration<double> MySecondTick;
  MySecondTick sec(duration);
  std::cout << sec.count() << " seconds " << std::endl; // 1629374983.250852

  typedef std::chrono::duration<double, std::ratio<60>> MyMinuteTick;
  MyMinuteTick myMinute(duration);
  std::cout << myMinute.count() << " minutes" << std::endl; // 27156249.720848
```

```
  typedef std::chrono::duration<double, std::ratio<3600>> MyHourTick;
  MyHourTick myHour(duration);
  std::cout << myHour.count() << " hours" << std::endl; // 452604.162014

  typedef std::chrono::duration<double, std::ratio<2700>> MyLessonTick;
  MyLessonTick myLesson(duration);
  std::cout << myLesson.count() << " lessons" << std::endl; // 603472.216019
...
}
```


2.8.2 기간

기간은 두 시점의 차다. 기간은 틱 단위로 측정한다.

```
template <class Rep, class Period = ratio<1>> class duration;
```

여기서 Rep이 부동소수점 수라면 기간은 틱을 소수점 단위로 표현할 수 있다. 기간 중에서도 가장 중요한 것들은 크로노 라이브러리에 정의돼 있다.

```
typedef duration<signed int, nano> nanoseconds;
typedef duration<signed int, micro> microseconds;
typedef duration<signed int, milli> milliseconds;
typedef duration<signed int> seconds;
typedef duration<signed int, ratio< 60>> minutes;
typedef duration<signed int, ratio<3600>> hours;
```

기간의 최댓값은 얼마일까? C++ 표준에 따르면 미리 정의된 기간은 +/- 292년까지 지정할 수 있다. 기간을 직접 정의하기도 쉽다. 예를 들어 독일어 수업 시간을 `typedef std::chrono::duration<double, std::ratio<2700>> MyLessonTick`과 같이 정의할 수 있다. 기간이 자연수로 들어왔다면 명시적으로 부동소수점 수로 변환해야 한다. 자릿수는 적절히 잘라낸다.

기간

```
// duration.cpp
#include <chrono>
...
int main(){
...
  typedef std::chrono::duration<long long, std::ratio<1>> MySecondTick;
```

```
  MySecondTick aSecond(1);

  std::chrono::nanoseconds nano(aSecond);
  std::cout << nano.count() << " nanoseconds" << std::endl;   // 1000000000

  std::chrono::microseconds micro(aSecond);
  std::cout << micro.count() << " microseconds" << std::endl; // 1000000

  std::chrono::milliseconds milli(aSecond);
  std::cout << milli.count() << " milliseconds" << std::endl; // 1000

  std::chrono::seconds seconds(aSecond);
  std::cout << seconds.count() << " seconds" << std::endl; // 1

  // std::chrono::minutes minutes(aSecond);
  std::chrono::minutes minutes(std::chrono::duration_cast<std::chrono::minutes>(aSecond));
  std::cout << minutes.count() << " minutes(truncated value)" << std::endl; // 0

  // std::chrono::hours hours(aSecond);
  std::chrono::hours hours(std::chrono::duration_cast<std::chrono::hours>(aSecond));
  std::cout << hours.count() << " hours( truncated value)" << std::endl; // 0
...
  typedef std::chrono::duration<double, std::ratio<60>> MyMinuteTick;
  MyMinuteTick myMinute(aSecond);
  std::cout << myMinute.count() << " minutes" << std::endl; // 0.0166667

  typedef std::chrono::duration<double, std::ratio<3600>> MyHourTick;
  MyHourTick myHour(aSecond);
  std::cout << myHour.count() << " hours" << std::endl; // 0.000277778

  typedef std::chrono::duration<double, std::ratio<2700>> MyLessonTick;
  MyLessonTick myLesson(aSecond);
  std::cout << myLesson.count() << " lessons" << std::endl; // 0.00037037

  typedef std::chrono::duration<long long, std::ratio<1, 2>> MyHalfASecondTick;
  MyHalfASecondTick myHalfASecond(aSecond);
  std::cout << myHalfASecond.count() << " HalfASeconds" << std::endl; // 2
...
}
```

Note ≡ std::ratio

std::ratio는 컴파일 시간에 유리수 연산을 할 수 있다. 유리수는 분자와 분모에 대한 템플릿 인수 두 개로 구성된다. C++11부터 다음과 같이 다양한 유리수를 미리 정의된 형태로 제공한다.

```
typedef ratio<1, 1000000000000000000> atto;
typedef ratio<1, 1000000000000000> femto;
typedef ratio<1, 1000000000000> pico;
typedef ratio<1, 1000000000> nano;
typedef ratio<1, 1000000> micro;
typedef ratio<1, 1000> milli;
typedef ratio<1, 100> centi;
typedef ratio<1, 10> deci;
typedef ratio< 10, 1> deca;
typedef ratio< 100, 1> hecto;
typedef ratio< 1000, 1> kilo;
typedef ratio< 1000000, 1> mega;
typedef ratio< 1000000000, 1> giga;
typedef ratio< 1000000000000, 1> tera;
typedef ratio< 1000000000000000, 1> peta;
typedef ratio< 1000000000000000000, 1> exa;
```

C++14에서는 자주 사용하는 기간을 리터럴(literal)로 제공한다.

▼ 표 2-9 기본 제공하는 기간

타입	접미사	예
std::chrono::hours	h	5h
std::chrono::minutes	min	5min
std::chrono::seconds	s	5s
std::chrono::milliseconds	ms	5ms
std::chrono::microseconds	us	5us
std::chrono::nanoseconds	ns	5ns

2.8.3 클럭

클럭은 시점과 틱으로 구성된다. now 메서드를 이용해 현재 시간을 구할 수 있다.

- std::chrono::system_clock

  외부 클럭과 동기화할 수 있는 시스템 시각

- std::chrono::steady_clock

  조정할 수 없는 클럭

- std::chrono::high_resolution_clock

  최대 정확도로 표현한 시스템 시각

std::chrono::system_clock은 대체로 1.1.1970을 가리킨다. std::steady_clock은 std::chrono::system_clock 및 std::chrono::high_resolution_clock과 달리 앞뒤로 조정할 수 없다. to_time_t와 from_time_t 메서드를 이용해서 std::chrono::system_clock과 std::time_t 오브젝트를 상호 변환할 수 있다.

2.9 std::any, std::optional, std::variant

C++ STANDARD LIBRARY

C++17부터 추가된 데이터 타입인 std::any, std::optional, std::variant는 모두 부스트 라이브러리를 바탕으로 제공된다.[30]

2.9.1 std::any

std::any[31]는 복제 생성 가능한 모든 타입의 단일 값에 대한 타입 안전 컨테이너(type-safe container)다. std::any 컨테이너를 생성하는 방법은 몇 가지가 있다. 여러 가지 생성자를 사용하거나 팩토리 함수인 std::make_any를 사용해도 된다. any.emplace를 사용하면 값 하나를 any 컨테이너에 직접 생성할 수 있고, any.reset을 사용하면 컨테이너에 있는 원소를 제거할 수 있다. any 컨테이너에 값이 있는지 확인하려면 any.has_value를 사용하면 된다. any.type을 이용하면 컨테이너 오브젝트의 타입 id도 구할 수 있다. 제네릭 함수인 std::any_cast 덕분에 컨테이너에

---

30 http://www.boost.org

31 http://en.cppreference.com/w/cpp/utility/any

담긴 오브젝트에도 접근할 수 있다. 타입을 잘못 지정했다면 std::bad_any_cast 익셉션이 발생한다.

std::any의 기본적인 사용법은 다음과 같다.

std::any

```
// any.cpp
...
#include <any>

struct MyClass{};

int main(){
...
  std::vector<std::any> anyVec(true, 2017, std::string("test"), 3.14, MyClass());
  std::cout << "std::any_cast<bool>anyVec[0]: " << std::any_cast<bool>(anyVec[0]);
  // true
  int myInt= std::any_cast<int>(anyVec[1]);
  std::cout << "myInt: " << myInt << std::endl;  // 2017

  std::cout << std::endl;
  std::cout << "anyVec[0].type().name(): " << anyVec[0].type().name();          // b
  std::cout << "anyVec[1].type().name(): " << anyVec[1].type().name();          // i

}
```

이 코드는 std::vector<std::any>를 정의한다. 벡터 원소 하나를 가져오려면 std::any_cast를 사용해야 한다. 앞에서 설명했듯이, 타입을 잘못 지정하면 std::bad_any_cast 익셉션이 발생한다.

Note ≡ 타입 id에 대한 스트링 표현

타입 id에 대한 스트링 표현은 구현마다 다르다. anyVec[1] 타입이 int일 때 anyVec[1].type().name()의 값은 GCC C++ 컴파일러(https://gcc.gnu.org/)에서 i를 리턴하고, 마이크로소프트 비주얼 C++에서 int를 리턴한다(https://en.wikipedia.org/wiki/Microsoft_Visual_C++).

std::any는 모든 타입의 오브젝트를 담을 수 있다. std::optional은 오브젝트 값이 있을 수도 있고 없을 수도 있는 것을 표현한다.

2.9.2 std::optional

std::optional[32]은 데이터베이스 쿼리처럼 결과가 있을 수도 있고 없을 수도 있는 계산에 유용하다.

> **Tip 빈 결괏값은 사용하지 말자**
>
> C++17 이전에는 결과가 없는 상황을 널 포인터나 공백 스트링, 특정한 정숫값 등으로 표현하는 관례를 많이 따랐다. 이렇게 특수한 값을 사용하면 에러가 발생하기 쉽다. 왜냐하면 리턴 값을 검사하는 타입 시스템을 비정상적으로 사용하기 때문이다. 다시 말해, 비정상적인 값을 공백 스트링과 같은 정상 값으로 정의하는 문제가 있다.

값을 가질 수도 있고 갖지 않을 수도 있는 optional 오브젝트를 정의하려면 다양한 생성자나 편의 함수인 std::make_optional을 사용하면 된다. opt.emplace를 사용하면 컨테이너 안에 값을 생성할 수 있고, opt.reset을 사용하면 컨테이너 안에 있는 값을 제거할 수 있다. std::optional 컨테이너에 대해 값이 있는지를 직접 확인할 수도 있고, 논리 표현식에서 검사할 수도 있다. opt.value를 호출하면 값을 리턴하고, opt.value_or은 값을 리턴하거나 디폴트 값을 리턴한다. optional 컨테이너에 값이 없을 때 opt.value를 호출하면 std::bad_optional_access 익셉션이 발생한다.

std::optional의 사용 예를 간단히 살펴보면 다음과 같다.

std::optional

```
// optional.cpp
#include <optional>
...
std::optional<int> getFirst(const std::vector<int>& vec){
  if ( !vec.empty() ) return std::optional<int>(vec[0]);
  else return std::optional<int>();
}

int main(){

  std::vector<int> myVec{1, 2, 3};
  std::vector<int> myEmptyVec;
  auto myInt= getFirst(myVec);

  if (myInt){
    std::cout << "*myInt: "  << *myInt << std::endl;                          // 1
    std::cout << "myInt.value(): " << myInt.value() << std::endl;             // 1
```

32 http://en.cppreference.com/w/cpp/utility/optional

```
    std::cout << "myInt.value_or(2017):" << myInt.value_or(2017) << std::endl;    // 1
  }
...
  auto myEmptyInt= getFirst(myEmptyVec);

  if (!myEmptyInt){
    std::cout << "myEmptyInt.value_or(2017):" << myEmptyInt.value_or(2017) << std::endl;
    // 2017
  }
}
```

getFirst 함수 안에서 std::optional을 사용했다. getFirst는 첫 번째 원소가 있으면 리턴한다. 첫 번째 원소가 없다면 std::optional<int> 오브젝트를 리턴한다. 메인 함수에는 두 개의 벡터가 있다. 둘 다 getFirst를 호출해서 std::optional 오브젝트를 리턴받는다. myInt의 경우에는 오브젝트에 값이 있고, myEmptyInt는 값이 없다. 이 프로그램은 myInt와 myEmptyInt 값을 화면에 출력한다. myInt.value_or(2017)은 값을 리턴하지만 myEmptyInt.value_or(2017)은 디폴트 값을 리턴한다.

다음 절에서 설명할 std::variant는 값을 한 개 이상 가질 수 있다.

2.9.3 std::variant

std::variant[33]는 타입 안전 유니온(type-safe union)이다. std::variant 인스턴스는 유니온에 있는 타입 중 하나로 된 값을 가진다. 이때 타입은 레퍼런스나 배열, void가 될 수 없다. std::variant는 타입을 여러 개 가질 수 있다. 디폴트 초기화 방식에 따르면 std::variant는 첫 번째 타입으로 초기화된다. 따라서 첫 번째 타입은 반드시 디폴트 생성자를 갖춰야 한다. var.index를 사용하면 0으로 시작하는 인덱스를 구할 수 있다. variant에 값이 있으면 var.valueless_by_exception은 false를 리턴한다. var.emplace를 호출하면 새 값을 생성할 수 있다. std.variant에 접근하는 몇 가지 글로벌 함수도 있다. 함수 템플릿인 var.holds_alternative는 std::variant에 지정한 타입이 있는지 검사한다. std::get에 인덱스와 타입을 인수로 지정해서 호출할 수도 있다. 인덱스를 지정하면 값을 구할 수 있다. 반면 타입을 지정하면 고유한 경우에만 값을 리턴한다. 잘못된 인덱스를 지정하거나 고유하지 않은 타입을 지정하면 std::bad_variant_access 익셉션이 발생한다.

33 http://en.cppreference.com/w/cpp/utility/variant

익셉션을 리턴할 수 있는 std::get과 달리, std::get_if는 에러가 발생할 경우 널 포인터를 리턴한다.

std::variant의 사용법을 간단히 살펴보면 다음과 같다.

std::variant

```
// variant.cpp
#include <variant>
#include <string>
int main(){

  std::variant<int, float> v, w;
  v = 12;                          // v는 int로 구성된다
  int i = std::get<int>(v);
  w = std::get<int>(v);
  w = std::get<0>(v);              // 앞 줄과 같다
  w = v;                           // 앞 줄과 같다
  //  std::get<double>(v);         // 에러: [int, float]에 double은 없다
  //  std::get<3>(v);              // 에러: 올바른 인덱스 값은 0과 1이다
  try{
    std::get<float>(w);            // w는 float가 아니라 int로 구성된다. 익셉션이 발생한다
  }
  catch (std::bad_variant_access&) {}
  std::variant<std::string> v("abc");      // 모호하지 않아야 생성자가 변환된다
  v = "def";                               // 모호하지 않아야 대입이 변환된다
}
```

v와 w는 variant의 인스턴스다. 둘 다 int와 float 값을 가질 수 있다. v와 w의 디폴트 값은 0이다. v는 12가 되고, 이어서 나오는 std::get<int>(v)는 값을 리턴한다. 그 뒤에 나오는 세 줄은 v를 w에 대입하는 세 가지 경우를 보여주는데, 몇 가지 규칙을 명심해야 한다. variant의 값을 std::get<double>(v)와 같이 타입으로 조회할 수도 있고, std::get<3>(v)와 같이 인덱스로 조회할 수도 있다. 타입으로 지정할 때는 반드시 고유해야 하고, 인덱스로 지정할 때는 올바른 범위에 있는 값이어야 한다. w는 int 값을 담는다. 그래서 float 타입을 조회하면 std::bad_variant_access 익셉션이 발생한다. 생성자를 호출하거나 대입문을 실행할 때 모호하지 않다면 변환된다. 그래서 C 스트링으로부터 std::variant<std::string>을 만들거나 새로운 C 스트링을 variant에 대입할 수 있다.

std::variant는 비멤버 함수인 std::visit를 갖고 있다. 이 함수를 이용하면 variant 리스트에 있는 콜러블을 실행시킬 수 있다. 콜러블은 호출할 수 있는 대상을 말하며, 일반적으로 함수나 함수 오브젝트, 람다 표현식을 가리킨다. 간결한 표현을 위해 예제에서는 람다 함수로 구성했다.

std::visit

```
// visit.cpp
...
#include <variant>

int main(){
  std::cout << std::endl;
  std::vector<std::variant<char, long, float, int, double, long long>>      // 1
            vecVariant = {5, '2', 5.4, 100ll, 2011l, 3.5f, 2017};
  // 각 값을 출력한다
  for (auto& v: vecVariant){
    std::visit([](auto&& arg){std::cout << arg << " ";}, v);                // 2
  }
  std::cout << std::endl;

  // 각 타입을 출력한다
  for (auto& v: vecVariant){
    std::visit([](auto&& arg){std::cout << typeid(arg).name() << " ";}, v); // 3
  }
  std::cout << std::endl;

  // 합을 구한다
  std::common_type<char, long, float, int, double, long long>::type res{}; // 4
  std::cout << "typeid(res).name(): "  << typeid(res).name() << std::endl;
  for (auto& v: vecVariant){
    std::visit([&res](auto&& arg){res+= arg;}, v);                          // 5
  }
  std::cout << "res: " << res << std::endl;

  // 각 값을 두 배로 만든다
  for (auto& v: vecVariant){
    std::visit([&res](auto&& arg){arg *= 2;}, v);                           // 6
    std::visit([](auto&& arg){std::cout << arg << " ";}, v);
  }
...
}
```

예제에 나온 variant는 char, long, float, int, double, long long을 갖는다. 첫 번째로 나온 visit[](auto&& arg){std::cout << arg << " ";}는 이 variant들의 값을 출력한다. 두 번째로 나온 std::cout << typeid(arg).name() << " ";}는 이 variant들의 타입을 출력한다.

그러고 나서 앞에서 정의한 variant의 값을 모두 더한다. 먼저 올바른 결과 타입을 컴파일 시간에 지정해야 하는데, 타입 트레이트 라이브러리에서 제공하는 std::common_type을 사용하면 된다. std::common_type은 char, long, float, int, double, long long이 변환될 수 있는 모든 타입을 제공한다. res{}에서 마지막에 나온 {}는 0.0으로 초기화된다. res 타입은 double이다. visit[&res](auto&& arg){arg *= 2;}는 합계를 구하고, 이어지는 줄에서 그 결과를 화면에 출력한다.

3장

컨테이너 인터페이스

3.1 생성과 삭제
3.2 크기
3.3 접근
3.4 대입과 맞바꾸기
3.5 비교

표준 템플릿 라이브러리에서 제공하는 순차 컨테이너와 연관 컨테이너는 본래 성격이 다르지만, 공통점이 상당히 많다. 예를 들어, 컨테이너를 생성(또는 삭제)하거나 크기를 알아내거나 원소에 접근하거나 원소를 대입하거나 맞바꾸는 연산은 컨테이너의 원소 타입에 관계없이 일정하다. 컨테이너를 정의할 때 크기를 임의로 정할 수 있으며, 컨테이너마다 할당자가 있다. 그래서 컨테이너 크기를 실행 시간에 조절할 수 있다. 할당자(allocator)는 대부분 백그라운드에서 작동한다. `std::vector`를 보면 알 수 있다. `std::vector<int>`를 호출하면 `std::vector<int, std::allocator<int>>`가 호출된다. `std::allocator` 덕분에 `std::array`를 제외한 모든 컨테이너는 크기를 동적으로 조절할 수 있다. 또한, 반복자(iterator)를 이용해 컨테이너 원소에 간편하게 접근할 수도 있다.

이처럼 공통점도 많지만 자세히 들여다보면 다른 점도 많은데, 자세한 사항은 4장 '순차 컨테이너'와 5장 '연관 컨테이너'에서 설명한다.

순차 컨테이너인 `std::array`, `std::vector`, `std::deque`, `std::list`, `std::forward_list`는 C++에서 각자 강점을 발휘하는 영역이 있다.

연관 컨테이너도 마찬가지다. 연관 컨테이너는 크게 정렬 연관 컨테이너와 비정렬 연관 컨테이너로 구분한다.

C++ STANDARD LIBRARY

3.1 생성과 삭제

컨테이너를 생성할 때 다양한 생성자를 이용할 수 있다. 또한, `clear()` 메서드로 컨테이너에 담긴 원소를 모두 삭제할 수 있다. 컨테이너를 생성하는 연산과, 원소를 모두 삭제하는 연산과, 원소 몇 개를 추가하거나 삭제하는 연산의 처리 과정은 비슷하며, 그때마다 메모리를 컨테이너가 관리해 준다.

다음은 `std::vector` 컨테이너의 생성자와 소멸자를 보여준다.

▼ 표 3-1 컨테이너 생성 및 삭제

타입	예
디폴트	`std::vector<int> vec1`
범위	`std::vector<int> vec2(vec1.begin(), vec1.end())`
복제	`std::vector<int> vec3(vec2)`
복제	`std::vector<int> vec3= vec2`
이동	`std::vector<int> vec4(std::move(vec3))`
이동	`std::vector<int> vec4= std::move(vec3)`
순차(이니셜라이저 리스트)	`std::vector<int> vec5 {1, 2, 3, 4, 5}`
순차(이니셜라이저 리스트)	`std::vector<int> vec5= {1, 2, 3, 4, 5}`
소멸자	`vec5.~vector()`
원소 삭제	`vec5.clear()`

std::array는 컴파일 시간에 생성되기 때문에 몇 가지 특별한 속성이 있다. 먼저 std::array에는 이동 생성자가 없다. 게다가 범위(range)나 이니셜라이저 리스트로 생성할 수도 없다. 하지만 std::array를 묶음 초기화(aggregate initialisation)할 수 있다. 또한, std::array에는 원소를 삭제하는 메서드가 없다.

이제 다양한 생성자로 컨테이너를 생성하는 예를 보자.

다양한 생성자

```
// containerConstructor.cpp
...
#include <map>
#include <unordered_map>
#include <vector>
...
  std::vector<int> vec= {1, 2, 3, 4, 5, 6, 7, 8, 9};
  std::map<std::string, int> str2Int ={{"bart", 12345}, {"jenne", 34929}, {"huber",
840284}};
  std::unordered_map<std::string, int> str2Int2{str2Int.begin(), str2Int.end()};

  for ( auto v: vec ) std::cout << v << " "; // 1 2 3 4 5 6 7 8 9
  std::cout << std::endl;
  for ( auto m: str2Int ) std::cout << m.first << ", " << m.second << " ";
  std::cout << std::endl;                     // bart,12345 huber,840284 jenne,34929
```

```
  for ( auto um: str2Int2 ) std::cout << um.first << ", " << um.second << " ";
  // jenne, 34929 huber, 840284 bart, 12345
...
  std::vector<int> vec2= vec;
  std::cout << "intVec.size(): " << vec.size() << std::endl;  // 9
  std::cout << "vec2.size(): " << vec2.size() << std::endl;   // 9
  std::cout << std::endl;

  std::vector<int> vec3= std::move(vec);
  std::cout << "vec.size(): " << vec.size() << std::endl;     // 0
  std::cout << "vec3.size(): " << vec3.size() << std::endl;   // 9
  std::cout <<  std::endl;
}
```

3.2 크기

C++ STANDARD LIBRARY

empty() 메서드를 이용하면 컨테이너가 비어있는지 확인할 수 있다. size()를 호출하면 현재 원소 개수를 리턴하고, max_size()는 컨테이너에 담을 수 있는 원소의 최대 개수를 리턴한다. 원소의 최대 개수는 구현마다 다르다.

컨테이너 크기

```
// containerSize.cpp
...
#include <map>
#include <set>
#include <vector>
...
  std::vector<int> intVec{1, 2, 3, 4, 5, 6, 7, 8, 9};
  std::map<std::string, int> str2Int ={{"grimm", 12345}, {"meyer", 34929}, {"huber",
840284}};
  std::set<double> douSet{3.14, 2.5};

  std::cout << "intVec.empty() : " << intVec.empty() << std::endl;        // false
  std::cout << "str2Int.empty(): " << str2Int.empty() << std::endl;      // false
```

```
    std::cout << "douSet.empty() : " << douSet.empty() << std::endl;       // false
...
    std::cout << "intVec.size() : " << intVec.size() << std::endl;         // 9
    std::cout << "str2Int.size(): " << str2Int.size() << std::endl;        // 3
    std::cout << "douSet.size() : " << douSet.size() << std::endl;         // 2
...
    std::cout << "intVec.max_size() : " << intVec.max_size() << std::endl;
    // 4611686018427387903
    std::cout << "str2Int.max_size(): " << str2Int.max_size() << std::endl;
    // 288230376151711743
    std::cout << "douSet.max_size() : " << douSet.max_size() << std::endl;
    // 461168601842738790
...
```

Tip size() 대신 empty()를 사용하자

컨테이너(cont)가 비어있는지 확인할 때는 'cont.size() == 0'보다는 cont.empty() 메서드를 사용하는 것이 좋다. 무엇보다 empty()를 호출하는 것이 'cont.size() == 0'이라는 표현식을 실행하는 것보다 빠르다. 또한, std::forward_list에는 size() 메서드가 없는 것도 한 가지 이유가 된다.

C++ STANDARD LIBRARY

3.3 접근

컨테이너 원소에 접근할 때는 반복자를 사용한다. 시작 반복자와 끝 반복자뿐만 아니라, 범위(range)도 사용한다면 할 수 있는 일이 더 많다. 컨테이너의 시작 반복자를 begin() 메서드로, 끝 반복자를 end() 메서드로 지정하면 반개방 범위(half-open range)를 정의할 수 있다. 반개방(half-open)인 이유는 시작 반복자는 해당 범위에 포함되지만 끝 반복자는 범위 바로 바깥 지점을 가리키기 때문이다. begin()과 end()로 반복자 쌍을 구했다면 컨테이너의 원소를 수정할 수 있다.

▼ 표 3-2 컨테이너 생성 및 삭제

반복자	설명
begin()과 end()	정방향 반복자 쌍
cbegin()과 cend()	정방향 고정(const) 반복자 쌍
rbegin()과 rend()	역방향 반복자 쌍
crbegin()과 crend()	역방향 고정 반복자 쌍

이번에는 컨테이너를 수정하는 예를 살펴보자.

컨테이너 원소 접근하기

```
// containerAccess.cpp
#include <vector>
...
struct MyInt{
  MyInt(int i): myInt(i){};
  int myInt;
};
...
  std::vector<MyInt> myIntVec;
  myIntVec.push_back(MyInt(5));
  myIntVec.emplace_back(1);
  std::cout << "myIntVec.size(): " << myIntVec.size() << std::endl; // 2
...
  std::vector<int> intVec;
  intVec.assign({1, 2, 3});
  for ( auto v: intVec ) std::cout << v << " "; // 1 2 3
...
  intVec.insert(intVec.begin(), 0);
  for ( auto v: intVec ) std::cout << v << " "; // 0 1 2 3
...
  intVec.insert(intVec.begin()+4, 4);
  for ( auto v: intVec ) std::cout << v << " "; // 0 1 2 3 4
...
  intVec.insert(intVec.end(), {5, 6, 7, 8, 9, 10, 11});
  for ( auto v: intVec ) std::cout << v << " "; // 0 1 2 3 4 5 6 7 8 9 10 11
...
  for ( auto revIt= intVec.rbegin(); revIt != intVec.rend(); ++revIt)
    std::cout << *revIt << " ";                  // 11 10 9 8 7 6 5 4 3 2 1 0
...
  intVec.pop_back();
```

```
  for ( auto v: intVec ) std::cout << v << " "; // 0 1 2 3 4 5 6 7 8 9 10
  std::cout << "\n\n";
...
```


3.4 대입과 맞바꾸기

C++ STANDARD LIBRARY

기존 컨테이너에 원소를 새로 대입(assign)하거나 두 컨테이너의 원소를 맞바꾸기(swap)할 수 있다. 컨테이너 cont에 컨테이너 cont2를 대입할 때는 cont= cont2와 같이 복제 대입(copy assignment) 방식으로 처리할 수도 있고, cont= std::move(cont2)와 같이 이동 대입(move assignment) 방식으로 처리할 수도 있다. 이니셜라이저 리스트로 대입하는 특수한 방식도 있다(cont= {1, 2, 3, 4, 5}). std::array는 이렇게 할 수 없지만, 대신 묶음 초기화(aggregate initialization)를 할 수 있다. swap 함수는 두 가지 형태로 제공된다. 하나는 cont(swap(cont2))와 같이 사용하는 메서드 형태이고, 다른 하나는 std::swap(cont, cont2)와 같은 함수 템플릿 형태다.

대입과 맞바꾸기

```
// containerAssignmentAndSwap.cpp
#include <set>
...
  std::set<int> set1{0, 1, 2, 3, 4, 5};
  std::set<int> set2{6, 7, 8, 9};
  for (auto s: set1) std::cout << s << " ";
  std::cout << " ----- ";
  for (auto s: set2) std::cout << s << " "; // 0 1 2 3 4 5  ----- 6 7 8 9
...
  set1= set2;
  for (auto s: set1) std::cout << s << " ";
  std::cout << " ----- ";
  for (auto s: set2) std::cout << s << " "; // 6 7 8 9  ----- 6 7 8 9
...
  set1= std::move(set2);
  for (auto s: set1) std::cout << s << " ";
  std::cout << " ----- ";
  for (auto s: set2) std::cout << s << " "; // 6 7 8 9  -----
```

```
...
  set2={60, 70, 80, 90};
  for (auto s: set1) std::cout << s << " ";
  std::cout << " ----- ";
  for (auto s: set2) std::cout << s << " "; // 6 7 8 9  ----- 60 70 80 90
...
  std::swap(set1, set2);
  for (auto s: set1) std::cout << s << " ";
  std::cout << " ----- ";
  for (auto s: set2) std::cout << s << " "; // 60 70 80 90  ----- 6 7 8 9
...
```

C++ STANDARD LIBRARY

3.5 비교

컨테이너는 비교 연산자(==, !=, <, >, <=, >=)도 제공한다. 두 컨테이너를 비교한다는 말은 각 컨테이너에 담긴 원소를 비교한다는 뜻이다. 연관 컨테이너를 비교할 때는 각 컨테이너의 키를 비교한다. 비정렬 연관 컨테이너는 ==과 != 연산자만 제공한다.

컨테이너 비교

```
// containerComparison.cpp
#include <array>
#include <set>
#include <unordered_map>
#include <vector>
...
  std::vector<int> vec1{1, 2, 3, 4};
  std::vector<int> vec2{1, 2, 3, 4};
  std::cout << "vec1 == vec2: " << (vec1 == vec2) << std::endl;            // true
...
  std::array<int, 4> arr1{1, 2, 3, 4};
  std::array<int, 4> arr2{1, 2, 3, 4};
  std::cout << "arr1 == arr2: " << (arr1 == arr2) << std::endl;            // true

  std::set<int> set1{1, 2, 3, 4};
  std::set<int> set2{4, 3, 2, 1};
```

```
  std::cout << "set1 == set2: " << (set1 == set2) << std::endl;                    // true

  std::set<int> set3{1, 2, 3, 4, 5};
  std::cout << "set1 < set3: " << (set1 < set3) << std::endl;                      // true

  std::set<int> set4{1, 2, 3, -3};
  std::cout << "set1 > set4: " << (set1 > set4) << std::endl;                      // true
...
  std::unordered_map<int, std::string> unordSet1{ {1, "one"}, {2, "two"} };
  std::unordered_map<int, std::string> unordSet2{ {1, "one"}, {2, "Two"} };
  std::cout << "unordSet1 == unordSet2: " << (unordSet1 == unordSet2) << std::endl;
  // false
...
```

4장

순차 컨테이너

4.1 배열
4.2 벡터
4.3 덱
4.4 리스트
4.5 포워드 리스트

순차 컨테이너(sequential container)[1]에 속한 각 컨테이너는 서로 비슷한 점이 많지만, 나름 고유한 기능을 갖고 있다. 하나씩 자세히 살펴보기 전에 먼저 std 네임스페이스에 속한 다섯 가지 순차 컨테이너를 개략적으로 소개한다.

▼ 표 4-1 순차 컨테이너

기준	배열	벡터	덱	리스트	포워드 리스트
크기	정적	동적	동적	동적	동적
구현	정적 배열	동적 배열	배열 시퀀스	이중 연결 리스트	단일 연결 리스트
접근 방식	임의 접근	임의 접근	임의 접근	정방향과 역방향	정방향
추가/삭제의 최적화 지점		끝: O(1)	시작과 끝: O(1)	시작과 끝: O(1) 임의: O(1)	시작: O(1) 임의: O(1)
메모리 예약		있음	없음	없음	없음
메모리 해제		shrink_to_fit	shrink_to_fit	항상	항상
장점	메모리 할당 없음. 메모리 사용량 최소	95% 솔루션	시작과 끝에 추가와 삭제	임의의 지점에 추가와 삭제	빠른 추가/삭제: 최소 메모리 요구 사항
단점	동적 메모리 할당 없음	임의의 지점에 추가/삭제: O(n)	임의의 지점에 추가/삭제: O(n)	임의 접근 불가능	임의 접근 불가능

표에 대해 추가로 몇 가지를 더 설명하겠다.

O(i)는 연산의 시간 복잡도(속도)를 의미한다. O(1)은 해당 컨테이너에 대한 연산 속도가 크기에 관계없이 항상 일정하다. 반대로 O(n)은 컨테이너의 원소 개수에 선형적으로 비례한다는 뜻이다. std::vector를 살펴보면 원소에 대한 접근 속도는 벡터의 크기에 관계없이 일정하지만, 임의의 지점에 추가하거나 삭제할 때 원소가 k배 많아지면 k배 느려진다.

std::vector의 원소에 임의로 접근할 때의 시간 복잡도는 std::deque의 원소에 임의로 접근할 때의 시간 복잡도와 똑같이 O(1)이다. 그렇다고 해서 두 연산의 실제 속도가 같다는 말은 아니다.

이중 연결 리스트(std::list)나 단일 연결 리스트(std::forward_list)에서 추가/삭제 연산의 복잡도가 O(1)이라는 말은 반복자가 원소를 정확히 가리킬 때 그렇다는 말이다.

1 http://en.cppreference.com/w/cpp/container

Note ≡ std::string은 std::vector<char>와 비슷하다

물론 std::string은 표준 템플릿 라이브러리에서 제공하는 컨테이너가 아니다. 하지만 작동 방식을 보면 순차 컨테이너, 그중에서도 특히 std::vector<char>와 비슷하다. 그러므로 이 책에서는 앞으로 std::string을 std::vector<char>로 취급한다.

4.1 배열

▼ 그림 4-1 배열

1	2	3	4	5	6	7	8	9	10

std::array[2]는 길이가 고정된 동형(homogeneous)(원소의 타입이 동일한) 컨테이너다. 헤더는 <array>다. std::array의 메모리와 실행 시간 특성은 C의 배열과 비슷하고 인터페이스는 std::vector와 같다. 특히 std::array는 항상 크기가 정해져 있다. std::array는 STL 알고리즘에서 사용할 수 있다.

std::array를 초기화하는 데 적용되는 몇 가지 특별한 규칙은 반드시 기억해야 한다.

- `std::array<int, 10> arr`

  원소 열 개가 초기화되지 않는다.

- `std::array<int, 10> arr{}`

  원소 열 개가 디폴트 값으로 초기화된다.

- `std::array<int, 10> arr{1, 2, 3, 4, 5}`

  나머지 원소는 디폴트 값으로 초기화된다.

---

2 http://en.cppreference.com/w/cpp/container/array

std::array는 세 가지 인덱스 방식을 지원한다.

```
arr[n];
arr.at(n);
std::get<n>(arr);
```

첫 번째로 나온 꺾쇠 괄호 방식을 가장 많이 사용하며, 배열의 경계 검사 기능은 제공하지 않는다. 반면 arr.at(n)은 경계를 검사한다. 그래서 경계를 벗어나면 std::range-error 익셉션이 발생한다. 마지막 방식은 std::array와 std::tuple의 관계를 보여준다. 둘 다 길이가 고정된 컨테이너다.

std::array에 대한 산술 연산의 예를 살펴보면 다음과 같다.

std::array

```
// array.cpp
#include <algorithm>
#include <numeric>
#include <array>
#include <iostream>
#include <iterator>

const int NUM= 10;
...

  // 특정한 값으로 초기화되지 않는다
  std::array<int, NUM> arr1;
  std::cout << "arr1: ";                    // 0 0 0 0 0 0 0 0 -523188640 32766
  std::copy(arr1.begin(), arr1.end(), std::ostream_iterator<int>(std::cout, " "));

  // 특정한 값으로 초기화된다
  std::array<int, NUM> arr2= {};
  std::cout << std::endl << "arr2:  ";                  // 0 0 0 0 0 0 0 0 0 0
  std::array<int, NUM>::const_iterator arrIt;
  for ( arrIt= arr2.begin(); arrIt != arr2.end(); ++arrIt) std::cout << *arrIt << " ";

  std::array<int, NUM> arr3{1, 2, 3, 4};
  std::cout << std::endl << "arr3: ";                   // 1 2 3 4 0 0 0 0 0 0
  for ( auto a: arr3 ) std::cout << a << " " ;

  // 이니셜라이저 리스트
  std::array<int, NUM> arr4{1, 2, 3, 4, 5, 6, 7, 8, 9, 10};
  std::cout << std::endl << "arr4: ";                   // 10 9 8 7 6 5 4 3 2 1
  std::copy(arr4.rbegin(), arr4.rend(), std::ostream_iterator<int>(std::cout, " "));
```

```
...
  // arr4의 크기를 구한다
  double sum= std::accumulate(arr4.begin(), arr4.end(), 0);
  double mean= sum / arr4.size();
  std::cout << "mean of a4: " << mean << std::endl;       // 5.5
...
  // 읽고 쓴다
  std::cout << "arr4[5]: " << arr4[5] << std::endl;       // 6
  std::cout << "arr4.at(5): " << arr4.at(5) << std::endl; // 6
  arr4[5]= 2011;
  std::cout << "arr4[5]: " << arr4[5] << std::endl;       // 2011

  // 두 배열을 맞바꾼다
  std::swap(arr1, arr4);
  std::cout << std::endl << "arr4: ";
  for ( auto a: arr4 ) std::cout << a << " " ;      // 0 0 0 0 0 0 0 0 0 -523188640 32766
...
  // 두 배열을 비교한다
  std::cout << "(arr1 < arr4): " << (arr1 < arr4 ) << std::endl; // false
...
  // 배열 인덱스로 원소 접근
  std::cout << "(arr4[0] == std::get<0>(arr4)): " << (arr4[0] == std::get<0>(arr4))
            << std::endl;                                       // true
...
```

4.2 벡터

C++ STANDARD LIBRARY

▼ 그림 4-2 벡터

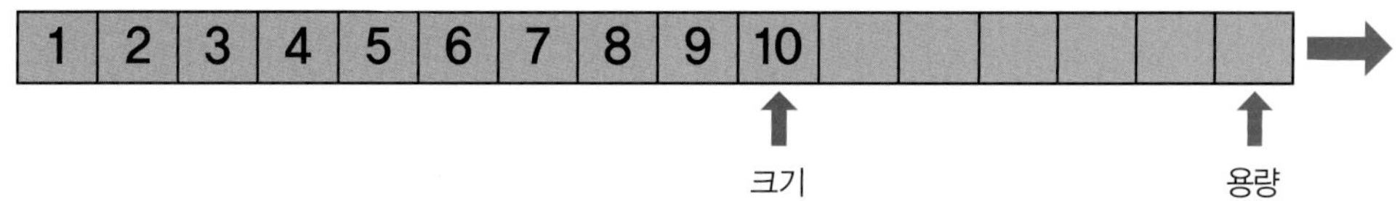

std::vector[3]는 동형 컨테이너로서 실행 시간에 길이를 조정할 수 있다. std::vector의 헤더는 <vector>다. 벡터는 원소를 메모리에 연속해서 저장하며, 포인터 산술 연산을 지원한다.

```
for (int i=0; i < vec.size(); ++i) {
  std::cout << vec[i] == *(vec + i) << std::endl; // true
}
```

> **Tip** std::vector를 생성할 때 소괄호 ()와 중괄호 {}를 구분한다
>
> std::vector를 생성할 때 몇 가지 사항을 주의해야 한다. 다음 예에서 소괄호를 사용한 std::vector 생성자는 원소 열 개를 생성하는 반면, 중괄호를 사용한 생성자는 10이란 원소를 생성한다.
>
> ```
> std::vector<int> vec(10);
> std::vector<int> vec{10};
> ```
>
> std::vector<int>(10, 2011)과 std::vector<int>{10, 2011}도 마찬가지다. 전자는 std:vector에 원소를 열 개 만들고 각각의 값을 2011로 초기화한다. 후자는 std::vector에 원소 10과 2011을 생성한다. 이렇게 작동하는 이유는 중괄호를 이니셜라이저 리스트로 해석하기 때문이다. 그래서 순차 생성자가 적용된다.

4.2.1 크기 vs. 용량

std::vector에 있는 원소 개수는 앞서 예약된 공간보다 적은 경우가 일반적이다. 이유는 간단하다. 새로운 메모리를 할당하는 무거운 연산을 수행하지 않아도 std::vector의 크기를 증가시킬 수 있기 때문이다.

메모리를 효과적으로 관리하는 데 사용되는 메서드는 다음과 같다.

▼ 표 4-2 std::vector의 메모리 관리(인스턴스가 vec인 경우)

메서드	설명
vec.size()	vec 원소 개수
vec.capacity()	vec에 대한 메모리를 더 할당받지 않고 가질 수 있는 원소 개수
vec.resize(n)	vec의 원소 개수가 n개로 증가한다.
vec.reserve(n)	원소를 최소한 n개 담는 데 필요한 메모리를 예약한다.
vec.shrink_to_fit()	vec의 용량을 크기에 맞게 줄인다.

3 http://en.cppreference.com/w/cpp/container/vector

vec.shrink_to_fit()을 호출한다고 해서 반드시 실행되는 것은 아니다. 런타임이 무시할 수도 있다. 하지만 널리 사용되는 플랫폼에서는 항상 위에 나온 대로 작동했다. 그럼 이 메서드를 사용하는 코드를 살펴보자.

std::vector

```
// vector.cpp
#include <vector>
...
  std::vector<int> intVec1(5, 2011);
  intVec1.reserve(10);
  std::cout << "intVec1.size(): " << intVec1.size() << std::endl;           // 5
  std::cout << "intVec1.capacity(): " << intVec1.capacity() << std::endl;   // 10
  intVec1.shrink_to_fit();
  std::cout << "intVec1.capacity(): " << intVec1.capacity() << std::endl;   // 5
  std::cout << std::endl;

  std::vector<int> intVec2(10);
  std::cout << "intVec2.size() : " << intVec2.size() << std::endl;          // 10
  std::vector<int> intVec3{10};
  std::cout << "intVec3.size() : " << intVec3.size() << std::endl;          // 1
  std::vector<int> intVec4{5, 2011};
  std::cout << "intVec4.size() : " << intVec4.size() << std::endl;          // 2
...
```

std::vector는 원소에 접근하기 위한 몇 가지 인스턴스 메서드를 제공한다. 인스턴스가 vec일 때 vec.front()는 첫 번째 원소를 가져오고, vec.back()은 마지막 원소를 가져온다. (n+1)번째 원소를 읽거나 쓰려면 vec[n]과 같이 인덱스 연산자를 사용하거나 vec.at(n)처럼 메서드를 호출하면 된다. 후자의 방식은 vec의 경계를 검사한다. 그래서 경계를 벗어나면 std::range_error 익셉션을 던진다.

std::vector는 원소를 대입하고, 추가하고, 생성하고, 삭제하는 메서드도 제공한다. 간략히 정리하면 다음과 같다.

▼ 표 4-3 std::vector의 원소를 수정하는 메서드(인스턴스가 vec인 경우)

메서드	설명
vec.assign(...)	한 개 이상의 원소, 범위, 이니셜라이저 리스트를 대입한다.
vec.clear()	vec에 담긴 원소를 모두 삭제한다.
vec.emplace(pos, args…)	pos 지점 바로 앞에 args로 지정한 원소를 vec에 새로 만들고, 생성된 원소의 위치를 리턴한다.
vec.emplace_back(args…)	vec에 args로 지정한 원소를 새로 만든다.
vec.erase(...)	원소나 범위를 삭제하고 다음 위치를 리턴한다.
vec.insert(pos, …)	원소, 범위, 이니셜라이저 리스트를 한 개 이상 추가하고, 그 위치를 리턴한다.
vec.pop_back()	마지막 원소를 삭제한다.
vec.push_back(elem)	elem의 복제본을 vec의 끝에 추가한다.

C++ STANDARD LIBRARY

4.3 덱

▼ 그림 4-3 덱

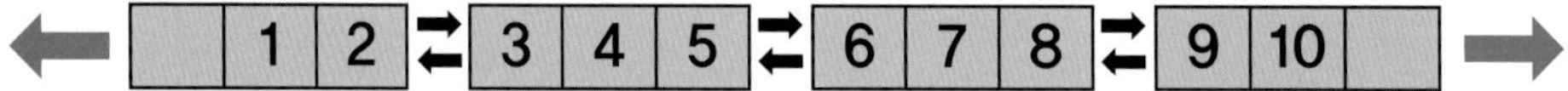

std::deque[4]은 배열 시퀀스로 구성되며 std::vector와 비슷한 점이 많다. std::deque의 헤더는 <deque>이다. std::deque은 벡터에 없는 deq.push_front(elem), deq.pop_front(), deq.emplace_front(args…) 메서드를 제공한다. 첫 번째와 두 번째 메서드는 각각 앞에 있는 원소를 추가하고 삭제한다.

4 https://en.cppreference.com/w/cpp/container/deque

std::deque

```
// deque.cpp
#include <deque>
...
struct MyInt{
  MyInt(int i): myInt(i){};
  int myInt;
};
...
  std::deque<MyInt> myIntDeq;
  myIntDeq.push_back(MyInt(5));
  myIntDeq.emplace_back(1);
  std::cout << "myIntDeq.size(): " << myIntDeq.size() << std::endl; // 2
...
  std::deque<int> intDeq;
  intDeq.assign({1, 2, 3});
  for ( auto v: intDeq ) std::cout << v << " ";            // 1 2 3
...
  intDeq.insert(intDeq.begin(), 0);
  for ( auto v: intDeq ) std::cout << v << " ";            // 0 1 2 3
...
  intDeq.insert(intDeq.begin()+4, 4);
  for ( auto v: intDeq ) std::cout << v << " ";            // 0 1 2 3 4
...
  intDeq.insert(intDeq.end(), {5, 6, 7, 8, 9, 10, 11});
  for ( auto v: intDeq ) std::cout << v << " ";            // 0 1 2 3 4 5 6 7 8 9 10 11
...
  for ( auto revIt= intDeq.rbegin(); revIt != intDeq.rend(); ++revIt)
    std::cout << *revIt << " ";                            // 11 10 9 8 7 6 5 4 3 2 1 0
...
  intDeq.pop_back();
  for ( auto v: intDeq ) std::cout << v << " ";            // 0 1 2 3 4 5 6 7 8 9 10
...
  intDeq.push_front(-1);
  for ( auto v: intDeq ) std::cout << v << " ";            // -1 0 1 2 3 4 5 6 7 8 9 10
...
```

4.4 리스트

▼ 그림 4-4 리스트

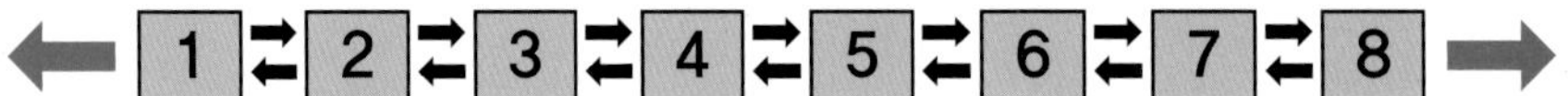

std::list[5]는 이중 연결 리스트이고, 헤더는 <list>다. 인터페이스가 std::vector나 std::deque과 비슷하지만 기능은 많이 다르다. 기본 구조가 다르기 때문이다.

std::list가 다른 두 컨테이너와 구별되는 점은 다음과 같다.

- 임의 접근(random access)을 지원하지 않는다.
- 임의 접근 속도가 느리다. 리스트 전체에 대해 루프를 돌며 찾기 때문에 최악의 경우 총 원소 개수만큼 시간이 걸린다.
- 원소를 추가하거나 삭제하는 속도는 빠르다. 단, 반복자가 해당 지점을 가리키고 있을 경우에 그렇다.
- 원소를 추가하거나 삭제할 때마다 반복자를 바른 위치로 조정한다.

이러한 고유 속성을 지원하기 위해 다음과 같은 메서드를 제공한다.

▼ 표 4-4 std::list 고유 메서드(인스턴스가 lis인 경우)

메서드	설명
lis.merge(c)	정렬된 리스트 c를 정렬된 리스트 lis와 합친다. 따라서 lis는 정렬된 상태를 유지한다.
lis.merge(c, op)	정렬된 리스트 c를 정렬된 리스트 lis와 합친다. 따라서 lis는 정렬된 상태를 유지한다. op를 정렬 기준으로 사용한다.
lis.remove(val)	lis에서 값이 val인 원소를 모두 삭제한다.
lis.remove_if(pre)	lis에서 pre라는 프레디케이트를 만족하는 원소를 모두 삭제한다.
lis.splice(pos, …)	lis에서 pos 지점 앞에서 원소들을 나눈다. 이때 원소는 단일 원소일 수도 있고, 범위일 수도 있고, 리스트일 수도 있다.
lis.unique()	값이 같으면서 연달아 나온 원소를 제거한다.
lis.unique(pre)	pre 프레디케이트를 만족하면서 연달아 나온 원소를 제거한다.

5 http://en.cppreference.com/w/cpp/container/list

이 메서드를 사용하는 예는 다음과 같다.

std::list

```
// list.cpp
...
#include <list>
...
  std::list<int> list1{15, 2, 18, 19, 4, 15, 1, 3, 18, 18, 5, 4, 7, 17, 9, 16, 8, 6,\
  6, 17, 1, 19, 2, 1};
  for ( auto l: list1 ) std::cout << l << " ";
  // 15 2 18 19 4 15 1 3 18 18 5 4 7 17 9 16 8 6 6 17 1 19 2 1
...
  list1.sort();
  for ( auto l: list1 ) std::cout << l << " ";
  // 1 1 1 2 2 3 4 4 5 6 6 7 8 9 15 15 16 17 17 18 18 18 19 19
...
  list1.unique();
  for ( auto l: list1 ) std::cout << l << " ";
  // 1 2 3 4 5 6 7 8 9 15 16 17 18 19
...
  std::list<int> list2{10, 11, 12, 13, 14};
  list1.splice(std::find(list1.begin(), list1.end(), 15), list2);
  for ( auto l: list1 ) std::cout << l << " ";
  // 1 2 3 4 5 6 7 8 9 10 11 12 13 14 15 16 17 18 19
...
```


4.5 포워드 리스트

▼ 그림 4-5 포워드 리스트

1 → 2 → 3 → 4 → 5 → 6 → 7 → 8 →

std::forward_list[6]는 단일 연결 리스트이고, 헤더는 <forward_list>다. std::forward_list는 다른 순차 컨테이너에 비해 인터페이스가 간결하고 메모리를 최소한으로 사용하도록 최적화됐다.

std::forward_list는 다음과 같이 std::list와 비슷한 점이 많다.

- 임의 접근을 지원하지 않는다.
- 임의 접근 속도가 느리다. 전체 리스트에 대해 루프를 돌며 찾기 때문에 최악의 경우 총 원소 개수만큼 시간이 걸린다.
- 원소를 추가하거나 삭제하는 속도는 빠르다. 단, 반복자가 해당 지점을 가리키고 있을 경우에 그렇다.
- 원소를 추가하거나 삭제할 때마다 반복자를 바른 위치로 조정한다.
- 연산은 항상 std::forward_list의 시작점을 가리키거나 현재 원소 바로 다음 지점을 가리킨다.

std::forward_list의 반복자는 정방향으로만 진행한다. 그러므로 역방향으로 진행할 수 없으며 It--와 같은 연산을 반복자에 적용할 수 없다. 그래서 역방향 반복자도 없다. 순차 컨테이너 중에서 std::forward_list만 크기를 알 수 없다.

Tip **std::forward_list는 고유한 역할이 있다**

std::forward_list는 단일 연결 리스트 대신 사용할 수 있다. 메모리를 최소로 사용하도록 최적화됐으며, 성능은 인접한 원소의 추가, 추출, 이동 연산에 대해서만 최적화됐다. 이는 정렬 알고리즘의 전형적인 특성이기도 하다.

std::forward_list만 제공하는 메서드는 다음과 같다.

▼ 표 4-5 std::forward_list 고유 메서드(인스턴스가 forw인 경우)

메서드	설명
forw.before_begin()	첫 번째 원소 앞을 가리키는 반복자를 리턴한다.
forw.emplace_after(pos, args…)	pos 지점 바로 뒤에 args로 지정한 원소를 생성한다.
forw.emplace_front(args…)	forw의 시작점에 args로 지정한 원소를 생성한다.
forw.erase_after(pos, …)	forw에서 pos 지점에 있는 원소나 pos에서 시작하는 범위를 삭제한다.
forw.insert_after(pos, …)	pos 지점 뒤에 새 원소를 추가한다. 추가되는 원소는 하나일 수도 있고, 범위로 지정할 수도 있고, 이니셜라이저 리스트일 수도 있다.

계속

6 http://en.cppreference.com/w/cpp/container/forward_list

메서드	설명
forw.merge(c)	정렬된 포워드 리스트 c를 정렬된 포워드 리스트 forw와 합친다. forw는 정렬된 상태를 유지한다.
forw.merge(c, op)	정렬된 포워드 리스트 c를 정렬된 포워드 리스트 forw와 합친다. op를 정렬 기준으로 사용한다.
forw.splice_after(pos, …)	forw의 원소를 pos 지점을 기준으로 나눈다. 단일 원소일 수도 있고, 범위일 수도 있고, 리스트일 수도 있다.
forw.unique()	인접한 원소 중에서 값이 같은 것을 제거한다.
forw.unique(pre)	프레디케이트 pre를 만족하는 인접한 원소를 제거한다.

std::forward_list의 메서드를 사용하는 예를 살펴보자.

std::forward_list

```
// forwardList.cpp
#include <forward_list>
...
  std::forward_list<int> myForList;

  std::cout << "myForList.empty(): "  << myForList.empty() << std::endl; // true
  myForList.push_front(7);
  myForList.push_front(6);
  myForList.push_front(5);
  myForList.push_front(4);
  myForList.push_front(3);
  myForList.push_front(2);
  myForList.push_front(1);
...
  std::cout << "myForList: " << std::endl;                        // 1 2 3 4 5 6 7
  for (auto It= myForList.cbegin();It != myForList.cend();++It) std::cout << *It << " ";
...
  std::cout << "myForList.erase_after(myForList.before_begin()): " << std::endl;
  // 출력되지 않음
  myForList.erase_after(myForList.before_begin());
  std::cout<< "myForList.front(): " << myForList.front() << "\n\n";              // 2

  std::forward_list<int>myForList2;
  myForList2.insert_after(myForList2.before_begin(), 1);
  myForList2.insert_after(myForList2.before_begin()++, 2);
  myForList2.insert_after((myForList2.before_begin()++)++, 3);
```

```
  myForList2.push_front(1000);

  std::cout << "myForList2: " << std::endl;                          // 1000 3 2 1
  for (auto It= myForList2.cbegin();It != myForList2.cend();++It) std::cout << *It << " ";
  std::cout << "\n\n";
  auto IteratorTo5= std::find(myForList.begin(), myForList.end(), 5);
  myForList.splice_after(IteratorTo5, std::move(myForList2));

  std::cout << "myForList.splice_after(IteratorTo5, std::move(myForList2)): " << std::endl;
  for (auto It= myForList.cbegin();It != myForList.cend();++It) std::cout << *It << " ";
  // 2 3 4 5 1000 3 2 1 6 7
...
  myForList.sort();

  std::cout << "myForList.sort(): " << std::endl;              // 1 2 2 3 3 4 5 6 7 1000
  for (auto It= myForList.cbegin();It != myForList.cend();++It) std::cout << *It << " ";
...
  myForList.reverse();

  std::cout << "myForList.reverse(): " << std::endl;           // 1000 7 6 5 4 3 3 2 2 1
  for (auto It= myForList.cbegin();It != myForList.cend();++It) std::cout << *It << " ";
  std::cout << "\n\n";

  myForList.unique();

  std::cout << "myForList.unique(): " << std::endl;            // 1000 7 6 5 4 3 2 1
  for (auto It= myForList.cbegin();It != myForList.cend();++It) std::cout << *It << " ";
...
```

5장

연관 컨테이너

5.1 개요
5.2 정렬 연관 컨테이너
5.3 비정렬 연관 컨테이너

C++는 여덟 가지 연관 컨테이너[1]를 제공한다. 그중 네 가지(std::set, std::map, std::multiset, std::multimap)는 키를 정렬하는 정렬 연관 컨테이너(ordered associative container)이고, 나머지 네 가지(std::unordered_set, std::unordered_map, std::unordered_multiset, std::unordered_multimap)는 키를 정렬하지 않는 비정렬 연관 컨테이너(unordered associative container)다. 연관 컨테이너는 특수한 컨테이너이며, 3장 '컨테이너 인터페이스'에서 소개한 연산을 모두 지원한다.

5.1 개요

C++ STANDARD LIBRARY

여덟 가지 연관 컨테이너는 모두 키에 연관된 값이 있다. 즉, 키로 값을 가져올 수 있다. 연관 컨테이너는 다음 세 가지 기준으로 분류할 수 있다.

- 키 정렬 여부
- 키에 연관된 값의 존재 여부
- 키 중복 허용 여부

이에 따라 연관 컨테이너를 분류하면 다음과 같이 총 2^3=8행으로 구성된 표로 정리할 수 있다. 여기에 나는 최상(best case)의 키 접근 시간이라는 기준을 더 추가했다.

▼ 표 5-1 연관 컨테이너의 특성

연관 컨테이너	정렬	키에 연관된 값	키 중복	접근 시간
std::set	O	없음	불가능	로그
std::unordered_set	X	없음	불가능	상수
std::map	O	있음	불가능	로그
std::unordered_map	X	있음	불가능	상수
std::multiset	O	없음	가능	로그

계속

1 http://en.cppreference.com/w/cpp/container

연관 컨테이너	정렬	키에 연관된 값	키 중복	접근 시간
std::unordered_multiset	X	없음	가능	상수
std::multimap	O	있음	가능	로그
std::unordered_multimap	X	있음	가능	상수

C++98부터 정렬 연관 컨테이너가 추가됐고, C+11부터 비정렬 연관 컨테이너도 추가됐다. 두 가지 컨테이너의 인터페이스는 거의 비슷하다. 그러므로 뒤에 나오는 코드 예제에서 std::map에 대한 코드와 std::unordered_map에 대한 코드가 거의 같다. 좀 더 구체적으로 설명하면, std::unordered_map의 인터페이스는 std::map의 인터페이스를 포함한다. 나머지 세 가지 비정렬 연관 컨테이너도 마찬가지다. 정렬 컨테이너를 사용하는 코드를 비정렬 컨테이너를 사용하도록 포팅하기도 간편하다.

연관 컨테이너는 이니셜라이저 리스트로 초기화할 수도 있고, 인덱스 연산자로 새 원소를 추가하는 방식으로 초기화할 수도 있다. 키/값 쌍 p에서 첫 번째 원소에 접근하려면 p.first와 같이 작성하고, 두 번째 원소에 접근할 때는 p.second로 표기한다. 이때 p.first는 이 쌍에서 키를, p.second는 값을 가리킨다.

std::map vs. std::unordered_map

```
// orderedUnorderedComparison.cpp
...
#include <map>
#include <unordered_map>
...
  std::cout << "C++ map: " << std::endl;
  std::map<std::string, int> m { {"Dijkstra", 1972}, {"Scott", 1976} };
  m["Ritchie"] = 1983;
  std::cout << "    m[Ritchie]: " << m["Ritchie"] << "\n    ";           // 1983

  for(auto p : m) std::cout << '{' << p.first << ' ' << p.second << '}';
  // {Dijkstra 1972}{Ritchie 1983}{Scott 1976}

  m.erase("Scott");
  std::cout << "\n    ";
  for(auto p : m) std::cout << '{' << p.first << ' ' << p.second << '}';
  // {Dijkstra 1972}{Ritchie 1983}
```

```
  m.clear();
  std::cout << std::endl;
  std::cout << "    m.size(): " << m.size() << std::endl;             // 0
...
  std::cout << "C++11 unordered_map: " << std::endl;
  std::unordered_map<std::string, int> um { {"Dijkstra", 1972}, {"Scott", 1976} };
  um["Ritchie"] = 1983;
  std::cout << "    um[Ritchie]: " <<  um["Ritchie"] << "\n    ";        // 1983
  for(auto p : um) std::cout << '{' << p.first << ', ' << p.second << '}';
  // {Scott 1976}{Ritchie 1983}{Dijkstra 1972}

  um.erase("Scott");
  std::cout << "\n    ";
  for(auto p : um) std::cout << '{' << p.first << ', ' << p.second << '}';
  // {Ritchie 1983}{Dijkstra 1972}

  um.clear();
  std::cout << std::endl;
  std::cout << "    um.size(): " << um.size() << std::endl;           // 0
...
```

두 프로그램을 실행해보면 미묘한 차이가 있다. std::map의 키는 정렬되지만, std::unordered_map의 키는 정렬되지 않는다. 그렇다면 C++에서 이렇게 비슷한 컨테이너를 제공하는 이유가 뭘까? 앞에 나온 표에서 그 이유를 알 수 있다. 바로 성능 때문이다. 비정렬 연관 컨테이너의 키 접근 속도는 컨테이너 크기에 관계없이 일정하다. 따라서 컨테이너가 클수록 비정렬 연관 컨테이너와 정렬 연관 컨테이너의 성능 차이가 두드러진다. 자세한 내용은 5.3.3절 '성능'에서 설명한다.

5.1.1 원소의 추가와 삭제

연관 컨테이너에서 원소를 추가하거나(insert와 emplace) 삭제하는 방법(erase)은 std::vector와 비슷하다. 연관 컨테이너는 키를 단 하나만 가질 수 있고, 컨테이너에 이미 있으면 추가할 수 없다. 또한, 정렬 연관 컨테이너(ordAssCont)는 ordAssCont.erase(key)란 특수 함수를 제공하는데, 이 함수는 key에 관련된 쌍을 모두 삭제하고 그 수를 리턴한다. 이 함수의 사용법은 다음과 같다.

```
// associativeContainerModify.cpp
#include <array>
#include <map>
#include <set>
#include <vector>
...
  std::multiset<int> mySet{3, 1, 5, 3, 4, 5, 1, 4, 4, 3, 2, 2, 7, 6, 4, 3, 6};
  for ( auto s: mySet ) std::cout << s << " ";  // 1 1 2 2 3 3 3 3 4 4 4 4 5 5 6 6 7
...
  mySet.insert(8);
  std::array<int, 5> myArr{10, 11, 12, 13, 14};
  mySet.insert(myArr.begin(), myArr.begin()+3);
  mySet.insert({22, 21, 20});
  for ( auto s: mySet ) std::cout << s << " ";
  // 1 1 2 2 3 3 3 3 4 4 4 4 5 5 6 6 7 8 10 11 12 20 21 22
...
  mySet.erase(4);
  mySet.erase(mySet.lower_bound(5), mySet.upper_bound(15));
  for ( auto s: mySet ) std::cout << s << " ";          // 1 1 2 2 3 3 3 3 20 21 22
  std::cout << "\n\n";
  std::map<int, std::string> int2Str{
    {5, "five"}, {1, "one"}, {4, "four"}, {2, "two"}, {7, "seven"} };
  for ( auto p: int2Str ) std::cout << "{" << p.first << ", " << p.second << "} ";
  // {1, one} {2, two} {4, four} {5, five} {7, seven}
...
  int2Str.insert(std::pair<int, std::string>(0, "zero"));
  int2Str.insert(std::make_pair(3, "three"));
  int2Str.insert({6, "six"});
  std::map<int, std::string> tmpInt2Str{ {0, "ZERO"}, {8, "eight"} };
  int2Str.insert(tmpInt2Str.begin(), tmpInt2Str.end());
  std::vector< std::pair<int, std::string> > pairVec{{9, "nine"}, {10, "ten"}};
  int2Str.insert(pairVec.begin(), pairVec.end());
  int2Str.insert({ {11, "eleven"}, {12, "twelve"} });
  for ( auto p: int2Str ) std::cout << "{" << p.first << ", " << p.second << "} ";
  // {0, zero} {1, one} {2, two} {3, three} {4, four} {5, five} {6, six} {7, seven}
  // {8, eight} {9, nine} {10, ten} {11, eleven} {12, twelve}
...
  int2Str.erase(3);
  int2Str.erase(int2Str.lower_bound(4), int2Str.upper_bound(10));
```

```
  for ( auto p: int2Str ) std::cout << "{" << p.first << ", " << p.second << "} ";
  // {0, zero} {1, one} {2, two} {11, eleven} {12, twelve}
...
  std::pair<std::map<int, std::string>::iterator, bool> success= int2Str.insert({0,
"ZERO"});
  auto success2= int2Str.insert({0, "ZERO"});
  if ( success2.second ) std::cout << "Insertion of {0, ZERO} successful " << std::endl;
  else std::cout << "Insertion of {0, ZERO} failed" << std::endl;
  // Insertion of {0, ZERO} failed
...
```

5.2 정렬 연관 컨테이너

C++ STANDARD LIBRARY

5.2.1 개요

정렬 연관 컨테이너인 std::map과 std::multimap은 키와 값을 연결한다. 두 컨테이너 모두 <map> 헤더에 정의돼 있다. std::set과 std::multiset은 <set> 헤더에 정의돼 있다. 좀 더 자세히 살펴보면 다음과 같다.

네 가지 정렬 연관 컨테이너 모두 타입, 할당자와 비교 함수를 매개변수로 받는다. 컨테이너마다 할당자와 비교 함수에 대한 디폴트 값이 정해져 있는데, 지정한 타입에 따라 달라진다. std::map과 std::set의 선언문을 보면 잘 알 수 있다.

```
template < class key, class val, class Comp = less<key>,
           class Alloc = allocator<pair<const key, val> >
class map;

template < class T, class Comp = less<T>,
           class Alloc = allocator<T> >
class set;
```

선언문을 보면 std::map에 값이 연결돼 있는 것을 볼 수 있다. 여기에 있는 키와 값은 디폴트 할당자인 allocator<pair<const key, val>>에서 사용한다. 상상력을 발휘하면 이 할당자로 많은 것을 할 수 있다. std::map에는 std::pair<const key, val> 타입으로 된 페어가 있다. 여기에 연관된 값인 value는 정렬 기준인 less<key>와 관계가 없다. 이는 std::multimap과 std::multiset에서도 마찬가지다.

5.2.2 키와 값

정렬 연관 컨테이너에서 키와 값은 특수한 규칙을 따른다.

먼저 키는 다음을 만족해야 한다.

- 정렬할 수 있어야 한다(디폴트 비교 기준은 <).
- 복제와 이동이 가능해야 한다.

값은 다음을 만족해야 한다.

- 디폴트 생성을 지원해야 한다.
- 복제와 이동이 가능해야 한다.

값이 연관된 키로 페어 p를 만들 수 있으며 p.first와 p.second란 멤버로 값을 구할 수 있다.

```
#include <map>
...
std::multimap<char, int> multiMap= {{'a', 10}, {'a', 20}, {'b', 30}};
for (auto p: multiMap) std::cout << "{" << p.first << "," << p.second << "} ";
// {a,10} {a,20} {b,30}
```

5.2.3 비교 기준

정렬 연관 컨테이너에서 디폴트 비교 기준은 std::less다. 사용자 정의 타입으로 된 키를 사용하려면 < 연산자를 오버로딩해야 한다. C++ 런타임은 두 원소의 동등 여부를 (! (elem1<elem2 || elem2<elem1))로 비교하기 때문에 원하는 타입으로 오버로딩하는 것만으로도 충분하다.

정렬 기준은 템플릿 인수로 지정할 수 있다. 이 기준은 엄격한 약순서화를 만족해야 한다.

Note 엄격한 약순서화

다음 조건을 만족하면 주어진 집합 S에 대해 엄격한 약순서화(strict weak ordering)로 정렬한다.

- S의 원소 s에 대해 s < s가 될 수 없다.
- S의 모든 원소 중 s1과 s2에 대해, s1 < s2이면 s2 < s1이 될 수 없다.
- s1 < s2이고 s2 < s3을 만족하는 모든 s1, s2, s3에 대해 s1 < s3이 성립한다.
- s1과 s2를, s2와 s3을 비교할 수 없다면 s1과 s3도 비교할 수 없어야 한다.

엄격한 약순서화 정렬의 정의가 다소 복잡하지만, 비교 기준으로 사용할 때는 다음과 같이 간단하다.

```
#include <map>
...
std::map<int, std::string, std::greater<int>> int2Str{
        {5, "five"}, {1, "one"}, {4, "four"}, {3, "three"},
        {2, "two"}, {7, "seven"}, {6, "six"} };
for (auto p: int2Str) std::cout << "{" << p.first << "," << p.second << "} ";
// {7,seven} {6,six} {5,five} {4,four} {3,three} {2,two} {1,one}
```

5.2.4 탐색 함수

정렬 연관 컨테이너는 탐색에 최적화돼 있다. 따라서 다음과 같이 특별히 탐색 함수를 제공한다.

▼ 표 5-2 정렬 연관 컨테이너만의 탐색 함수

탐색 함수	설명
ordAssCont.count(key)	주어진 key에 연관된 값의 개수를 리턴한다.
ordAssCont.find(key)	ordAssCont에서 주어진 key에 대한 반복자를 리턴한다. ordAssCont에 해당 key가 없다면 ordAssCont.end()를 리턴한다.
ordAssCont.lower_bound(key)	key를 추가할 ordAssCont에서 첫 번째 key에 대한 반복자를 리턴한다.
ordAssCont.upper_bound(key)	key를 추가할 ordAssCont에서 마지막 key의 위치를 리턴한다.
ordAssCont.equal_range(key)	ordAssCont.lower_bound(key)와 ordAssCont.upper_bound(key) 사이의 범위를 std::pair 형태로 리턴한다.

탐색 함수를 사용하는 방법을 살펴보자.

연관 컨테이너에서 탐색하기

```
// associativeContainerSearch.cpp
#include <map>
#include <set>
...
  std::multiset<int> mySet{3, 1, 5, 3, 4, 5, 1, 4, 4, 3, 2, 2, 7, 6, 4, 3, 6};
  for ( auto s: mySet ) std::cout << s << " "; // 1 1 2 2 3 3 3 3 4 4 4 4 5 5 6 6 7
...
  mySet.erase(mySet.lower_bound(4), mySet.upper_bound(4));
  for ( auto s: mySet ) std::cout << s << " "; // 1 1 2 2 3 3 3 3 5 5 6 6 7
...
  std::cout << "mySet.count(3): " << mySet.count(3) << std::endl;                // 4
  std::cout << "*mySet.find(3): " << *mySet.find(3) << std::endl;                // 3
  std::cout << "*mySet.lower_bound(3): " << *mySet.lower_bound(3) << std::endl; // 3
  std::cout << "*mySet.upper_bound(3): " << *mySet.upper_bound(3) << std::endl; // 5
  auto pair= mySet.equal_range(3);
  std::cout << "mySet.equal_range(3): (" << *pair.first << ", " << *pair.second << ")"
            << std::endl; // (3, 5)
...
  std::map<int, std::string> int2Str{
    {5, "five"}, {1, "one"}, {4, "four"}, {2, "two"}, {7, "seven"} };
  for ( auto p: int2Str ) std::cout << p.first << ", " << p.second << std::endl;
  // 1, one
  // 2, two
  // 4, four
  // 5, five
  // 7, seven
...
  std::cout << "int2Str.count(3): " << int2Str.count(3) << std::endl;
  // 0
  std::map<int,  std::string>::iterator myInt2StrIt= int2Str.find(3);
  std::cout << "int2Str.find(3): " << int2Str.find(3)->first << std::endl;
  // 1220565184
  std::cout << "int2Str.lower_bound(3): " << int2Str.lower_bound(3)->first << std::endl;
  // 4
  std::cout << "int2Str.upper_bound(3): " << int2Str.upper_bound(3)->first << std::endl;
  // 4
  std::pair< std::map<int, std::string>::iterator, std::map<int, std::string>::iterator >
    myRangePair= int2Str.equal_range(3);
  auto pair2= int2Str.equal_range(3);
```

```
  std::cout << "int2Str.equal_range(3): (" << pair2.first->first << ", "
                                          << pair2.second->first << ")" << std::endl;
  // (4, 4)
...
```

5.2.5 std::map

▼ 그림 5-1 std::map

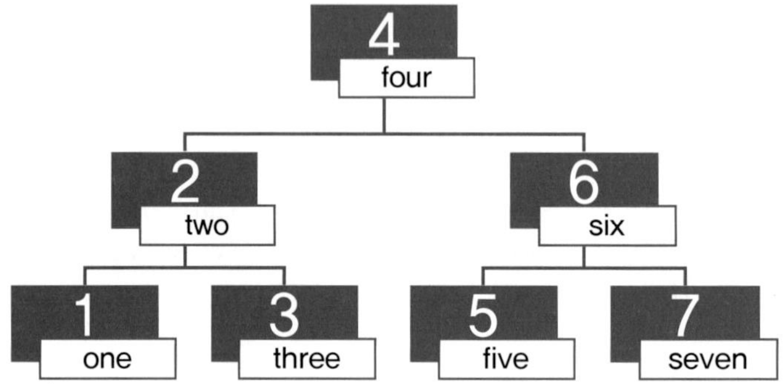

std::map[2]은 아마도 가장 많이 사용되는 연관 컨테이너다. 그 이유는 사용하기 아주 간편하면서도 성능이 상당히 좋기 때문이다. 인덱스 연산자로 원소에 접근할 수도 있다. std::map에 지정한 키가 없으면 키/값 쌍을 새로 만든다. 이때 값은 디폴트 생성자로 만든다.

Tip ☆ std::map은 std::vector를 일반화한 것과 같다

std::map은 연관 배열(associative array)이라고도 부른다. std::map은 순차 컨테이너처럼 인덱스 연산자를 제공하기 때문이다. 그런데 std::map에서는 std::vector와 달리 숫자가 아닌 값을 인덱스로 사용할 수 있다. 즉, 거의 모든 타입으로 인덱스를 표현할 수 있다. 이 점은 std::unordered_map도 마찬가지다.

std::map은 인덱스 연산자뿐만 아니라 at 메서드도 제공한다. at 메서드로 접근하면 항상 값을 검사한다. 그래서 요청한 키가 std::map에 없으면 std::out_of_range 익셉션을 던진다.

2 http://en.cppreference.com/w/cpp/container/map

5.3 비정렬 연관 컨테이너

▼ 그림 5-2 비정렬 연관 컨테이너

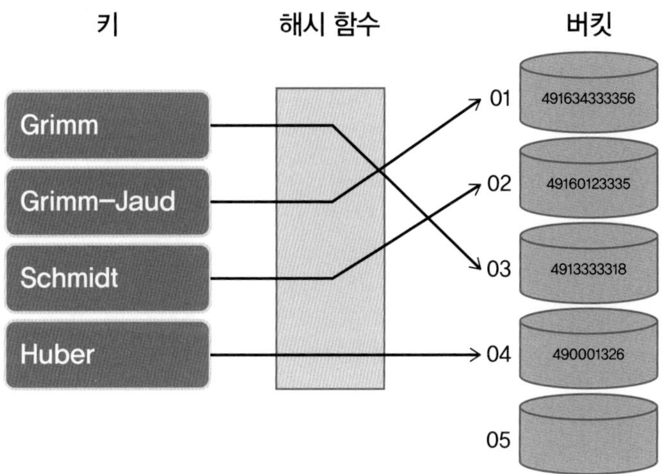

5.3.1 개요

C++11부터 네 가지 비정렬 연관 컨테이너(std::unordered_map, std::unordered_multimap, std::unordered_set, std::unordered_multiset)를 제공한다. 이 컨테이너는 정렬 연관 컨테이너와 비슷한 점이 많다. 차이점이라면, 비정렬 연관 컨테이너의 인터페이스가 더 풍부하고 키가 정렬되지 않는다는 것 정도다.

std::unordered_map의 선언문은 다음과 같다.

```
template <class key, class val, class Hash = std::hash<key>,
          class KeyEqual = std::equal_to<key>,
          class Alloc = std::allocator<std::pair<const key, val>>>
class unordered_map;
```

std::unordered_map은 std::map과 마찬가지로 할당자가 있지만, 비교 함수는 필요 없고 대신 두 가지 함수가 더 필요하다. 하나는 키의 해시 값을 제공하는 std::has<key>이고, 다른 하나는 키가 같은지 비교하는 std::equal_to<key>다. std::unordered_map의 템플릿 매개변수 중에서 세 가지(Hash, KeyEqual, Alloc)는 디폴트 값을 제공하므로, 나머지 매개변수인 key와 val만 지정해도 된다(예 std::unordered_map<char, int> unordMap).

5.3.2 키와 값

비정렬 연관 컨테이너의 키와 값은 다음과 같은 특별한 규칙을 따른다.

키는 다음 조건을 만족해야 한다.

- 동등 여부를 비교할 수 있어야 한다.
- 해시 값이 있어야 한다.
- 복제와 이동이 가능해야 한다.

값은 다음 조건을 만족해야 한다.

- 디폴트 생성을 지원해야 한다.
- 복제와 이동이 가능해야 한다.

5.3.3 성능

C++에서 비정렬 연관 컨테이너를 제공하는 것을 그동안 애타게 기다린 이유가 있다. 바로 성능 때문이다. 다음 예는 크기가 1,000만 개인 std::map과 std::unordered_map에서 100만 개의 값을 무작위로 읽는 결과를 보여준다. 놀랍게도 비정렬 연관 컨테이너에서 원소를 순차적으로 접근하는 속도가 정렬 연관 컨테이너보다 20배나 빠르다. 두 컨테이너의 연산 성능 차이는 상수 복잡도와 로그 복잡도 O(log n)의 차이다.

성능 비교

```
// associativeContainerPerformance.cpp
#include <map>
#include <unordered_map>
...
static const long long mapSize= 10000000;
static const long long accSize= 1000000;
...
  std::map<int, int> myMap;
  std::unordered_map<int, int> myHash;

  // 자연수 1,000만 개로 인덱스와 값이 같게 초기화한다
  for ( long long i=0; i < mapSize; ++i ){
    myMap[i]=i;
```

```
    myHash[i]= i;
  }

  std::vector<int> randValues;
  randValues.reserve(accSize);

  // 무작위 값
  std::random_device seed;
  std::mt19937 engine(seed());
  std::uniform_int_distribution<> uniformDist(0, mapSize);
  for ( long long i=0 ; i< accSize ; ++i) randValues.push_back(uniformDist(engine));

  // 정렬 맵에서 무작위로 100만 개의 값을 읽는다
  auto start = std::chrono::system_clock::now();
  for ( long long i=0; i < accSize; ++i){
    myMap[randValues[i]];
  }
  std::chrono::duration<double> dur= std::chrono::system_clock::now() - start;
  std::cout << "time for std::map: " << dur.count() << " seconds" << std::endl;
  // 1.56285

  // 비정렬 맵에서 무작위로 100만 개의 값을 읽는다
  auto start2 = std::chrono::system_clock::now();
  for ( long long i=0; i < accSize; ++i){
    myHash[randValues[i]];
  }
  std::chrono::duration<double> dur2= std::chrono::system_clock::now() - start2;
  // 0.432645
  std::cout << "time for std::unordered_map: " << dur2.count() << " seconds" <<
std::endl;
...
```


5.3.4 해시 함수

비정렬 연관 컨테이너의 접근 시간이 일정한 이유는 해시 함수를 사용하기 때문이다. 해시 함수의 구조는 앞에서 본 그림 5-2와 같다. 해시 함수는 키를 값에 매핑한다. 이때 키는 충돌 발생 가능성이 낮으면서 버킷에 고르게 분포될수록 좋다. 해시 함수의 속도는 항상 일정하기 때문에 원소에 접근하는 속도 역시 일정하다.

해시 함수는 다음과 같은 속성을 갖고 있다.

- 불, 자연수, 부동소수점 수와 같은 기본 타입(built-in type)에 대해 기본으로 제공된다.
- std::string과 std::wstring에서도 사용할 수 있다.
- C 스트링인 const char의 포인터 주소에 대해 해시 값을 생성한다.
- 사용자 정의 데이터 타입에 대해 정의할 수도 있다.

비정렬 연관 컨테이너의 키를 사용자 정의 타입으로 지정할 때는 해시 함수를 지정해야 하고 값이 서로 같은지 비교할 수 있어야 한다는 점을 명심한다.

사용자 정의 해시 함수

```
// unorderedMapHash.cpp
...
#include <unordered_map>

struct MyInt{
  MyInt(int v):val(v){}
  bool operator== (const MyInt& other) const {
    return val == other.val;
  }
  int val;
};

struct MyHash{
  std::size_t operator()(MyInt m) const {
    std::hash<int> hashVal;
    return hashVal(m.val);
  }
};

std::ostream& operator << (std::ostream& strm, const MyInt& myIn){
  strm << "MyInt(" << myIn.val << ")";
  return strm;
}
...
  std::hash<int> hashVal;

  // 몇 가지 해시 값
  for ( int i= -2; i <= 1 ; ++i){
    std::cout << "hashVal(" << i << "): " << hashVal(i) << std::endl;
```

```
    // hashVal(-2): 18446744073709551614
    // hashVal(-1): 18446744073709551615
    // hashVal(0): 0
    // hashVal(1): 1
  }
...
  typedef std::unordered_map<MyInt, int, MyHash> MyIntMap;

  std::cout << "MyIntMap: ";
  MyIntMap myMap{{MyInt(-2), -2}, {MyInt(-1), -1}, {MyInt(0), 0}, {MyInt(1), 1}};

  for(auto m : myMap) std::cout << "{" << m.first << ", " << m.second << "}";
  // MyIntMap: {MyInt(1), 1}{MyInt(0), 0}{MyInt(-1), -1}{MyInt(-2), -2}
...
```


5.3.5 세부 사항

비정렬 연관 컨테이너는 인덱스를 버킷에 저장한다. 인덱스가 어느 버킷을 가리킬지는 키를 인덱스에 매핑하는 해시 함수가 결정한다. 서로 다른 키가 같은 인덱스에 매핑되면 충돌이 발생한다. 해시 함수는 이러한 충돌을 최소화하는 것으로 정해야 한다.

인덱스는 일반적으로 연결 리스트 형태로 버킷에 저장된다. 버킷에 접근하는 시간은 일정하므로 버킷 내부의 접근 시간은 선형이다. 버킷의 개수를 용량(capacity)이라 하고, 각 버킷의 평균 원소 개수를 로드 팩터(load factor)(적재율)라고 한다. C++ 런타임은 로드 팩터가 1보다 클 때 버킷을 새로 만든다. 이렇게 버킷을 새로 만드는 과정을 리해싱(rehashing)이라 부르며, 이 과정은 명시적으로 구동시킬 수 있다.

해시 함수 세부 사항

```
// hashInfo.cpp
...
#include <unordered_set>
...
void getInfo(const std::unordered_set<int>& hash){

  std::cout << "hash.bucket_count(): " << hash.bucket_count() << std::endl;
  std::cout << "hash.load_factor(): " << hash.load_factor() << std::endl;
}
```

```
void fillHash(std::unordered_set<int>& h, int n){
  std::random_device seed;
  // 디폴트 생성기
  std::mt19937 engine(seed());
  // 무작위수를 구한다(0 - 1000)
  std::uniform_int_distribution<> uniformDist(0, 1000);

  for ( int i=1; i<= n; ++i){
    h.insert(uniformDist(engine));
  }
}

int main(){
...
  std::unordered_set<int> hash;
  std::cout << "hash.max_load_factor(): " << hash.max_load_factor() << std::endl; // 1
...
  getInfo(hash);
  // hash.bucket_count(): 0
  // hash.load_factor(): 0
...
  // 확인용
  hash.insert(500);
  // 500에 대한 버킷을 가져온다
  std::cout << "hash.bucket(500): " << hash.bucket(500) << std::endl;          // 0
...
  // 원소 100개를 추가한다
  fillHash(hash, 100);
  getInfo(hash);
  // hash.bucket_count(): 97
  // hash.load_factor(): 1
...
  // 최소 500 버킷
  std::cout << "hash.rehash(500): " << std::endl;
  hash.rehash(500);
...
  getInfo(hash);
  // hash.bucket_count(): 503
  // hash.load_factor(): 0.192843
...
  // 500에 대한 버킷을 가져온다
  std::cout << "hash.bucket(500): " << hash.bucket(500) << std::endl;          // 500
...
```

max_load_factor 메서드를 이용하면 로드 팩터 값을 읽거나 지정할 수 있다. 이를 통해 충돌과 리해싱 확률을 조정할 수 있다. 이 예제에서 마지막으로 강조하고 싶은 점은 다음과 같다. 키 500은 처음에는 다섯 번째 버킷에 있지만 리해싱을 거치면 500번째 버킷에 있다.

6장

컨테이너 어댑터

6.1 스택

6.2 큐

6.3 우선순위 큐

C++는 std::stack, std::queue, std::pritority_queue라는 특별한 순차 컨테이너를 제공한다. 이 용어들은 데이터 구조를 배울 때 한 번쯤 들어봤을 것이다.

컨테이너 어댑터는 다음과 같은 속성이 있다.

- 기존 순차 컨테이너에 대한 간결한 인터페이스를 제공한다.
- 표준 템플릿 라이브러리에 있는 알고리즘에서 사용할 수 없다.
- 클래스 템플릿으로서, 데이터 타입과 컨테이너(std::vector, std::list, std::deque)를 매개변수로 지정한다.
- 기본적으로 std::deque을 내부 순차 컨테이너로 사용한다.

```
template <typename T, typename Container = deque<T>>
class stack;
```


6.1 스택

▼ 그림 6-1 스택

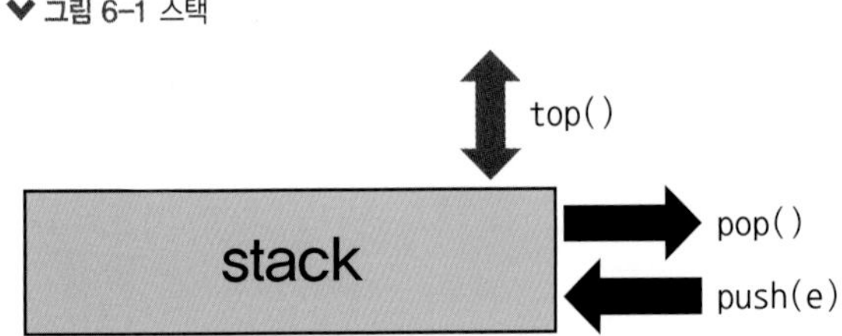

std::stack[1]은 LIFO(Last In First Out)(마지막에 넣은 것이 먼저 나옴) 원칙을 따른다. stack은 <stack> 헤더에 정의돼 있으며 전용 메서드 세 개를 제공한다.

push(e) 메서드는 원소 e를 스택의 탑(top)(최상단)에 새로 추가하고, pop() 메서드는 스택의 탑에 있는 원소 하나를 삭제하며, top() 메서드는 탑에 있는 원소를 참조한다. 스택은 비교 연산자를 제공하고 크기를 항상 알 수 있다. 스택 연산의 성능(복잡도)은 상수 시간이다.

1 http://en.cppreference.com/w/cpp/container/stack

std::stack

```
// stack.cpp
...
#include <stack>
...

  std::stack<int> myStack;
  std::cout << "myStack.empty(): " << myStack.empty() << std::endl; // true
  std::cout << "myStack.size(): " << myStack.size() << std::endl;   // 0
...
  myStack.push(1);
  myStack.push(2);
  myStack.push(3);

  std::cout << "myStack.top(): " << myStack.top() <<  std::endl;     // 3
...
  while (!myStack.empty()){
    std::cout << "myStack.top(): " << myStack.top() <<  std::endl;
    myStack.pop();
  }                                                                  // 3 2 1
...
  std::cout << "myStack.empty(): " << myStack.empty() << std::endl; // true
  std::cout << "myStack.size(): " << myStack.size() << std::endl;   // 0
...
```


6.2 큐

▼ 그림 6-2 큐

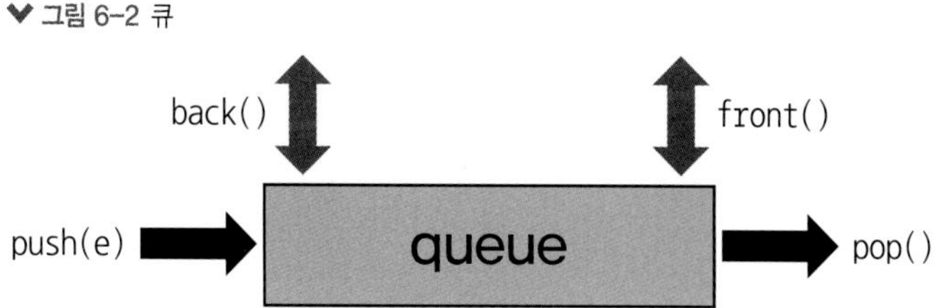

std::queue[2]는 FIFO(First In First Out)(먼저 들어간 것이 먼저 나옴) 원칙을 따른다. queue는 <queue> 헤더에 정의돼 있으며 네 가지 전용 메서드를 제공한다.

push(e) 메서드는 원소 e를 큐의 끝에 추가하고, pop() 메서드는 큐의 첫 번째 원소를 삭제한다. back() 메서드는 큐의 마지막 원소를 참조하고, front() 메서드는 첫 번째 원소를 참조한다. std::queue는 std::stack과 속성이 비슷하다. 그래서 queue 인스턴스끼리 비교할 수도 있고 큐의 크기를 항상 알 수 있다. 큐의 시간 복잡도 역시 상수다.

std::queue

```
// queue.cpp
...
#include <queue>
...
  std::queue<int> myQueue;

  std::cout << "myQueue.empty(): " << myQueue.empty() << std::endl;        // true
  std::cout << "myQueue.size(): " << myQueue.size() << std::endl;          // 0
...
  myQueue.push(1);
  myQueue.push(2);
  myQueue.push(3);

  std::cout << "myQueue.back(): " << myQueue.back() <<  std::endl;         // 3
  std::cout << "myQueue.front(): " << myQueue.front() <<  std::endl;       // 1
...
  while (!myQueue.empty()){
    std::cout << "myQueue.back(): " << myQueue.back() <<  std::endl;
    std::cout << "myQueue.front(): " << myQueue.front() <<  std::endl;
    myQueue.pop();
  }
  // 3 1 : 3 2 : 3 3
...
  std::cout << "myQueue.empty(): " << myQueue.empty() << std::endl;        // true
  std::cout << "myQueue.size(): " << myQueue.size() << std::endl;          // 0
...
```

2 http://en.cppreference.com/w/cpp/container/queue

6.3 우선순위 큐

▼ 그림 6-3 우선순위 큐

std::priority_queue[3]는 std::queue를 간소화한 버전이며 <queue> 헤더에 정의돼 있다.

priority_queue는 std::queue와 달리 가장 큰 원소를 항상 우선순위 큐의 탑에 둔다. 또한, 디폴트 비교 연산자로 std::less를 사용한다. std::queue와 마찬가지로 push(e)로 원소 e를 새로 추가하고 pop()으로 첫 번째 원소를 삭제하지만, queue와 달리 시간 복잡도는 로그다. top() 메서드는 우선순위 큐의 탑에 있는 첫 번째 원소를 참조하는데, 이 값이 우선순위 큐에서 가장 큰 값이다. std::priority_queue는 항상 크기를 알 수 있지만, 인스턴스끼리 비교하는 연산자는 제공하지 않는다.

std::priority_queue

```
// priorityQueue.cpp
...
#include <queue>
...
  std::priority_queue<int> myPriorityQueue;

  std::cout << "myPriorityQueue.empty(): " << myPriorityQueue.empty() << std::endl;
  // true
  std::cout << "myPriorityQueue.size(): " << myPriorityQueue.size() << std::endl;
  // 0
  std::cout << std::endl;

  myPriorityQueue.push(3);
  myPriorityQueue.push(1);
```

3 http://en.cppreference.com/w/cpp/container/priority_queue

```
  myPriorityQueue.push(2);

  std::cout << "myPriorityQueue.top(): " << myPriorityQueue.top() <<  std::endl;
  // 3
...
  while (!myPriorityQueue.empty()){
    std::cout << "myPriorityQueue.top(): " << myPriorityQueue.top() <<  std::endl;
    myPriorityQueue.pop();
  }
  // 3 2 1
...
  std::cout << "myPriorityQueue.empty(): " << myPriorityQueue.empty() << std::endl;
  // true
  std::cout << "myPriorityQueue.size(): " << myPriorityQueue.size() << std::endl;
  // 0
  std::cout << std::endl;
  std::priority_queue<std::string, std::vector<std::string>, std::greater<std::string>>
myPriorityQueue2;

  myPriorityQueue2.push("Only");
  myPriorityQueue2.push("for");
  myPriorityQueue2.push("testing");
  myPriorityQueue2.push("purpose");
  myPriorityQueue2.push(".");
  while (!myPriorityQueue2.empty()){
    std::cout << "myPriorityQueue2.top(): " << myPriorityQueue2.top() <<  std::endl;
    myPriorityQueue2.pop();
  }
...
```

7장

반복자

7.1 카테고리

7.2 반복자 만들기

7.3 유용한 함수

7.4 어댑터

반복자(iterator)[1]는 컨테이너 내부의 위치를 표현하는 포인터를 일반화한 것으로, 컨테이너에서 반복과 임의 접근이라는 강력하고 편리한 기능을 제공한다.

반복자는 표준 템플릿 라이브러리에 있는 제네릭 컨테이너와 제네릭 알고리즘을 서로 연결해주는 역할을 한다.

반복자는 다음과 같은 연산자를 제공한다.

- *: 현재 위치에 있는 원소를 리턴한다.
- ==, !=: 두 위치를 비교한다.
- =: 반복자에 값을 새로 대입한다.

범위 기반 for 루프는 내부적으로 반복자를 사용한다.

반복자는 검증 기능이 없기 때문에 포인터와 비슷한 문제가 발생할 수 있다.

```
std::vector<int> verc{1, 23, 3, 3, 3, 4, 5};
std::deque<int> deq;

// 시작 반복자가 끝 반복자보다 크다
std::copy(vec.begin()+2, vec.begin(), deq.begin());

// 타깃 컨테이너가 너무 작다
std::copy(vec.begin(), vec.end(), deq.end());
```


7.1 카테고리

C++에서 제공하는 반복자는 정방향, 양방향, 임의 접근과 같이 세 가지로 나눌 수 있다. 정방향 반복자(forward iterator)는 반복문을 실행할 때 컨테이너의 앞부분부터 뒤를 향해 진행한다. 양방향 반복자(bidirectional iterator)는 정방향과 역방향으로 모두 진행할 수 있다. 임의 접근 반복자는 원하는 원소에 곧바로 접근할 수 있다. 반복자는 산술 연산이나 순서 비교 연산(예 <)에 사용되며, 컨테이너마다 사용하는 반복자의 종류가 다르다.

---

1 http://en.cppreference.com/w/cpp/header/iterator

다음 표는 반복자의 종류와 각각에 적합한 컨테이너를 나타낸 것이다. 양방향 반복자는 정방향 반복자의 기능도 포함하며, 임의 접근 반복자는 정방향 반복자와 양방향 반복자의 기능을 모두 제공한다. 이 표에서 It와 It2는 반복자를 가리키고, n은 자연수다.

▼ 표 7-1 반복자의 종류와 컨테이너

반복자 종류	속성	컨테이너
정방향 반복자	++It, It++, *It It == It2, It != It2	비정렬 연관 컨테이너 std::forward_list
양방향 반복자	--It, It--	정렬 연관 컨테이너 std::list
임의 접근 반복자	It[i] It+= n, It-= n It + n, It - n n + It It - It2 It < It2, It <= It2, It > It2 It >= It2	std::array std::vector std::deque std::string

입력 반복자(input iterator)와 출력 반복자(output iterator)는 특별한 형태의 정방향 반복자로, 현재 가리키고 있는 원소를 단 한 번만 읽고 쓸 수 있다.

7.2 반복자 만들기

반복자는 컨테이너마다 적합한 형태로 생성된다. 예를 들어, std::unordered_map은 정방향 반복자를 const 타입과 const가 아닌 타입으로 생성한다.

```
std::unordered_map<std::string, int>::iterator unMapIt= unordMap.begin();
std::unordered_map<std::string, int>::iterator unMapIt= unordMap.end();

std::unordered_map<std::string, int>::const_iterator unMapIt= unordMap.cbegin();
std::unordered_map<std::string, int>::const_iterator unMapIt= unordMap.cend();
```

std::map은 역방향 반복자도 제공한다.

```
std::map<std::string, int>::reverse_iterator mapIt= map.rbegin();
std::map<std::string, int>::reverse_iterator mapIt= map.rend();

std::map<std::string, int>::const_reverse_iterator mapIt= map.rcbegin();
std::map<std::string, int>::const_reverse_iterator mapIt= map.rcend();
```

> **Tip 반복자를 정의할 때는 auto를 사용한다**
>
> 반복자를 정의하는 문장은 상당히 장황하다. 하지만 auto를 사용하면 타입을 자동으로 유추하기 때문에 작성 과정을 크게 단축할 수 있다.
>
> ```
> std::map<std::string, int>::const_reverse_iterator
> mapIt = map.rcbegin();
> auto mapIt2 = map.rcbegin();
> ```

코드 예는 다음과 같다.

반복자 만들기

```
// iteratorCreation.cpp
...
#include <unordered_map>
...
  std::unordered_map<std::string, int> unordMap{
    {"Rainer", 1966}, {"Beatrix", 1966}, {"Juliette", 1997}, {"Marius", 1999} };
  std::unordered_map<std::string, int>::const_iterator endMapIt= unordMap.end();
  std::unordered_map<std::string, int>::iterator mapIt;

  for ( mapIt= unordMap.begin(); mapIt != endMapIt; ++mapIt )
    std::cout << "{" << mapIt->first <<  ", " << mapIt->second << "} ";
  // {Marius, 1999} {Juliette, 1997} {Beatrix, 1966} {Rainer, 1966}
...
  std::vector<int> myVec{1, 2, 3, 4, 5, 6, 7, 8, 9};
  std::vector<int>::const_iterator vecEndIt= myVec.end();
  std::vector<int>::iterator vecIt;
  for ( vecIt= myVec.begin(); vecIt != vecEndIt; ++vecIt )
    std::cout << *vecIt << " ";                          // 1 2 3 4 5 6 7 8 9
...
  for ( const auto v: myVec ) std::cout << v  << " ";    // 1 2 3 4 5 6 7 8 9
  std::cout << std::endl;
```

```
  std::vector<int>::const_reverse_iterator vecEndRevIt= myVec.rend();
  std::vector<int>::reverse_iterator vecRevIt;
  for ( vecRevIt= myVec.rbegin(); vecRevIt != vecEndRevIt; ++vecRevIt )
    std::cout << *vecRevIt << " ";
  // 9 8 7 6 5 4 3 2 1
...
```

7.3 유용한 함수

C++ STANDARD LIBRARY

글로벌 함수인 std::begin, std::end, std::prev, std::next, std::distance, std::advance를 이용하면 반복자를 매우 쉽게 다룰 수 있다. 그중 std::prev는 양방향 반복자에서만 사용할 수 있다. 이 함수들은 모두 <iterator> 헤더에 정의돼 있다. 각각의 특성을 간략히 정리하면 다음과 같다.

▼ 표 7-2 반복자 관련 함수

글로벌 함수	설명
std::begin(cont)	cont 컨테이너에 대한 시작 반복자를 리턴한다.
std::end(cont)	cont 컨테이너에 대한 끝 반복자를 리턴한다.
std::rbegin(cont)	cont 컨테이너에 대한 역방향 시작 반복자를 리턴한다.
std::rend(cont)	cont 컨테이너에 대한 역방향 끝 반복자를 리턴한다.
std::cbegin(cont)	cont 컨테이너에 대한 상수 시작 반복자를 리턴한다.
std::cend(cont)	cont 컨테이너에 대한 상수 끝 반복자를 리턴한다.
std::crbegin(cont)	cont 컨테이너에 대한 역방향 상수 시작 반복자를 리턴한다.
std::crend(cont)	cont 컨테이너에 대한 역방향 상수 끝 반복자를 리턴한다.
std::prev(it)	it 바로 앞 지점을 가리키는 반복자를 리턴한다.
std::next(it)	it 바로 뒤 지점을 가리키는 반복자를 리턴한다.
std::distance(fir, sec)	fir과 sec 사이의 원소 개수를 리턴한다.
std::advance(it, n)	it 반복자를 n만큼 뒤로 옮긴다.

이번에는 이 함수를 활용하는 예를 살펴보자.

반복자 헬퍼 함수 활용 예

```
// iteratorUtilities.cpp
...
#include <iterator>
...
  std::unordered_map<std::string, int> myMap{
    {"Rainer", 1966}, {"Beatrix", 1966}, {"Juliette", 1997}, {"Marius", 1999} };
  for ( auto m: myMap) std::cout << "{" << m.first <<  ", " << m.second << "} ";
  // {Marius, 1999} {Juliette, 1997} {Beatrix, 1966} {Rainer, 1966}
...
  auto mapItBegin= std::begin(myMap);
  std::cout << "{" << mapItBegin->first <<  ", " << mapItBegin->second << "}" <<
std::endl;
  // {Marius, 1999}

  auto mapIt= std::next(mapItBegin);
  std::cout << "{" << mapIt->first <<  ", " << mapIt->second << "}" << std::endl;
  // {Juliette, 1997}

  auto dist= std::distance(mapItBegin, mapIt);
  std::cout << "std::distance(mapItBegin, mapIt): " << dist << std::endl; // 1
...
  std::array<int, 10> myArr{0, 1, 2, 3, 4, 5, 6, 7, 8, 9};
  for ( auto a: myArr ) std::cout << a << " ";                // 0 1 2 3 4 5 6 7 8 9
...
  auto arrItEnd= std::end(myArr);
  auto arrIt= std::prev(arrItEnd);
  std::cout << *arrIt << std::endl; // 9

  std::advance(arrIt, -5);
  std::cout << *arrIt << std::endl; // 4
...
```

7.4 어댑터

반복자 어댑터를 이용하면 반복자를 추가 모드로 사용하거나 스트림에서 사용할 수 있다. 어댑터도 <iterator> 헤더에 정의돼 있다.

7.4.1 추가 반복자

추가 반복자(insert iterator)는 세 가지가 있다. std::front_inserter는 컨테이너의 시작 지점에, std::back_inserter는 컨테이너의 끝 지점에, std::inserter는 컨테이너의 임의의 지점에 원소를 추가하는 데 사용된다. 이때 원소를 저장하는 데 필요한 메모리는 자동으로 할당된다. 세 가지 반복자는 각 컨테이너의 내부 메서드마다 적합한 종류로 사용된다.

다음 표는 각 반복자에 적합한 컨테이너의 종류와 내부적으로 사용하는 메서드를 나타낸 것이다.

▼ 표 7-3 세 가지 추가 반복자

이름	내부적으로 사용하는 메서드	컨테이너
std::front_inserter(val)	cont.push_front(val)	std::deque std::list
std::back_inserter(val)	cont.push_back(val)	std::vector std::deque std::list std::string
std::inserter(val, pos)	cont.insert(pos, val)	std::vector std::deque std::list std::string std::map std::set

세 가지 추가 반복자는 STL 알고리즘과 결합할 수 있다.

```
#include <iterator>
...
std::deque<int> deq{5, 6, 7, 10, 11, 12};
```

```
std::vector<int> vec{1, 2, 3, 4, 5, 6, 7, 8, 9, 10, 11, 12, 13, 14, 15};

std::copy(std::find(vec.begin(), vec.end(), 13),
          vec.end(), std::back_inserter(deq));

for (auto d: deq) std::cout << d << " ";
// 5 6 7 10 11 12 13 14 15

std::copy(std::find(vec.begin(), vec.end(), 8),
          std::find(vec.begin(), vec.end(), 10),
          std::inserter(deq,
                        std::find(deq.begin(), deq.end(), 10)));
for (auto d: deq) std::cout << d << " ";
// 5 6 7 8 9 10 11 12 13 14 15

std::copy(vec.rbegin()+11, vec.rend(), std::front_inserter(deq));
for (auto d: deq) std::cout << d << " ";
// 1 2 3 4 5 6 7 8 9 10 11 12 13 14 15
```

7.4.2 스트림 반복자

스트림 반복자(stream iterator)는 스트림을 데이터 소스(data source) 또는 데이터 싱크(data sink)로 사용하는 반복자다. C++는 입력 스트림(istream)과 출력 스트림(ostream)에 대한 반복자 생성 함수를 제공한다. istream_iterator는 입력 반복자로 작동하고, ostream_iterator는 출력 반복자처럼 작동한다.

▼ 표 7-4 네 가지 스트림 반복자

함수	설명
std::istream_iterator<T>	스트림 끝 반복자를 생성한다.
std::istream_iterator<T>(istream)	istream에 대한 입력 스트림 반복자를 생성한다.
std::ostream_iterator<T>(ostream)	ostream에 대한 출력 스트림 반복자를 생성한다.
std::ostream_iterator<T>(ostream, delim)	구분자를 delim으로 사용하는 ostream에 대한 출력 스트림 반복자를 생성한다.

스트림 반복자 어댑터를 사용하면 스트림에 직접 읽고 쓸 수 있다.

다음 코드는 std::cin으로부터 자연수를 읽어서 myIntVec라는 벡터로 추가하는 루프를 돈다. 입력된 값이 자연수가 아니라면 입력 스트림에 에러가 발생한다. myIntVec에 저장된 숫자는 모두 std::cout에 복제된다. 각 숫자는 :으로 구분한다. 코드를 실행한 결과는 콘솔 화면에서 확인할 수 있다.

```
#include <iterator>
...
std::vector<int> myIntVec;
std::istream_iterator<int> myIntStreamReader(std::cin);
std::istream_iterator<int> myEndIterator;

// 입력 예:
// 1
// 2
// 3
// 4
// z
while(myIntStreamReader != myEndIterator){
  myIntVec.push_back(*myIntStreamReader);
  ++myIntStreamReader;
}

std::copy(
  myIntVec.begin(), myIntVec.end(), std::ostream_iterator<int>(std::cout, ":"));
// 1:2:3:4:
```

8장

콜러블

8.1 함수

8.2 함수 오브젝트

8.3 람다 함수

Note **이 장은 의도적으로 간략히 소개한다**

이 책은 C++ 표준 라이브러리에 대한 책이므로 콜러블을 자세히 다루지 않으며, 표준 템플릿 라이브러리에서 제공하는 알고리즘을 정확히 사용하는 데 필요한 부분만 소개한다. 콜러블에 대한 자세한 사항은 C++ 코어를 다루는 다른 책을 참고하길 바란다.

STL 알고리즘과 컨테이너는 콜러블 단위(callable unit)(호출 가능 단위), 간단히 줄여서 '콜러블'을 매개변수로 받을 수 있다. 콜러블은 함수처럼 작동한다. 일반 함수일 수도 있고, 함수 오브젝트나 람다 함수일 수도 있다. 프레디케이트는 불 타입 값을 리턴하는 특수한 형태의 함수다. 프레디케이트에 인수가 하나뿐이면 단항(unary) 프레디케이트, 인수가 두 개면 이항(binary) 프레디케이트라고 부른다. 함수도 마찬가지다. 인수가 하나면 단항 함수, 두 개면 이항 함수라고 부른다.

Tip **컨테이너에 있는 원소를 변경하려면 이에 대한 레퍼런스를 알고리즘이 갖고 있어야 한다**

콜러블은 컨테이너로부터 인수를 값과 레퍼런스 중에서 어떤 형태로든 받을 수 있지만, 컨테이너 원소를 수정하려면 각각에 대한 주소를 이용해 해당 원소를 직접 가리킬 수 있어야 한다. 그래서 콜러블은 레퍼런스를 받아야 한다.

C++ STANDARD LIBRARY

8.1 함수

함수(function)는 가장 간단한 형태의 콜러블이며, 정적 변수를 제외하면 상태를 갖지 않는다. 함수 정의는 함수를 사용하는 코드와 상당히 떨어져 있거나 심지어 다른 변환 단위(translation unit)에 있는 경우가 많기 때문에 컴파일러는 결과로 나오는 코드를 최적화할 여지가 많지 않다.

```
void square(int& i){i = i*i}
std::vector<int> myVec{1, 2, 3, 4, 5, 6, 7, 8, 9, 10};

std::for_each(myVec.begin(), myVec.end(), square);
for (auto v: myVec) std::cout << v << " ";  // 1 4 9 16 25 36 49 64 81 100
```

8.2 함수 오브젝트

시작하기에 앞서, 함수 오브젝트를 펑터(functor)[1]라고 부르면 안 된다는 점을 밝혀둔다. 펑터는 카테고리 이론(category theory)(범주론)에 엄격히 정의된 용어다. 반면 함수 오브젝트(function object)[2]는 함수처럼 작동하는 오브젝트다. 이렇게 할 수 있는 이유는 호출 연산자가 구현돼 있기 때문이다. 함수 오브젝트는 오브젝트이므로 속성을 갖고 있다. 즉, 상태가 있다.

```
struct Square {
  void operator()(int& i){i = i*i;}
};

std::vector<int> myVec{1, 2, 3, 4, 5, 6, 7, 8, 9, 10};

std::for_each(myVec.begin(), myVec.end(), Square());

for (auto v: myVec) std::cout << v << " ";  // 1 4 9 16 25 36 49 64 81 100
```

Tip 함수 오브젝트를 사용하려면 인스턴스화해야 한다

std::for_each(myVec.begin(), myVec.end(), Square());와 같이 함수 오브젝트를 사용하는 알고리즘에서는 인스턴스(Square())가 아닌 함수 오브젝트 이름(Square)만 적는 실수를 많이 한다. 이렇게 작성하면 당연히 에러가 발생한다. 위 코드처럼 반드시 인스턴스를 지정해야 한다.

8.2.1 미리 정의된 함수 오브젝트

C++는 미리 정의된 함수 오브젝트를 다양하게 제공하며, <functional> 헤더에 정의돼 있다. 이렇게 미리 정의된 함수 오브젝트는 컨테이너의 디폴트 동작을 변경하는 데 매우 유용하다. 예를 들어, 정렬 연관 컨테이너는 미리 정의된 함수 오브젝트인 std::less를 기준으로 정렬되도록 디폴트로 설정돼 있다. 물론 std::greater를 기준으로 정렬하도록 바꿀 수 있다.

1 https://en.wikipedia.org/wiki/Functor

2 http://en.cppreference.com/w/cpp/utility/functional

```
std::map<int, std::string> myDefaultMap;                      // std::less<int>
std::map<int, std::string, std::greater<int>> mySpecialMap; // std::greater<int>
```

표준 템플릿 라이브러리는 다음과 같이 산술 연산, 논리 연산, 비트 연산, 부정 연산, 비교 연산에 대한 함수 오브젝트를 제공한다.

▼ 표 8-1 미리 정의된 함수 오브젝트

함수 오브젝트 용도	형식
부정 연산	`std::negate<T>()`

산술 연산	`std::plus<T>(), std::minus<T>()`
	`std::multiplies<T>(), std::divides<T>()`
	`std::modulus<T>()`

비교 연산	`std::equal_to<T>(), std::not_equal_to<T>()`
	`std::less<T>(), std::greater<T>()`
	`std::less_equal<T>(), std::greater_equal<T>()`

논리 연산	`std::logical_not<T>()` `std::logical_and<T>(), std::logical_or<T>()`
비트 연산	`std::bit_and<T>(), std::bit_or<T>()` `std::bit_xor<T>()`

C++ STANDARD LIBRARY

8.3 람다 함수

람다 함수(lambda function)[3]는 원하는 기능이 필요한 시점에 함수를 즉시 만들어 사용하게 해준다. 컴파일러는 코드에 대한 정보를 많이 갖고 있기 때문에 람다 함수를 최적화할 여지도 많다. 람다 함수는 값과 레퍼런스를 인수로 받을 수 있다. C++14부터는 `std::move`를 이용해 환경 정보를 값 또는 레퍼런스로 가져올 수 있다.

3 http://en.cppreference.com/w/cpp/language/lambda

```
std::vector<int> myVec{1, 2, 3, 4, 5, 6, 7, 8, 9, 10};
std::for_each(myVec.begin(), myVec.end(), [](int& i){ i = i*i; });
// 1 4 9 16 25 36 49 64 81 100
```

Tip **최대한 람다 함수를 활용한다**

사용하려는 콜러블의 기능이 간단하고 직관적이라면 람다 함수로 만드는 것이 좋다. 람다 함수를 사용하면 성능과 가독성 측면에서 유리한 경우가 많다.

9장

알고리즘

9.1 사용법

9.2 반복자

9.3 순차, 병렬 실행 또는 벡터화를 적용한 병렬 실행

9.4 for_each

9.5 원소를 수정하지 않는 알고리즘

9.6 원소를 수정하는 알고리즘

9.7 분할

9.8 정렬

9.9 이진 탐색

9.10 합병 연산

9.11 힙

9.12 최대 최소

9.13 순열

9.14 수치 알고리즘

9.15 C++17부터 추가된 알고리즘

9.16 C++20부터 추가된 알고리즘

표준 템플릿 라이브러리는 컨테이너와 그 컨테이너의 원소를 다루는 알고리즘[1]을 다양하게 제공한다. 표준 템플릿 라이브러리에서 제공하는 알고리즘은 함수 템플릿이기 때문에 컨테이너 원소 타입에 독립적이다. 이러한 컨테이너와 알고리즘은 반복자로 연결한다. STL 컨테이너 인터페이스를 제공하는 컨테이너라면 모두 STL 알고리즘을 적용할 수 있다.

STL 알고리즘을 이용한 제네릭 프로그래밍

```
// algorithm.cpp
#include <algorithm>
#include <deque>
#include <iostream>
#include <list>
#include <string>
#include <vector>

template <typename Cont, typename T>
void doTheSame(Cont cont,  T t){
  for ( auto c: cont ) std::cout << c << " ";
  std::cout << std::endl;
  std::cout << "cont.size(): " << cont.size() << std::endl;
  std::reverse(cont.begin(), cont.end());
  for ( auto c: cont ) std::cout << c << " ";
  std::cout << std::endl;
  std::reverse(cont.begin(), cont.end());
  for ( auto c: cont ) std::cout << c << " ";
  std::cout <<  std::endl;
  auto It= std::find(cont.begin(), cont.end(), t);
  std::reverse(It, cont.end());
  for ( auto c: cont ) std::cout << c << " ";
}

int main(){
  std::cout << std::endl;
  std::vector<int> myVec{1, 2, 3, 4, 5, 6, 7, 8, 9, 10};
  std::deque<std::string> myDeque({"A", "B", "C", "D", "E", "F", "G", "H", "I"});
  std::list<char> myList({'a', 'b', 'c', 'd', 'e', 'f', 'g', 'h'});

  doTheSame(myVec, 5);
  std::cout << "\n\n";
  // 1 2 3 4 5 6 7 8 9 10
```

1 http://en.cppreference.com/w/cpp/algorithm

```
    // cont.size(): 10
    // 10 9 8 7 6 5 4 3 2 1
    // 1 2 3 4 5 6 7 8 9 10
    // 1 2 3 4 10 9 8 7 6 5

    doTheSame(myDeque, "D");
    std::cout << "\n\n";
    // A B C D E F G H I
    // cont.size(): 9
    // I H G F E D C B A
    // A B C D E F G H I
    // A B C I H G F E D

    doTheSame(myList, 'd');
    std::cout << "\n\n";
    //a b c d e f g h
    // cont.size(): 8
    // h g f e d c b a
    // a b c d e f g h
    // a b c h g f e d
}
```


9.1 사용법

STL 알고리즘을 사용할 때는 몇 가지 규칙을 따라야 한다. STL 알고리즘은 여러 헤더에 정의돼 있다.

- <algorithm>

  범용 알고리즘이 정의돼 있다.

- <numeric>

  수치 알고리즘이 정의돼 있다.

STL 알고리즘 중에는 끝에 _if나 _copy란 접미사가 붙는 것이 많다.

- `_if`

  프레디케이트를 매개변수로 지정할 수 있는 알고리즘

- `_copy`

  원소를 다른 범위로 복제할 수 있는 알고리즘

`auto num= std::count(InpIt first, InpIt last, const T& val)`과 같은 알고리즘은 원소를 `val`에 지정된 수만큼 리턴한다. 여기서 `num`의 타입은 `iterator_traits<InpIt>::difference_type`이다. 그래서 `num`이 결과를 충분히 담게 보장한다. `auto`는 리턴 타입을 자동으로 추론하기 때문에 컴파일러가 정확한 타입을 찾아준다.

Tip **컨테이너가 범위를 추가로 사용하는 경우에는 반드시 올바른 값을 가져야 한다**

`std::copy_if` 알고리즘은 대상 범위의 시작 지점을 가리키는 반복자를 사용한다. 이때 대상 범위는 유효해야 한다.

Note **STL 알고리즘을 위한 명명 규칙**

STL 알고리즘의 가독성을 위해 인수 타입과 리턴 타입에 적용되는 몇 가지 명명 규칙이 있다.

▼ 표 9-1 알고리즘 시그니처

이름	설명
`InIt`	입력 반복자(Input Iterator)
`FwdIt`	정방향 반복자(Forward Iterator)
`BiIt`	양방향 반복자(Bidirectional Iterator)
`UnFunc`	단항 콜러블(Unary Callable)
`BiFunc`	이항 콜러블(Binary Callable)
`UnPre`	단항 프레디케이트(Unary Predicate)
`BiPre`	이항 프레디케이트(Binary Predicate)
`Search`	탐색 알고리즘을 캡슐화하는 탐색기(searcher)[2]
`ValType`	입력 범위로부터 값 타입을 자동으로 추론한다.
`ExePol`	실행 정책(Execution Policy)

2 https://en.cppreference.com/w/cpp/algorithm/search

9.2 반복자

반복자(iterator)는 알고리즘의 실행 대상이 되는 컨테이너의 범위를 정의한다. 반복자는 반개방 범위를 지정한다. 다시 말해, begin() 반복자로 시작 지점을 가리키고 end() 반복자로 끝 지점을 가리킨다.

반복자는 기능에 따라 분류한다. 자세한 내용은 7.1절 '카테고리'를 참고하길 바란다. STL 알고리즘은 반복자의 조건을 제공한다. std::rotate와 마찬가지로 대부분 정방향 반복자만으로 충분하다. 이와 달리 std::reverse는 양방향 반복자가 있어야 한다.

C++ STANDARD LIBRARY

9.3 순차, 병렬 실행 또는 벡터화를 적용한 병렬 실행

C++17부터 도입된 실행 정책을 이용하면 STL 알고리즘을 순차적으로 실행할지, 병렬로 실행할지, 아니면 벡터화를 이용해 병렬로 실행할지를 지정할 수 있다.

9.3.1 실행 정책

정책 태그를 이용하면 STL 알고리즘을 순차적으로 실행할지, 병렬로 실행할지, 또는 벡터화를 적용해 병렬로 실행할지를 지정할 수 있다.

- std::execution::seq: 알고리즘을 순차적으로 실행한다.
- std::execution::par: 알고리즘을 여러 스레드를 이용해 병렬로 실행한다.

- std::execution::par_unseq: 알고리즘을 여러 스레드를 이용해 병렬로 실행하며, 개별 루프가 교차 실행될 수 있다. SIMD(Single Instruction Multiple Data)[3]를 이용한 벡터화된 버전도 가능하다.

다음 코드는 위의 실행 정책을 모두 보여준다.

실행 정책

```
std::vector<int> v = {1, 2, 3, 4, 5, 6, 7, 8, 9};

// 표준 순차 정렬
std::sort(v.begin(), v.end());

// 순차 실행
std::sort(std::execution::seq, v.begin(), v.end());

// 병렬 실행
std::sort(std::execution::par, v.begin(), v.end());

// 병렬 및 벡터화 실행
std::sort(std::execution::par_unseq, v.begin(), v.end());
```

예시 코드에서 볼 수 있듯이, 예전처럼 실행 정책을 지정하지 않고 std::sort를 사용할 수 있다. 참고로 순차, 병렬, 병렬 및 벡터화 중 하나를 명시적으로 지정하는 기능은 C++17부터 추가됐다.

Note ≡ 병렬 및 벡터화 실행

STL 알고리즘이 실행될 때 병렬 및 벡터화의 적용 여부는 여러 요인에 따라 결정한다. 예를 들어 CPU와 OS에서 SIMD 인스트럭션을 지원하는지에 따라 달라진다. 또한, 사용하는 컴파일러의 종류와 최적화 수준에 따라서도 달라질 수 있다.

다음 코드는 루프문으로 벡터를 새로 만드는 예다.

```
const int SIZE = 8;

int vec[] = {1, 2, 3, 4, 5, 6, 7, 8};
int res[] = {0, 0, 0, 0, 0, 0, 0, 0};

int main() {
  for (int i = 0; i < SIZE; ++i) {
```

계속

3 https://en.wikipedia.org/wiki/SIMD

```
        res[i] = vec[i] + 5;
    }
}
```

여기서 핵심은 'res[i] = vec[i] + 5' 표현식이다. 컴파일러 익스플로러(compiler explorer)[4]를 이용하면 x86-64 clang 3.6으로 생성한 어셈블러 인스트럭션을 자세히 들여다볼 수 있다.

최적화하지 않은 경우

어셈블러 인스트럭션을 보면 다음과 같다. 덧셈이 모두 순차적으로 실행된다.

▼ 그림 9-1 최적화하지 않은 경우

```
movslq   -8(%rbp), %rax
movl     vec(,%rax, 4), %ecx
addl     $5, %ecx
movslq   -8(%rbp), %rax
movl     vec(,%rax, 4), %ecx
```

최적화를 최대로 적용한 경우

최적화를 최대로 적용하는 -O3을 지정하면 128비트 또는 int 네 개를 담을 수 있는 xmm0과 같은 특수 레지스터를 사용한다. 그래서 원소 네 개로 구성된 벡터에 대한 덧셈을 병렬로 실행시킬 수 있다.

▼ 그림 9-2 최적화를 최대로 적용한 경우

```
movdqa   .LCPI0_0(%rip), %xmm0    # xmm0 = [5,5,5,5]
movdqa   vec(%rip), %xmm1
paddd    %xmm0, %xmm1
movdqa   %xmm1, res(%rip)
paddd    vec+16(%rip), %xmm0
movdqa   %xmm0, res+16(%rip)
xorl     %eax, %eax
```

STL 알고리즘 중에서 77개는 실행 정책을 매개변수로 지정할 수 있다.

9.3.2 병렬 실행을 지원하는 알고리즘

병렬 실행을 지원하는 알고리즘은 다음과 같다.

4 https://godbolt.org/

❤ 표 9-2 병렬 실행을 지원하는 77가지 알고리즘

std::adjacent_difference	std::adjacent_find	std::all_of
std::any_of	std::copy	std::copy_if
std::copy_n	std::count	std::count_if
std::equal	std::exclusive_scan	std::fill
std::fill_n	std::find	std::find_end
std::find_first_of	std::find_if	std::find_if_not
std::for_each	std::for_each_n	std::generate
std::generate_n	std::includes	std::inclusive_scan
std::inner_product	std::inplace_merge	std::is_heap
std::is_heap_until	std::is_partitioned	std::is_sorted
std::is_sorted_until	std::lexicographical_compare	std::max_element
std::merge	std::min_element	std::minmax_element
std::mismatch	std::move	std::none_of
std::nth_element	std::partial_sort	std::partial_sort_copy
std::partition	std::partition_copy	std::reduce
std::remove	std::remove_copy	std::remove_copy_if
std::remove_if	std::replace	std::replace_copy
std::replace_copy_if	std::replace_if	std::reverse
std::reverse_copy	std::rotate	std::rotate_copy
std::search	std::search_n	std::set_difference
std::set_intersection	std::set_symmetric_difference	std::set_union
std::sort	std::stable_partition	std::stable_sort
std::swap_ranges	std::transform	std::transform_exclusive_scan
std::transform_inclusive_scan	std::transform_reduce	std::uninitialized_copy
std::uninitialized_copy_n	std::uninitialized_fill	std::uninitialized_fill_n
std::unique	std::unique_copy	

Note 병렬 STL의 구현 현황

이 책을 C++17 버전(2017년 10월)에 맞게 업데이트할 즈음에는 병렬 STL에 대한 표준 구현이 없었다. 그래서 HPX와 같은 서드파티 프레임워크를 설치해야 했다. 2021년 7월 블로그 포스트(https://www.modernescpp.com/index.php/parallel-algorithms-of-the-stl-with-gcc)에 언급한 것처럼, GCC9부터 병렬 STL 알고리즘을 지원한다(MS Visual C++는 C++17이 나올 당시부터 지원했다). 구현 성능에 대해서는 이 글(https://www.modernescpp.com/index.php/performance-of-the-parallel-stl-algorithmn)을 참고하길 바란다.

참고로 Apple Clang은 아직(2021년 9월 기준) C++17부터 추가된 병렬 알고리즘을 지원하지 않고 있다(https://en.cppreference.com/w/cpp/compiler_support의 'Standardization of Parallelism TS' / 'P0024R2' 항목). 따라서 병렬 STL을 사용하고 싶다면 GNU GCC(리눅스 또는 윈도우 GNU 환경)나 MS Visual Studio(윈도우 전용)를 사용한다. 온라인 컴파일러로는 C++17을 지원하는 https://godbolt.org/ 또는 https://wandbox.org/를 추천한다.

9.4 for_each

std::for_each는 지정한 범위 안에 있는 원소마다 단항 콜러블을 적용한다. 이때 범위는 입력 반복자로 지정한다.

```
UnFunc std::for_each(InpIt first, InpIt second, UnFunc func)
void std::for_each(ExePol pol, FwdIt first, FwdIt second, UnFunc func)
```

std::for_each를 사용할 때 실행 정책을 명시적으로 지정하지 않으면 콜러블 인수를 리턴하기 때문에 특별한 알고리즘이 된다. std::for_each에 함수 오브젝트를 지정하면 함수 호출 결과를 함수 오브젝트에 직접 저장할 수 있다.

```
InpIt std::for_each_n(InpIt first, Size n, UnFunc func)
FwdIt std::for_each_n(ExePol pol, FwdIt first, Size n, UnFunc func)
```

std::for_each_n은 C++17부터 새로 도입됐으며, 주어진 범위의 첫 번째 원소부터 n번째 원소까지 단항 콜러블을 적용한다. 이때 범위는 입력 반복자와 크기 값으로 지정한다.

std::for_each

```
// forEach.cpp
...
#include <algorithm>
...
template <typename T>
class ContainerInfo{
public:
  void operator()(T t){
    num++;
    sum+= t;
  }

  int getSum() const{
    return sum;
  }

  int getSize() const{ return num; }

  double getMean() const{
    return static_cast<double>(sum) / static_cast<double>(num);
  }
private:
  T sum{0};
  int num{0};
};
...
  std::vector<double> myVec{1.1, 2.2, 3.3, 4.4, 5.5, 6.6, 7.7, 8.8, 9.9};
  auto vecInfo= std::for_each(myVec.begin(), myVec.end(), ContainerInfo<double>());
  std::cout << "vecInfo.getSum(): " << vecInfo.getSum() << std::endl;   // 49
  std::cout << "vecInfo.getSize(): " << vecInfo.getSize() << std::endl; // 9
  std::cout << "vecInfo.getMean(): " << vecInfo.getMean() << std::endl; // 5.5
...
  std::array<int, 100> myArr{1, 2, 3, 4, 5, 6, 7, 8, 9, 10};
  auto arrInfo= std::for_each(myArr.begin(), myArr.end(), ContainerInfo<int>());
  std::cout << "arrInfo.getSum(): " << arrInfo.getSum() << std::endl;   // 55
  std::cout << "arrInfo.getSize(): " << arrInfo.getSize() << std::endl; // 100
  std::cout << "arrInfo.getMean(): " << arrInfo.getMean() << std::endl; // 0.55
...
```

9.5 원소를 수정하지 않는 알고리즘

원소를 수정하지 않는 알고리즘(non-modifying algorithm)이란 원소를 탐색하거나 원소의 개수를 세는 알고리즘을 말한다. 또한, 범위의 속성을 검사하거나 범위를 비교하거나 여러 범위 중에서 특정한 범위를 탐색하는 데 사용되기도 한다.

9.5.1 원소 탐색

원소를 탐색하는 방법은 세 가지가 있다. 각각 주어진 범위에 있는 원소를 리턴한다.

```
InpIt find(InpIt first, InpI last, const T& val)
InpIt find(ExePol pol, FwdIt first, FwdIt last, const T& val)

InpIt find_if(InpIt first, InpIt last, UnPred pred)
InpIt find_if(ExePol pol, FwdIt first, FwdIt last, UnPred pred)

InpIt find_if_not(InpIt first, InpIt last, UnPred pre)
InpIt find_if_not(ExePol pol, FwdIt first, FwdIt last, UnPred pre)
```

다음은 주어진 범위에서 첫 번째 원소를 리턴한다.

```
FwdIt1 find_first_of(InpIt1 first1, InpIt1 last1,
                     FwdIt2 first2, FwdIt2 last2)
FwdIt1 find_first_of(ExePol pol, FwdIt1 first1, FwdIt1 last1,
                     FwdIt2 first2, FwdIt2 last2)

FwdIt1 find_first_of(InpIt1 first1, InpIt1 last1,
                     FwdIt2 first2, FwdIt2 last2, BiPre pre)
FwdIt1 find_first_of(ExePol pol, FwdIt1 first1, FwdIt1 last1,
                     FwdIt2 first2, FwdIt2 last2, BiPre pre)
```

다음은 주어진 범위에서 동일한 인접 원소를 리턴한다.

```
FwdIt adjacent_find(FwdIt first, FwdIt last)
FwdIt adjacent_find(ExePol pol, FwdIt first, FwdIt last)
```

```
FwdIt adjacent_find(FwdIt first, FwdI last, BiPre pre)
FwdIt adjacent_find(ExePol pol, FwdIt first, FwdI last, BiPre pre)
```

이 알고리즘들은 입력 반복자나 정방향 반복자를 인수로 받는다. 원하는 원소를 찾았다면 그 원소에 대한 반복자를 리턴한다. 원소를 찾지 못했다면 끝 반복자를 리턴한다.

std::find, std::find_if, std::find_if_not, std::find_of, std::adjacent_fint

```
// find.cpp
...
#include <algorithm>
...
bool isVowel(char c){
  std::string myVowels{"aeiouäöü"};
  std::set<char> vowels(myVowels.begin(), myVowels.end());
  auto it= vowels.find(c);
  if ( it != vowels.end() ) return true;
  return false;
}
...
  std::list<char> myChars{'a', 'b', 'c', 'd', 'e', 'f', 'g', 'h', 'i', 'j'};
  int chars[]={'A', 'B', 'C'};

  std::cout << "*std::find(myChars.begin(), myChars.end(), 'g'): "
            << *std::find(myChars.begin(), myChars.end(), 'g') << std::endl;
  // g
  std::cout << "std::find_if(myChars.begin(), myChars.end(), isVowel): "
            << *std::find_if(myChars.begin(), myChars.end(), isVowel) << std::endl;
  // a
  std::cout << "std::find_if_not(myChars.begin(), myChars.end(), isVowel): "
            << *std::find_if_not(myChars.begin(), myChars.end(), isVowel) << std::endl;
  // b

  auto iter= std::find_first_of(myChars.begin(), myChars.end(), chars,  chars + 3);
  if ( iter != myChars.end() ) std::cout << "Common char: " << *iter << std::endl;
  else std::cout << "None of A, B or C in myChars." << std::endl;
  // None of A, B or C in myChars.

  auto iter2= std::find_first_of(myChars.begin(), myChars.end(), chars, chars + 3,
              [](char a, char b){return std::toupper(a) == std::toupper(b);});
  if ( iter2 != myChars.end() ) std::cout << "Common char: " << *iter2 << std::endl;
  else std::cout << "None of A, B or C in myChars." << std::endl;
```

```
// Common char: a

auto iter3= std::adjacent_find(myChars.begin(), myChars.end());
if ( iter3 != myChars.end() ) std::cout << "Find char: " << *iter3 << std::endl;
else std::cout << "No same adjacent characters. " << std::endl;
// No same adjacent characters.

auto iter4= std::adjacent_find(myChars.begin(), myChars.end(),
                              [](char a, char b){ return isVowel(a) == isVowel(b);});
if ( iter4 != myChars.end()) std::cout << "Find adjacent consonants or vowels: "
                                       << *iter4  << std::endl;
else std::cout << "No same adjacent characters. " << std::endl;
// Find adjacent consonants or vowels: b
```


9.5.2 원소 개수 세기

프레디케이트가 있을 때나 없을 때나 STL로 원소 개수를 셀 수 있다. 다음은 원소 개수를 리턴한다.

```
Num count(InpIt first, InpIt last, const T& val)
Num count(ExePol pol, FwdIt first, FwdIt last, const T& val)

Num count_if(InpIt first, InpIt last, UnPred pre)
Num count_if(ExePol pol, FwdIt first, FwdIt last, UnPred pre)
```

개수를 세는 알고리즘은 입력 반복자를 인수로 받아서 val이나 지정한 프레디케이트를 만족하는 원소의 개수를 리턴한다.

std::count와 std::count_if

```
// count.cpp
...
#include <algorithm>
...
  std::string str{"abcdabAAAaefaBqeaBCQEaadsfdewAAQAaafbd"};
  std::cout << "count(str.begin(), std.end(), a): "
            << std::count(str.begin(), str.end(), 'a') << std::endl; // 9
  std::cout << "count_if(str.begin(), std.end(), [](char a){ return std::isupper(a);}): "
            << std::count_if(str.begin(), str.end(), [](char a){ return
```

```
std::isupper(a);})
          << std::endl; // 12
...
```

9.5.3 범위에 대한 조건 검사하기

주어진 범위에서 std::all_of는 모든 원소가 주어진 조건을 만족하는지 검사하고, std::any_of는 그 조건을 만족하는 원소가 하나라도 있는지 검사하며, std::none_of는 그 조건을 만족하는 원소가 하나도 없는지 검사한다. 이 함수는 인수로 입력 반복자와 단항 프레디케이트를 받아서 불 값을 리턴한다.

다음은 주어진 범위의 모든 원소가 조건을 만족하는지 검사하는 함수다.

```
bool all_of(InpIt first, InpIt last, UnPre pre)
bool all_of(ExePol pol, FwdIt first, FwdIt last, UnPre pre)
```

다음은 주어진 범위에서 조건을 만족하는 원소가 하나라도 있는지 검사하는 함수다.

```
bool any_of(InpIt first, InpIt last, UnPre pre)
bool any_of(ExePol pol, FwdIt first, FwdIt last, UnPre pre)
```

다음은 주어진 범위에서 조건을 만족하는 원소가 하나도 없는지 검사하는 함수다.

```
bool none_of(InpIt first, InpIt last, UnPre pre)
bool none_of(ExePol pol, FwdIt first, FwdIt last, UnPre pre)
```

이에 대한 예제는 다음과 같다.

std::all_of, std::any_of, std::none_of

```
// allAnyNone.cpp
...
#include <algorithm>
...
  auto even= [](int i){ return i%2;};
  std::vector<int> myVec{1, 2, 3, 4, 5, 6, 7, 8, 9};

  std::cout << "std::any_of(myVec.begin(), myVec.end(), even): "
            << std::any_of(myVec.begin(), myVec.end(), even) << std::endl;  // true
  std::cout << "std::all_of(myVec.begin(), myVec.end(), even): "
```

```
          << std::all_of(myVec.begin(), myVec.end(), even) << std::endl;  // false
std::cout << "std::none_of(myVec.begin(), myVec.end(), even: "
          << std::none_of(myVec.begin(), myVec.end(), even) << std::endl; // false
...
```

9.5.4 범위 비교

std::equal을 이용하면 주어진 범위가 서로 같은지 비교할 수 있다. std::lexicographical_compare와 std::mismatch를 이용하면 주어진 범위 중 작은 것을 찾을 수 있다.

다음은 두 범위가 서로 같은지 검사하는 함수다.

```
bool equal(InpIt first1, InpIt last1, InpIt first2)
bool equal(ExePol pol, FwdIt first1, FwdIt last1, FwdIt first2)

bool equal(InpIt first1, InpIt last1, InpIt first2, BiPre pred)
bool equal(ExePol pol, FwdIt first1, FwdIt last1, FwdIt first2, BiPre pred)

bool equal(InpIt first1, InpIt last1,
           InpIt first2, InpIt last2)
bool equal(ExePol pol, FwdIt first1, FwdIt last1,
           FwdIt first2, FwdIt last2)

bool equal(InpIt first1, InpIt last1,
           InpIt first2, InpIt last2, BiPre pred)
bool equal(ExePol pol, FwdIt first1, FwdIt last1,
           FwdIt first2, FwdIt last2, BiPre pred)
```

다음은 첫 번째 범위가 두 번째 범위보다 작은지 검사하는 함수다.

```
bool lexicographical_compare(InpIt first1, InpIt last1,
                             InpIt first2, InpIt last2)
bool lexicographical_compare(ExePol pol, FwdIt first1, FwdIt last1,
                             FwdIt first2, FwdIt last2)

bool lexicographical_compare(InpIt first1, InpIt last1,
                             InpIt first2, InpIt last2, BiPre pred)
bool lexicographical_compare(ExePol pol, FwdIt first1, FwdIt last1,
                             FwdIt first2, FwdIt last2, BiPre pred)
```

다음은 두 범위가 서로 달라지는 첫 번째 지점을 찾는 함수다.

```
pair<InpIt, InpIt> mismatch(InpIt first1, InpIt last1,
                            InpIt first2)
pair<InpIt, InpIt> mismatch(ExePol pol, FwdIt first1, FwdIt last1,
                            FwdIt first2)

pair<InpIt, InpIt> mismatch(InpIt first1, InpIt last1,
                            InpIt first2, BiPre pred)
pair<InpIt, InpIt> mismatch(ExePol pol, FwdIt first1, FwdIt last2,
                            FwdIt first2, BiPre pred)

pair<InpIt, InpIt> mismatch(InpIt first1, InpIt last1,
                            InpIt first2, InpIt last2)
pair<InpIt, InpIt> mismatch(ExePol pol, FwdIt first1, FwdIt last1,
                            FwdIt first2, FwdIt last2)

pair<InpIt, InpIt> mismatch(InpIt first1, InpIt last1,
                            InpIt first2, InpIt last2, BiPre pred)
pair<InpIt, InpIt> mismatch(ExePol pol, FwdIt first1, FwdIt last1,
                            FwdIt first2, FwdIt last2, BiPre pred)
```

이 알고리즘은 입력 반복자와 이항 프레디케이트를 인수로 받는다. std::mismatch는 입력 반복자로 구성된 페어를 리턴한다. 이 페어가 pa라면 pa.first는 주어진 범위에서 서로 다른 첫 번째 원소를 가리키는 입력 반복자를 담고 있으며, pa.second는 두 번째 범위에 대해 서로 다른 원소를 가리키는 입력 반복자를 담고 있다. 두 범위가 같다면 끝 반복자 두 개를 받게 된다.

std::equal, std::lexicographical_compare, std::mismatch

```
// equalLexicographicalMismatch.cpp
...
#include <algorithm>
...
  std::string str1{"Only For Testing Purpose."};
  std::string str2{"only for testing purpose."};
  std::cout << "str1: " << str1 << std::endl;
  std::cout << "str2: " << str2 << std::endl;
...
  std::cout << "std::equal(str1.begin(), str1.end(), str2.begin()): "
            << std::equal(str1.begin(), str1.end(), str2.begin()) << std::endl; }
  // false
```

```
  std::cout << "std::equal(str1.begin(), str1.end(), str2.begin(), [](char c1, char c2){
return std::toupper(c1) == std::toupper(c2);}): "
            << std::equal(str1.begin(), str1.end(), str2.begin(),
                          [](char c1, char c2){ return std::toupper(c1) ==
std::toupper(c2);})
            << std::endl;                                              // true
...
  str1= {"Only for testing Purpose."};
  str2= {"Only for testing purpose."};
  std::cout << "str1: " << str1 << std::endl;
  std::cout << "str2: " << str2 << std::endl;
...
  auto pair= std::mismatch(str1.begin(), str1.end(), str2.begin());
  if ( pair.first == str1.end() ){
    std::cout << "str1 and str2 are equal" << std::endl;
  }
  else{
    std::cout << "str1 and str2 are different at position "
              << std::distance(str1.begin(), pair.first)
              << " with (" << *pair.first << ", " << *pair.second << ")" <<  std::endl;
  }
  // str1 and str2 are different at position 17 with (P, p)

  auto pair2= std::mismatch(str1.begin(), str1.end(), str2.begin(),
                          [](char c1, char c2){ return std::toupper(c1) ==
std::toupper(c2);});
  if ( pair2.first == str1.end() ){
    std::cout << "str1 and str2 are equal" << std::endl;
  }
  else{
    std::cout << "str1 and str2 are different at position "
              << std::distance(str1.begin(), pair2.first)
              << " with(" << *pair2.first << ", " << *pair2.second << ")" <<  std::endl;
  }
  // str1 and str2 are equal
...
```

9.5.5 범위 탐색하기

std::search는 주어진 범위에서 원하는 범위를 처음부터 탐색하고, std::find_end는 끝에서부터 탐색한다. std::search_n은 주어진 범위에서 연속된 원소 n개를 탐색한다. 모두 정방향 반복자를 인수로 받고, 이항 프레디케이트로 매개변수화할 수 있으며, 원하는 대상을 찾지 못하면 첫 번째 범위에 대한 끝 반복자를 리턴한다.

다음 함수는 첫 번째 범위에서 두 번째 범위를 처음부터 탐색하며, 원하는 대상을 찾으면 그 위치를 리턴한다.

```
FwdIt1 search(FwdIt1 first1, FwdIt1 last1, FwdIt2 first2, FwdIt2 last2)
FwdIt1 search(ExePol pol, FwdIt1 first1, FwdIt1 last1,
              FwdIt2 first2, FwdIt2 last2)

FwdIt1 search(FwdIt1 first1, FwdIt1 last1,
              FwdIt2 first2, FwdIt2 last2, BiPre pre)
FwdIt1 search(ExePol pol, FwdIt1 first1, FwdIt1 last1,
              FwdIt2 first2, FwdIt2 last2, BiPre pre)

FwdIt1 search(FwdIt1 first, FwdIt last1, Search search)
```

다음 함수는 첫 번째 범위에서 두 번째 범위를 끝에서부터 탐색하며, 원하는 대상을 찾으면 그 위치를 리턴한다.

```
FwdIt1 find_end(FwdIt1 first1, FwdIt1 last1, FwdIt2 first2 FwdIt2 last2)
FwdIt1 find_end(ExePol pol, FwdIt1 first1, FwdIt1 last1,
                FwdIt2 first2 FwdIt2 last2)

FwdIt1 find_end(FwdIt1 first1, FwdIt1 last1, FwdIt2 first2, FwdIt2 last2,
                BiPre pre)
FwdIt1 find_end(ExePol pol, FwdIt1 first1, FwdIt1 last1,
                FwdIt2 first2, FwdIt2 last2, BiPre pre)
```

다음 함수는 첫 번째 범위에서 연속된 값이 count개 나오는 부분을 찾는다.

```
FwdIt search_n(FwdIt first, FwdIt last, Size count, const T& value)
FwdIt search_n(ExePol pol, FwdIt first, FwdIt last, Size count, const T& value)

FwdIt search_n(FwdIt first, FwdIt last, Size count, const T& value, BiPre pre)
FwdIt search_n(ExePol pol, FwdIt first,
               FwdIt last, Size count, const T& value, BiPre pre)
```

> **Warning** search_n 알고리즘은 매우 특별하다
>
> FwdIt search_n(FwdIt first, FwdIt last, Size count, const T& value, BiPre pre) 알고리즘은 아주 특이하게도 주어진 범위의 값들을 이항 프레디케이트인 BiPre의 첫 번째 인수로 사용하고, value 값을 BiPre의 두 번째 인수로 사용한다.

std::find, std::find_end, std::search_n

```
// search.cpp
#include <algorithm>
...
  std::array<int, 10> arr1{0, 1, 2, 3, 4, 5, 6, 7, 8, 9};
  std::array<int, 5> arr2{3, 4, -5, 6, 7};

  auto fwdIt= std::search(arr1.begin(), arr1.end(), arr2.begin(), arr2.end());

  if (fwdIt == arr1.end()) std::cout << "arr2 not in arr1." << std::endl;
  else{
    std::cout << "arr2 at position " << std::distance(arr1.begin(), fwdIt)
              << " in arr1." << std::endl;
  }
  // arr2 not in arr1.

  auto fwdIt2= std::search(arr1.begin(), arr1.end(), arr2.begin(), arr2.end(),
                           [](int a, int b){ return std::abs(a) == std::abs(b); });

  if (fwdIt2 == arr1.end()) std::cout << "arr2 not in arr1." << std::endl;
  else{
    std::cout << "arr2 at position " << std::distance(arr1.begin(), fwdIt2)
              << " in arr1."  << std::endl;
  }
  // arr2 at position 3 in arr1.
...
```

9.6 원소를 수정하는 알고리즘

C++는 원소와 범위를 수정하는 알고리즘을 다양하게 제공한다.

9.6.1 원소와 범위 복제하기

std::copy를 이용하면 주어진 범위를 정방향으로 복제할 수 있고, std::copy_backward를 이용하면 역방향으로 복제할 수 있으며, std::copy_if를 이용하면 일정한 조건을 만족하는 것만 복제할 수 있다. 원소 n개를 복제하려면 std::copy_n을 이용하면 된다.

다음은 범위를 복제하는 알고리즘이다.

```
OutIt copy(InpIt first, InpIt last, OutIt result)
FwdIt2 copy(ExePol pol, FwdIt first, FwdIt last, FowdIt2 result)
```

다음은 원소 n개를 복제하는 알고리즘이다.

```
OutIt copy_n(InpIt first, Size n, OutIt result)
FwdIt2 copy_n(ExePol pol, FwdIt first, Size n, FwdIt2 result)
```

다음은 프레디케이트 pre를 만족하는 원소를 복제하는 알고리즘이다.

```
OutIt copy_if(InpIt first, InpIt last, OutIt result, UnPre pre)
FwdIt2 copy_if(ExePol pol, FwdIt first, FwdIt last, FwdIt2 result, UnPre pre)
```

다음은 범위를 역방향으로 복제하는 알고리즘이다.

```
BiIt copy_backward(BiIt first, BiIt last, BiIt result)
```

지금까지 살펴본 알고리즘은 입력 반복자를 인수로 받아서 result에 원소를 복제한다. 이 알고리즘은 대상 범위를 가리키는 끝 반복자를 리턴한다.

```
// copy.cpp
#include <algorithm>
...
  std::cout << std::endl;
  std::vector<int> myVec{0, 1, 2, 3, 4, 5, 6, 7, 9};
  std::vector<int> myVec2(10);

  std::copy_if(myVec.begin(), myVec.end(), myVec2.begin()+3, [](int a){ return a%2; });
  for ( auto v: myVec2 ) std::cout << v << " ";  // 0 0 0 1 3 5 7 9 0 0

  std::cout << "\n\n";
  std::string str{"abcdefghijklmnop"};
  std::string str2{"---------------------"};
  std::cout << str2 << std::endl;
  std::copy_backward(str.begin(), str.end(), str2.end());
  std::cout << str2 << std::endl; // -----abcdefghijklmnop
...
  std::cout << str << std::endl;  // abcdefghijklmnop
  std::copy_backward(str.begin(), str.begin() + 5,  str.end());
  std::cout << str << std::endl;  // abcdefghijkabcde
...
```

9.6.2 원소와 범위 교체하기

std::replace, std::replace_if, std::replace_copy, std::replace_copy_if를 이용하면 범위에 있는 원소를 교체할 수 있다. 각 알고리즘은 프레디케이트의 사용 여부와 대상 범위에 대한 원소의 복제 여부에 따라 나뉜다.

다음 알고리즘은 지정한 범위에 있는 기존 원소의 값이 old이면 newValue로 교체한다.

```
void replace(FwdIt first, FwdIt last, const T& old, const T& newValue)
void replace(ExePol pol, FwdIt first, FwdIt last, const T& old,
            const T& newValue)
```

다음 알고리즘은 기존 값이 pred라는 프레디케이트를 만족하면 newValue로 교체한다.

```
void replace_if(FwdIt first, FwdIt last, UnPred pred, const T& newValue)
void replace_if(ExePol pol, FwdIt first, FwdIt last, UnPred pred,
               const T& newValue)
```

다음 알고리즘은 지정한 범위에 있는 기존 원소의 값이 old이면 값을 newValue로 교체하고 결과를 result로 복제한다.

```
OutIt replace_copy(InpIt first, InpIt last, OutIt result, const T& old,
                   const T& newValue)
FwdIt2 replace_copy(ExePol pol, FwdIt first, FwdIt last,
                    FwdIt2 result, const T& old, const T& newValue)
```

다음 알고리즘은 지정한 범위에 있는 기존 원소가 pred라는 프레디케이트를 만족하면 newValue로 교체하고 결과를 result로 복제한다.

```
OutIt replace_copy_if(InpIt first, InpIt last, OutIt result, UnPre pred,
                      const T& newValue)
FwdIt2 replace_copy_if(ExePol pol, FwdIt first, FwdIt last,
                       FwdIt2 result, UnPre pred, const T& newValue)
```

다음 코드는 이 알고리즘을 실제로 사용한 예다.

원소와 범위 교체하기

```
// replace.cpp
...
#include <algorithm>
...
  std::string str{"Only for testing purpose."};
  std::cout << str << std::endl;  // Only for testing purpose.
  std::replace(str.begin(), str.end(), ' ', '1');
  std::cout << str << std::endl;  // Only1for1testing1purpose.
  std::replace_if(str.begin(), str.end(), [](char c){ return c == '1'; }, '2');
  std::cout << str << std::endl;  // Only2for2testing2purpose.
  std::string str2;
  std::replace_copy(str.begin(), str.end(), std::back_inserter(str2), '2', '3');
  std::cout << str2 << std::endl; // Only3for3testing3purpose.
  std::string str3;
  std::replace_copy_if(str2.begin(), str2.end(), std::back_inserter(str3),
                       [](char c){ return c == '3'; }, '4');
  std::cout << str3 << std::endl; // Only4for4testing4purpose.
...
```

9.6.3 원소와 범위 제거하기

std::remove, std::remove_if는 주어진 범위에서 원소를 제거하며, std::remove_copy, std::remove_copy_if는 제거한 결과를 새 범위로 복제한다. _if가 붙은 것은 프레디케이트를 만족하는 것만 처리한다.

주어진 범위에서 val이란 값을 가진 원소를 제거하는 알고리즘은 다음과 같다.

```
FwdIt remove(FwdIt first, FwdIt last, const T& val)
FwdIt remove(ExePol pol, FwdIt first, FwdIt last, const T& val)
```

주어진 범위에서 pred라는 프레디케이트를 만족하는 원소를 제거하는 알고리즘은 다음과 같다.

```
FwdIt remove_if(FwdIt first, FwdIt last, UnPred pred)
FwdIt remove_if(ExePol pol, FwdIt first, FwdIt last, UnPred pred)
```

주어진 범위에서 val이란 값을 가진 원소를 제거하고 그 결과를 result에 복제하는 알고리즘은 다음과 같다.

```
OutIt remove_copy(InpIt first, InpIt last, OutIt result, const T& val)
FwdIt2 remove_copy(ExePol pol, FwdIt first, FwdIt last,
                   FwdIt2 result, const T& val)
```

주어진 범위에서 pred란 프레디케이트를 만족하는 원소를 제거하고 그 결과를 result에 복제하는 알고리즘은 다음과 같다.

```
OutIt remove_copy_if(InpIt first, InpIt last, OutIt result, UnPre pred)
FwdIt2 remove_copy_if(ExePol pol, FwdIt first, FwdIt last,
                      FwdIt2 result, UnPre pred)
```

이 네 가지 알고리즘은 원본 범위에 대한 입력 반복자와 대상 범위에 대한 출력 반복자를 지정해야 한다. 그러면 대상 범위에 대한 끝 반복자를 결과로 리턴한다.

Warning 삭제 후 제거 구문 적용하기

앞서 소개한 제거(remove*) 알고리즘은 주어진 범위에서 원소를 제거하지 않는다. '논리적인' 범위의 끝을 새로 만들어서 리턴하므로, 삭제 후 제거 구문(erase-remove idiom)으로 컨테이너의 크기를 조정해야 한다.

원소와 범위 삭제

```
// remove.cpp
#include <algorithm>
...
  std::vector<int> myVec{0, 1, 2, 3, 4, 5, 6, 7, 8, 9};
  for (auto v: myVec) std::cout << v << " ";  // 0 1 2 3 4 5 6 7 8 9
...
  auto newIt= std::remove_if(myVec.begin(), myVec.end(), [](int a){ return a % 2; }
);
  for (auto v: myVec) std::cout << v << " ";  // 0 2 4 6 8 5 6 7 8 9
...
  myVec.erase(newIt, myVec.end());
  for (auto v: myVec) std::cout << v << " ";  // 0 2 4 6 8
...
  std::string str{"Only for Testing Purpose."};
  std::cout << str << std::endl; // Only for Testing Purpose.
  str.erase(std::remove_if(str.begin(), str.end(),
            [](char c){ return std::isupper(c);} ), str.end());
  std::cout << str << std::endl; // nly for esting urpose.
...
```

9.6.4 범위 채우고 생성하기

std::fill과 std::fill_n을 이용하면 범위를 채울 수 있고, std::generate와 std::generate_n을 이용하면 새로운 원소를 생성할 수 있다.

다음은 범위를 원소로 채우는 알고리즘이다.

```
void fill(FwdIt first, FwdIt last, const T& val)
void fill(ExePol pol, FwdIt first, FwdIt last, const T& val)
```

다음은 범위를 새로운 원소 n개로 채우는 알고리즘이다.

```
OutIt fill_n(OutIt first, Size n, const T& val)
FwdIt fill_n(ExePol pol, FwdIt first, Size n, const T& val)
```

다음은 생성기 gen으로 범위를 생성하는 알고리즘이다.

```
void generate(FwdIt first, FwdIt last, Generator gen)
void generate(ExePol pol, FwdIt first, FwdIt last, Generator gen)
```

다음은 생성기 gen으로 범위에 원소 n개를 생성하는 알고리즘이다.

```
OutIt generate_n(OutIt first, Size n, Generator gen)
FwdIt generate_n(ExePol pol, FwdIt first, Size n, Generator gen)
```

이 네 가지 알고리즘은 값을 나타내는 val이나 생성기 gen을 인수로 받는다. gen은 반드시 인수가 없고 새 값을 리턴하는 함수로 지정해야 한다. std::fill_n과 std::generate_n 알고리즘은 생성된 원소 중에서 마지막을 가리키는 출력 반복자를 리턴한다.

범위 채우고 생성하기

```
// fillAndCreate.cpp
...
#include <algorithm>
...
int getNext(){
  static int next{0};
  return ++next;
}
...
  std::vector<int> vec(20);
  std::fill(vec.begin(), vec.end(), 2011);
  for ( auto v: vec ) std::cout << v << " ";
  // 2011 2011 2011 2011 2011 2011 2011 2011 2011 2011 2011 2011 2011 2011 2011 2011
  // 2011 2011 2011 2011
...
  std::generate_n(vec.begin(), 15, getNext);
  for ( auto v: vec ) std::cout << v << " ";
  // 1 2 3 4 5 6 7 8 9 10 11 12 13 14 15 2011 2011 2011 2011 2011
...
```

9.6.5 범위 옮기기

std::move는 주어진 범위를 앞으로 옮기고, std::move_backward는 주어진 범위를 뒤로 이동시킨다.

다음은 범위를 앞으로 옮기는 알고리즘이다.

```
OutIt move(InpIt first, InpIt last, OutIt result)
FwdIt2 move(ExePol pol, FwdIt first, FwdIt last, Fwd2It result)
```

다음은 범위를 뒤로 옮기는 알고리즘이다.

```
BiIt move_backward(BiIt first, BiIt last, BiIt result)
```

두 알고리즘 모두 이동한 결과를 가리키는 result 반복자를 인수에 지정해야 한다. std::move 알고리즘에는 출력 반복자를 지정하고, std::move_backward 알고리즘에는 양방향 반복자를 지정한다. 그러면 옮겨진 범위의 첫 지점을 가리키는 반복자를 리턴한다.

Warning **원본 범위는 바뀔 수 있다**

std::move와 std::move_backward는 이동 의미론이 적용된다. 따라서 이동 후에도 원본 범위가 유효할 수 있지만 구성 요소는 달라질 수 있다.

범위 옮기기

```
// move.cpp
...
#include <algorithm>
...
  std::vector<int> myVec{0, 1, 2, 3, 4, 5, 6, 7, 9};
  std::vector<int> myVec2(10);

  std::move(myVec.begin(), myVec.end(), myVec2.begin());
  for ( auto v: myVec2 ) std::cout << v << " ";  // 0 1 2 3 4 5 6 7 9 0
...
  std::string str{"abcdefghijklmnop"};
  std::string str2{"---------------------"};
  std::cout << str2 << std::endl; // ---------------------
  std::move_backward(str.begin(), str.end(), str2.end());
  std::cout << str2 << std::endl; // -----abcdefghijklmnop
...
```

9.6.6 범위 맞바꾸기

std::swap과 std::swap_ranges는 오브젝트와 범위를 맞바꾼다.

다음은 오브젝트를 맞바꾸는 알고리즘이다.

```
void swap(T& a, T& b)
```

다음은 범위를 맞바꾸는 알고리즘이다.

```
FwdIt swap_ranges(FwdIt1 first1, FwdIt1 last1, FwdIt first2)
FwdIt swap_ranges(ExePol pol, FwdIt1 first1, FwdIt1 last1, FwdIt first2)
```

이 두 가지 알고리즘에서 리턴하는 반복자는 대상 범위에서 맞바꾼 마지막 원소를 가리킨다.

 Warning 범위가 서로 중첩되면 안 된다

맞바꾸기 알고리즘

```
// swap.cpp
...
#include <algorithm>
...
  std::vector<int> myVec{0, 1, 2, 3, 4, 5, 6, 7, 9};
  std::vector<int> myVec2(10);
  for (auto v: myVec) std::cout << v << " ";  // 0 1 2 3 4 5 6 7 9 0 0 0 0 0 0 0 0 0 0
  for (auto v: myVec2) std::cout << v << " "; // 0 0 0 0 0 0 0 0 0 0 0 1 2 3 4 5 6 7 9
...
  std::swap(myVec, myVec2);
  for (auto v: myVec) std::cout << v << " ";  // abcdefghijklmnop
  for (auto v: myVec2) std::cout << v << " "; // ---------------------
...
  std::string str{"abcdefghijklmnop"};
  std::string str2{"---------------------"};
  std::cout << str << std::endl;
  std::cout << str2 << std::endl;
  std::swap_ranges(str.begin(), str.begin() + 5, str2.begin() + 5);
  std::cout << str << std::endl;              // -----fghijklmnop
  std::cout << str2 << std::endl;             // -----abcde-----------
...
```

9.6.7 범위 변환하기

std::transform 알고리즘은 주어진 범위에 단항 또는 이항 콜러블을 적용해서 각 원소를 변환한 결과를 대상 범위에 복제한다.

다음 알고리즘은 단항 콜러블인 fun을 입력 범위에 있는 원소에 적용해서 그 결과를 result에 복제한다.

```
OutIt transform(InpIt first1, InpIt last1, OutIt result, UnFun fun)
FwdIt2 transform(ExePol pol, FwdIt first1, FwdIt last1, FwdIt2 result, UnFun fun)
```

다음 알고리즘은 이항 콜러블인 fun을 두 입력 범위에 적용해서 그 결과를 result에 복제한다.

```
OutIt transform(InpIt1 first1, InpIt1 last1, InpIt2 first2, OutIt result,
                BiFun fun)
FwdIt3 transform(ExePol pol, FwdIt1 first1, FwdIt1 last1,
                 FwdIt2 first2, FwdIt3 result, BiFun fun)
```

두 가지 알고리즘의 차이를 살펴보면 다음과 같다. 첫 번째 알고리즘은 콜러블을 주어진 범위에 있는 모든 원소에 적용하는 반면, 두 번째 알고리즘은 주어진 두 범위에 있는 원소 쌍에 대해 동시에 콜러블을 적용한다. 리턴된 반복자는 변환된 원소 바로 다음 지점을 가리킨다.

변환 알고리즘

```
// transform.cpp
...
#include <algorithm>
...
  std::string str{"abcdefghijklmnopqrstuvwxyz"};
  std::cout << str << std::endl; // abcdefghijklmnopqrstuvwxyz
...
  std::transform(str.begin(), str.end(), str.begin(), [](char c){ return
std::toupper(c); });
  std::cout << str << std::endl; // ABCDEFGHIJKLMNOPQRSTUVWXYZ
...
  std::vector<std::string> vecStr{"Only", "for", "testing", "purpose", "."};
  std::vector<std::string> vecStr2(5, "-");
  std::vector<std::string> vecRes;
  std::transform(vecStr.begin(), vecStr.end(),
    vecStr2.begin(),
    std::back_inserter(vecRes),
    [](std::string a, std::string b){ return std::string(b) + a + b; });
```

```
  for ( auto str: vecRes ) std::cout << str << std::endl;
  // -Only-
  // -for-
  // -testing-
  // -purpose-
  // -.-
...
```

9.6.8 범위 순서 바꾸기

std::reverse와 std::reverse_copy는 주어진 범위에 있는 원소의 순서를 반대로 바꾼다.

다음 알고리즘은 주어진 범위에 있는 원소의 순서를 반대로 바꾼다.

```
void reverse(BiIt first, BiIt last)
void reverse(ExePol pol, BiIt first, BiIt last)
```

다음 알고리즘은 주어진 범위에 있는 원소의 순서를 반대로 바꿔서 그 결과를 result에 복제한다.

```
OutIt reverse_copy(BiIt first, BiIt last, OutIt result)
FwdIt reverse_copy(ExePol pol, BiIt first, BiIt last, FwdIt result)
```

두 알고리즘 모두 양방향 반복자를 인수로 받는다. 리턴된 반복자는 출력 범위인 result에서 복제된 원소 바로 앞을 가리킨다.

범위 순서 바꾸기 알고리즘

```
// algorithmen.cpp
...
#include <algorithm>
...
template <typename Cont, typename T>
void doTheSame(Cont cont,  T t){
  for ( auto c: cont ) std::cout << c << " ";
  std::cout << std::endl;
  std::cout << "cont.size(): " << cont.size() << std::endl;

  std::reverse(cont.begin(), cont.end());
  for ( auto c: cont ) std::cout << c << " ";
  std::cout << std::endl;
```

```
  std::reverse(cont.begin(), cont.end());
  for ( auto c: cont ) std::cout << c << " ";
  std::cout <<  std::endl;

  auto It= std::find(cont.begin(), cont.end(), t);
  std::reverse(It, cont.end());
  for ( auto c: cont ) std::cout << c << " ";
}

int main(){
...
  std::vector<int> myVec{1, 2, 3, 4, 5, 6, 7, 8, 9, 10};
  std::deque<std::string> myDeque({"A", "B", "C", "D", "E", "F", "G", "H", "I"});
  std::list<char> myList({'a', 'b', 'c', 'd', 'e', 'f', 'g', 'h'});

  doTheSame(myVec, 5);
  std::cout << "\n\n";
  // 1 2 3 4 5 6 7 8 9 10
  // cont.size(): 10
  // 10 9 8 7 6 5 4 3 2 1
  // 1 2 3 4 5 6 7 8 9 10
  // 1 2 3 4 10 9 8 7 6 5

  doTheSame(myDeque, "D");
  std::cout << "\n\n";
  // A B C D E F G H I
  // cont.size(): 9
  // I H G F E D C B A
  // A B C D E F G H I
  // A B C I H G F E D

  doTheSame(myList, 'd');
  std::cout << "\n\n";
  // a b c d e f g h
  // cont.size(): 8
  // h g f e d c b a
  // a b c d e f g h
  // a b c h g f e d
...
```

9.6.9 범위 회전시키기

std::rotate와 std::rotate_copy는 원소를 회전시킨다.

다음 알고리즘은 middle이 첫 번째 원소가 되도록 원소를 회전시킨다.

```
FwdIt rotate(FwdIt first, FwdIt middle, FwdIt last)
FwdIt rotate(ExePol pol, FwdIt first, FwdIt middle, FwdIt last)
```

다음 알고리즘은 middle이 첫 번째 원소가 되도록 회전시키고 그 결과를 result에 복제한다.

```
OutIt rotate_copy(FwdIt first, FwdIt middle, FwdIt last, OutIt result)
FwdIt2 rotate_copy(ExePol pol, FwdIt first, FwdIt middle, FwdIt last,
                   FwdIt2 result)
```

두 알고리즘 모두 정방향 반복자를 인수로 받아서 복제된 범위를 가리키는 끝 반복자를 리턴한다.

회전 알고리즘

```
// rotate.cpp
...
#include <algorithm>
...
  std::string str{"123456789"};

  auto endIt= str.end();
  for (auto middleIt= str.begin();  middleIt != endIt; ++middleIt){
    std::rotate(str.begin(), middleIt, str.end());
    std::cout << str << std::endl;
  }
  // 123456789
  // 234567891
  // 456789123
  // 789123456
  // 234567891
  // 789123456
  // 456789123
  // 234567891
  // 123456789
...
```

9.6.10 범위 무작위로 섞기

std::random_shuffle과 std::shuffle을 이용하면 주어진 범위를 무작위로 섞을 수 있다.

다음 알고리즘은 주어진 범위에 있는 원소를 무작위로 섞는다.

```
void random_shuffle(RanIt first, RanIt last)
```

다음 알고리즘은 무작위수 생성기인 gen을 이용해 주어진 범위에 있는 원소를 무작위로 섞는다.

```
void random_shuffle(RanIt first, RanIt last, RanNumGen&& gen)
```

다음 알고리즘은 균등(uniform) 무작위수 생성기인 gen을 이용해 주어진 범위에 있는 원소를 무작위로 섞는다.

```
void shuffle(RanIt first, RanIt last, URNG&& gen)
```

이 세 가지 알고리즘은 모두 임의 접근 반복자를 인수로 받는다. RanNumGen&& gen은 인수를 받아서 그 인수에 속한 값을 리턴하는 콜러블로 지정해야 한다. URNG&& gen으로는 균등 무작위수 생성기를 지정해야 한다.[5]

> **Tip** 가능하면 std::shuffle을 사용한다
>
> std::random_shuffle보다 std::shuffle을 사용한다. std::random_shuffle은 내부적으로 C 함수인 rand를 사용했기 때문에 C++14부터 폐기됐고(deprecated) C++17부터 없어졌다.[5]

무작위로 섞는 알고리즘

```
// shuffle.cpp
...
#include <algorithm>
...
  std::vector<int> vec1{0, 1, 2, 3, 4, 5, 6, 7, 8, 9};
  std::vector<int> vec2(vec1);

  for (auto v:  vec1) std::cout << v << " ";  // 0 1 2 3 4 5 6 7 8 9
...
```

5 역주 컴파일러 옵션으로 -std=c++17 이상으로 지정하면 에러가 발생한다.

```
  unsigned seed= std::chrono::system_clock::now().time_since_epoch().count();
  std::cout << std::endl;
  std::random_shuffle(vec1.begin(), vec1.end());
  for (auto v:  vec1) std::cout << v << " ";  // 6 0 3 5 7 8 4 1 2 9
...
  std::shuffle(vec2.begin(), vec2.end(), std::default_random_engine(seed));
  for (auto v: vec2) std::cout <<  v << " ";  // 1 3 2 8 0 7 5 6 4 9
```

seed 인수는 무작위수 생성기를 초기화한다.

9.6.11 중복 제거하기

std::unique와 std::unique_copy는 같은 원소가 연달아 나오는 것을 제거할 수 있다. 이때 이항 프레디케이트를 지정할 수도 있다.

다음은 같은 원소가 연달아 나오는 부분을 제거하는 알고리즘이다.

```
FwdIt unique(FwdIt first, FwdIt last)
FwdIt unique(ExePol pol, FwdIt first, FwdIt last)
```

다음은 주어진 이항 프레디케이트를 만족하면서 같은 원소가 연달아 나오는 부분을 제거하는 알고리즘이다.

```
FwdIt unique(FwdIt first, FwdIt last, BiPred pre)
FwdIt unique(ExePol pol, FwdIt first, FwdIt last, BiPred pre)
```

다음은 같은 원소가 연달아 나오는 부분을 제거하고 그 결과를 result에 복제하는 알고리즘이다.

```
OutIt unique_copy(InpIt first, InpIt last, OutIt result)
FwdIt2 unique_copy(ExePol pol, FwdIt first, FwdIt last, FwdIt2 result)
```

다음은 주어진 이항 프레디케이트를 만족하면서 같은 원소가 연달아 나오는 부분을 제거하고 그 결과를 result에 복제하는 알고리즘이다.

```
OutIt unique_copy(InpIt first, InpIt last, OutIt result, BiPred pre)
FwdIt2 unique_copy(ExePol pol, FwdIt first, FwdIt last,
                   FwdIt2 result, BiPred pre)
```

unique 알고리즘은 논리적인 끝 반복자를 리턴한다

앞에서 소개한 unique 알고리즘은 모두 주어진 범위에 대한 논리적인 끝 반복자를 리턴한다. 이때 원소는 반드시 삭제 후 제거하기 구문으로 삭제해야 한다.

같은 원소가 연달아 나오는 부분을 제거하는 알고리즘

```
// removeDuplicates.cpp
...
#include <algorithm>
...
  std::vector<int> myVec{0, 0, 1, 1, 2, 2, 3, 4, 4, 5, 3, 6, 7, 8, 1, 3, 3, 8, 8, 9};
  for (auto v: myVec) std::cout << v << " "; // 0 0 1 1 2 2 3 4 4 5 3 6 7 8 1 3 3 8 8 9
...
  // auto newIt= std::unique(myVec.begin(), myVec.end(), [](int a){ return a%2; });
  myVec.erase( std::unique(myVec.begin(), myVec.end()), myVec.end());
  for (auto v: myVec) std::cout << v << " "; // 0 1 2 3 4 5 3 6 7 8 1 3 8 9
...
  std::vector<int> myVec2{1, 4, 3, 3, 3, 5, 7, 9, 2, 4, 1, 6, 8, 0, 3, 5, 7, 8, 7, 3, 9,
2, 4, 2, 5, 7, 3};
  std::vector<int> resVec;
  resVec.reserve(myVec2.size());
  std::unique_copy(myVec2.begin(), myVec2.end(), std::back_inserter(resVec),
                   [](int a, int b){return (a % 2) == (b % 2); });
  for(auto v: myVec2) std::cout << v << " ";
  // 1 4 3 3 3 5 7 9 2 4 1 6 8 0 3 5 7 8 7 3 9 2 4 2 5 7 3
...
  for(auto v: resVec) std::cout << v << " "; // 1 4 3 2 1 6 3 8 7 2 5
...
```

9.7 분할

C++ STANDARD LIBRARY

Note 분할이란?

어떤 집합의 분할(partition)이란 그 집합을 부분집합으로 나눈 것으로, 각 부분집합의 원소끼리 겹치지 않는 것을 말한다. C++에서는 단항 프레디케이트를 만족하는 원소를 첫 번째 부분집합에 넣고, 나머지는 두 번째 부분집합에 넣는 식으로 정의한다.

C++는 분할을 다루는 몇 가지 함수를 제공한다. 이 함수들은 모두 단항 프레디케이트를 인수로 받는다. std::partition과 std::stable_partition은 주어진 범위를 분할하고 그 기준점을 리턴한다. std::partition_point를 이용하면 인수로 지정한 분할의 기준점을 구할 수 있다. 이렇게 집합을 분할하고 나면 std::is_partitioned를 이용해 분할 상태를 확인할 수도 있고, std::partition_copy로 분할을 복제할 수도 있다.

다음은 주어진 범위가 분할됐는지 확인하는 함수다.

```
bool is_partitioned(InpIt first, InpIt last, UnPre pre)
bool is_partitioned(ExePol pol, FwdIt first, FwdIt last, UnPre pre)
```

다음은 주어진 범위를 분할하는 함수다.

```
FwdIt partition(FwdIt first, FwdIt last, UnPre pre)
FwdIt partition(ExePol pol, FwdIt first, FwdIt last, UnPre pre)
```

다음은 원소의 순서를 유지하도록 주어진 범위를 분할하는 함수다.

```
BiIt stable_partition(FwdIt first, FwdIt last, UnPre pre)
BiIt stable_partition(ExePol pol, FwdIt first, FwdIt last, UnPre pre)
```

다음은 두 범위로 복제해서 분할하는 함수다.

```
pair<OutIt1, OutIt2> partition_copy(InIt first, InIt last,
                     OutIt1 result_true, OutIt2 result_false, UnPre pre)
pair<FwdIt1, FwdIt2> partition_copy(ExePol pol, FwdIt1 first, FwdIt1 last,
                     FwdIt2 result_true, FwdIt3 result_false, UnPre pre)
```

다음은 분할 기준점(partition point)을 리턴하는 함수다.

```
FwdIt partition_point(FwdIt first, FwdIt last, UnPre pre)
```

std::partition과 달리 std::stable_partition은 구성 원소의 상대적인 순서를 유지한다. 리턴된 반복자인 FwdIt와 BiIt는 두 번째 분할의 첫 지점을 가리킨다. std::partition_copy 알고리즘이 리턴하는 std::pair<OutIt, OutIt> 쌍은 분할된 result_true 집합과 result_false 집합의 끝 반복자를 담고 있다. std::partition_point에 인수로 지정한 범위를 분할할 수 없을 때의 동작은 명확히 정의돼 있지 않다.

분할 알고리즘

```
// partition.cpp
...
#include <algorithm>
...
bool isOdd(int i){ return (i%2); }
...
  std::vector<int> vec{1, 4, 3, 4, 5, 6, 7, 3, 4, 5, 6, 0, 4, 8, 4, 6, 6, 5, 8, 8, 3, 9,
3, 7, 6, 4, 8};

  for ( auto v: vec ) std::cout << v << " ";
  // 1 4 3 4 5 6 7 3 4 5 6 0 4 8 4 6 6 5 8 8 3 9 3 7 6 4 8
...
  auto parPoint= std::partition(vec.begin(), vec.end(), isOdd);
  for (auto v: vec) std::cout << v << " ";
  // 1 7 3 3 5 9 7 3 3 5 5 0 4 8 4 6 6 6 8 8 4 6 4 4 6 4 8
...
  for (auto v= vec.begin(); v != parPoint; ++v) std::cout << *v << " ";
  // 1 7 3 3 5 9 7 3 3 5 5
...
  for (auto v= parPoint; v != vec.end(); ++v) std::cout << *v << " ";
  // 0 4 8 4 6 6 6 8 8 4 6 4 4 6 4 8
...
  std::cout << "std::is_partitioned(vec.begin(), vec.end(), isOdd): " // true
            << std::is_partitioned(vec.begin(), vec.end(), isOdd) << std::endl;

  std::cout << "std::partition_point(vec.begin(), vec.end(), isOdd) == parPoint: "
  // true
            << (std::partition_point(vec.begin(), vec.end(), isOdd) == parPoint)
            << std::endl;
...
  std::list<int> li;
  std::list<int> de;
  std::partition_copy(vec.begin(), vec.end(), std::back_inserter(li), std::back_
inserter(de), [](int i) { return i < 5; });
  for (auto v: li) std::cout << v << " "; // 1 3 3 3 3 0 4 4 4 4 4 4
...
  for (auto v: de) std::cout << v << " "; // 7 5 9 7 5 5 8 6 6 6 8 8 6 6 8
...
```

9.8 정렬

std::sort나 std::stable_sort를 이용하면 주어진 범위를 정렬할 수 있다. 또한, std::partial_sort를 이용하면 지정한 위치까지 정렬할 수 있다. std::partial_sort_copy는 범위의 일부분을 정렬해서 복제한다. std::nth_element는 정렬된 범위에서 원하는 지점에 원소 하나를 추가할 수 있다. std::is_sorted를 이용하면 주어진 범위가 정렬된 상태인지 확인할 수 있다. 주어진 범위에서 어느 지점까지 정렬됐는지 확인하고 싶다면 std::is_sorted_until을 사용하면 된다.

정렬 기준을 따로 지정하지 않으면 미리 정의된 함수 오브젝트인 std::less가 적용된다. 다른 정렬 기준을 지정할 때는 반드시 엄격한 약순서화를 만족하는 기준을 지정해야 한다.

다음은 주어진 범위에서 원소를 정렬하는 함수다.

```
void sort(RaIt first, RaIt last)
void sort(ExePol pol, RaIt first, RaIt last)

void sort(RaIt first, RaIt last, BiPre pre)
void sort(ExePol pol, RaIt first, RaIt last, BiPre pre)
```

다음은 주어진 범위에서 정렬 기준이 같은 원소에 대해 원래 순서를 유지하면서 정렬하는 함수다.

```
void stable_sort(RaIt first, RaIt last)
void stable_sort(ExePol pol, RaIt first, RaIt last)

void stable_sort(RaIt first, RaIt last, BiPre pre)
void stable_sort(ExePol pol, RaIt first, RaIt last, BiPre pre)
```

다음은 주어진 범위의 원소를 middle 지점까지만 부분 정렬하는 함수다.

```
void partial_sort(RaIt first, RaIt middle, RaIt last)
void partial_sort(ExePol pol, RaIt first, RaIt middle, RaIt last)

void partial_sort(RaIt first, RaIt middle, RaIt last, BiPre pre)
void partial_sort(ExePol pol, RaIt first, RaIt middle, RaIt last, BiPre pre)
```

다음은 주어진 범위의 원소를 부분 정렬해서 그 결과를 result_first와 result_last라는 범위에 복제하는 함수다.

```
RaIt partial_sort_copy(InIt first, InIt last,
                       RaIt result_first, RaIt result_last)
RaIt partial_sort_copy(ExePol pol, FwdIt first, FwdIt last,
                       RaIt result_first, RaIt result_last)

RaIt partial_sort_copy(InIt first, InIt last,
                       RaIt result_first, RaIt result_last, BiPre pre)
RaIt partial_sort_copy(ExePol pol, FwdIt first, FwdIt last,
                       RaIt result_first, RaIt result_last, BiPre pre)
```

다음은 주어진 범위가 정렬된 상태인지 확인하는 함수다.

```
bool is_sorted(FwdIt first, FwdIt last)
bool is_sorted(ExePol pol, FwdIt first, FwdIt last)

bool is_sorted(FwdIt first, FwdIt last, BiPre pre)
bool is_sorted(ExePol pol, FwdIt first, FwdIt last, BiPre pre)
```

다음은 주어진 정렬 기준을 만족하지 않는 원소 중 첫 번째 지점을 리턴하는 함수다.

```
FwdIt is_sorted_until(FwdIt first, FwdIt last)
FwdIt is_sorted_until(ExePol pol, FwdIt first, FwdIt last)

FwdIt is_sorted_until(FwdIt first, FwdIt last, BiPre pre)
FwdIt is_sorted_until(ExePol pol, FwdIt first, FwdIt last, BiPre pre)
```

다음은 주어진 범위에서 n번째 원소가 정렬된 위치에 있도록 범위를 재정렬하는 함수다.

```
void nth_element(RaIt first, RaIt nth, RaIt last)
void nth_element(ExePol pol, RaIt first, RaIt nth, RaIt last)

void nth_element(RaIt first, RaIt nth, RaIt last, BiPre pre)
void nth_element(ExePol pol, RaIt first, RaIt nth, RaIt last, BiPre pre)
```

지금까지 소개한 정렬 알고리즘 관련 함수의 사용법은 다음과 같다.

정렬 알고리즘

```
// sort.cpp
...
  std::string str{"RUdAjdDkaACsdfjwldXmnEiVSEZTiepfgOIkue"};
  std::cout << str <<  std::endl; // RUdAjdDkaACsdfjwldXmnEiVSEZTiepfgOIkue
...
```

```
  std::cout << "std::is_sorted(str.begin(), str.end()): "    // false
            <<  std::is_sorted(str.begin(), str.end()) << std::endl;
...
  std::partial_sort(str.begin(), str.begin() + 30, str.end());
  std::cout << str <<  std::endl; // AACDEEIORSTUVXZaddddeeffgiijjkwspnmluk

  auto sortUntil=  std::is_sorted_until(str.begin(), str.end());
  std::cout << "Sorted unitl: " << *sortUntil << std::endl; // s
  for (auto charIt= str.begin(); charIt != sortUntil; ++charIt) std::cout << *charIt;
  // AACDEEIORSTUVXZaddddeeffgiijjkw
...
  std::vector<int> vec{1, 0, 4, 3, 5};
  auto vecIt= vec.begin();
  while( vecIt != vec.end() ){
    std::nth_element(vec.begin(), vecIt++, vec.end());
    std::cout << std::distance(vec.begin(), vecIt) << "-th ";
    for (auto v: vec) std::cout << v;
    std::cout << std::endl;
  }
  // 1-th 01345
  // 2-th 01345
  // 3-th 01345
  // 4-th 01345
  // 5-th 01345
...
```

C++ STANDARD LIBRARY

9.9 이진 탐색

이진 탐색(binary search) 알고리즘은 주어진 범위가 이미 정렬된 상태에서 처리한다. 어떤 원소를 탐색하려면 std::binary_search를 사용한다. std::lower_bound를 이용하면 지정한 값보다 작지 않은 첫 번째 원소에 대한 반복자를 구할 수 있다. std::upper_bound는 지정한 값보다 큰 첫 번째 값의 바로 앞을 가리키는 반복자를 리턴한다. std::equal_range는 std::lower_bound와 std::upper_bound를 합친 것과 같다.

컨테이너에 원소가 n개 있다면 탐색 과정에서 수행하는 비교 연산의 횟수는 평균 log2(n)이다. 이진 탐색을 수행할 때는 해당 컨테이너를 정렬하는 데 사용했던 비교 기준과 동일한 기준을 사용해야 한다. 디폴트 비교 기준은 std::less다. 다른 정렬 기준을 지정할 때는 반드시 엄격한 약 순서화를 만족하는 것으로 지정해야 한다. 그렇지 않으면 제대로 실행되지 않는다.

비정렬 연관 컨테이너는 다른 컨테이너보다 메서드의 수행 속도가 대체로 더 빠르다.

다음은 주어진 범위에서 val이란 원소를 탐색하는 함수다.

```
bool binary_search(FwdIt first, FwdIt last, const T& val)
bool binary_search(FwdIt first, FwdIt last, const T& val, BiPre pre)
```

다음은 주어진 범위에서 val보다 작지 않은 첫 번째 원소의 위치를 리턴하는 함수다.

```
FwdIt lower_bound(FwdIt first, FwdIt last, const T& val)
FwdIt lower_bound(FwdIt first, FwdIt last, const T& val, BiPre pre)
```

다음은 주어진 범위에서 val보다 큰 첫 번째 원소의 위치를 리턴하는 함수다.

```
FwdIt upper_bound(FwdIt first, FwdIt last, const T& val)
FwdIt upper_bound(FwdIt first, FwdIt last, const T& val, BiPre pre)
```

다음은 원소 val에 대한 std::lower_bound와 std::upper_bound의 쌍을 리턴하는 함수다.

```
pair<FwdIt, FwdIt> equal_range(FwdIt first, FwdIt last, const T& val)
pair<FwdIt, FwdIt> equal_range(FwdIt first, FwdIt last, const T& val, BiPre pre)
```

다음은 지금까지 소개한 함수를 사용하는 예다.

이진 탐색 알고리즘

```
// binarySearch.cpp
...
#include <algorithm>
...
bool isLessAbs(int a, int b){
  return std::abs(a) < std::abs(b);
}
...
  std::vector<int>
    vec{-3, 0, -3, 2, -3, 5, -3, 7, -0, 6, -3, 5, -6, 8, 9, 0, 8, 7, -7, 8, 9, -6, 3,
-3, 2};
```

```
for ( auto v: vec ) std::cout << v << " ";
// -3 0 -3 2 -3 5 -3 7 0 6 -3 5 -6 8 9 0 8 7 -7 8 9 -6 3 -3 2

std::sort(vec.begin(), vec.end(), isLessAbs);
std::cout << std::endl;
for ( auto v: vec ) std::cout << v << " ";
// 0 0 0 2 2 -3 -3 -3 -3 -3 3 -3 5 5 6 -6 -6 7 7 -7 8 8 8 9 9
...
std::cout << "std::binary_search(vec.begin(), vec.end(), -5, isLessAbs): " // true
          << std::binary_search(vec.begin(), vec.end(), -5, isLessAbs) << std::endl;
std::cout << "std::binary_search(vec.begin(), vec.end(), 5, isLessAbs): "  // true
          << std::binary_search(vec.begin(), vec.end(), 5, isLessAbs) << std::endl;
auto pair= std::equal_range(vec.begin(), vec.end(), 3, isLessAbs);
std::cout << std::endl;
std::cout << "Position of first 3: " << std::distance(vec.begin(), pair.first)
// 5
          << std::endl;
std::cout << "Position of last 3: " << std::distance(vec.begin(), pair.second)-1
// 11
          << std::endl;
for ( auto threeIt= pair.first; threeIt != pair.second ; ++threeIt )
  std::cout << *threeIt << " ";
// -3 -3 -3 -3 -3 3 -3
...
```

9.10 합병 연산

C++ STANDARD LIBRARY

합병(merge) 연산은 정렬된 범위들을 합병해서 새로운 정렬 범위로 만든다. 이 알고리즘은 합병할 범위와 그 범위를 정렬했던 기준을 인수로 받으며, 이 값을 정확히 지정하지 않으면 제대로 실행되지 않는다. 디폴트 정렬 기준은 std::less이고, 원하면 다른 기준을 지정해도 되지만 엄격한 약 순서화를 만족해야 한다. 그렇지 않으면 제대로 작동하지 않는다.

std::inplace_merge와 std::merge를 사용하면 정렬된 범위 두 개를 합병할 수 있다. std::includes는 주어진 두 정렬 범위 중에서 첫 번째가 두 번째 안에 포함되는지 검사한다.

std::set_difference와 std::set_intersection, std::set_symmetric_difference, std::set_union 등으로도 정렬된 범위 두 개를 새로운 정렬 범위 하나로 합병할 수 있다.

다음 함수는 두 범위 [first, mid)와 [mid, last)를 합병한다.

```
void inplace_merge(BiIt first, BiIt mid, BiIt last)
void inplace_merge(ExePol pol, BiIt first, BiIt mid, BiIt last)

void inplace_merge(BiIt first, BiIt mid, BiIt last, BiPre pre)
void inplace_merge(ExePol pol, BiIt first, BiIt mid, BiIt last, BiPre pre)
```

다음 함수는 정렬된 범위 두 개를 합병해서 그 결과를 result에 복제한다.

```
OutIt merge(InpIt first1, InpIt last1, InpIt first2, InpIt last2, OutIt result)
FwdIt3 merge(ExePol pol, FwdIt1 first1, FwdIt1 last1, FwdIt2 first2, FwdIt2 last2,
             FwdIt3 result)

OutIt merge(InpIt first1, InpIt last1, InpIt first2, InpIt last2, OutIt result, BiPre
           pre)
FwdIt3 merge(ExePol pol, FwdIt1 first1, FwdIt1 last1, FwdpIt2 first2, FwdIt2 last2,
             FwdIt3 result, BiPre pre)
```

다음 함수는 두 번째 범위에 있는 모든 원소가 첫 번째 범위에도 있는지 검사한다.

```
bool includes(InpIt first1, InpIt last1, InpIt1 first2, InpIt1 last2)
bool includes(ExePol pol, FwdIt first1, FwdIt last1, FwdIt1 first2, FwdIt1 last2)

bool includes(InpIt first1, InpIt last1, InpIt first2, InpIt last2, BinPre pre)
bool includes(ExePol pol, FwdIt first1, FwdIt last1, FwdIt1 first2, FwdIt1 last2,
              BinPre pre)
```

다음 함수는 두 번째 범위에만 있는 원소를 제외하고 첫 번째 범위에도 있는 두 번째 범위의 원소를 모두 result에 복제한다.

```
OutIt set_difference(InpIt first1, InpIt last1, InpIt1 first2, InpIt2 last2, OutIt
                     result)
FwdIt2 set_difference(ExePol pol, FwdIt first1, FwdIt last1, FWdIt1 first2, FwdIt1
                      last2, FwdIt2 result)

OutIt set_difference(InpIt first1, InpIt last1, InpIt1 first2, InpIt2 last2, OutIt
                     result, BiPre pre)
FwdIt2 set_difference(ExePol pol, FwdIt first1, FwdIt last1, FwdIt1 first2, FwdIt1
                      last2, FwdIt2 result, BiPre pre)
```

다음 함수는 첫 번째 범위와 두 번째 범위의 교집합을 구해서 result에 복제한다.

```
OutIt set_intersection(InpIt first1, InpIt last1, InpIt1 first2, InpIt2 last2, OutIt
                       result)
FwdIt2 set_intersection(ExePol pol, FwdIt first1, FwdIt last1, FWdIt1 first2, FwdIt1
                        last2, FwdIt2 result)

OutIt set_intersection(InpIt first1, InpIt last1, InpIt1 first2, InpIt2 last2, OutIt
                       result, BiPre pre)
FwdIt2 set_intersection(ExePol pol, FwdIt first1, FwdIt last1, FwdIt1 first2, FwdIt1
                        last2, FwdIt2 result, BiPre pre)
```

다음 함수는 첫 번째 범위와 두 번째 범위의 대칭 차집합을 구해서 result에 복제한다.

```
OutIt set_symmetric_difference(InpIt first1, InpIt last1, InpIt1 first2, InpIt2 last2,
                               OutIt result)
FwdIt2 set_symmetric_difference(ExePol pol, FwdIt first1, FwdIt last1, FWdIt1 first2,
                                FwdIt1 last2, FwdIt2 result)

OutIt set_symmetric_difference(InpIt first1, InpIt last1, InpIt1 first2, InpIt2 last2,
                               OutIt result, BiPre pre)
FwdIt2 set_symmetric_difference(ExePol pol, FwdIt first1, FwdIt last1, FwdIt1 first2,
                                FwdIt1 last2, FwdIt2 result, BiPre pre)
```

다음 함수는 첫 번째 범위와 두 번째 범위의 합집합을 구해서 result에 복제한다.

```
OutIt set_union(InpIt first1, InpIt last1, InpIt1 first2, InpIt2 last2, OutIt result)
FwdIt2 set_union(ExePol pol, FwdIt first1, FwdIt last1, FWdIt1 first2, FwdIt1 last2,
                 FwdIt2 result)

OutIt set_union(InpIt first1, InpIt last1, InpIt1 first2, InpIt2 last2, OutIt result,
                BiPre pre)
FwdIt2 set_union(ExePol pol, FwdIt first1, FwdIt last1, FwdIt1 first2, FwdIt1 last2,
                 FwdIt2 result, BiPre pre)
```

이 함수들은 결과로 나온 범위의 끝 반복자를 리턴한다. std::set_difference의 결과 범위는 첫 번째 범위에는 속하지만 두 번째 범위에는 없는 원소로 구성된다. 반대로 std::symmetric_difference는 두 범위 모두에 포함된 원소를 제외하고, 둘 중 어느 한 곳에만 속한 원소로만 구성되는 범위를 리턴한다. std::union은 정렬된 범위 두 개의 합집합을 구한다.

합병 알고리즘

```
// merge.cpp
...
  std::vector<int> vec1{1, 1, 4, 3, 5, 8, 6, 7, 9, 2};
  std::vector<int> vec2{1, 2, 3};
  std::sort(vec1.begin(), vec1.end());
  std::vector<int> vec(vec1);
  std::cout << "std::includes(vec1.begin(), vec1.end(), vec2.begin(), vec2.end()): "
  // true
           << std::includes(vec1.begin(), vec1.end(), vec2.begin(), vec2.end())
           << std::endl;
...
  vec1.reserve(vec1.size() + vec2.size());
  vec1.insert(vec1.end(), vec2.begin(), vec2.end());
  for (auto v: vec1) std::cout << v << " ";   // 1 1 2 3 4 5 6 7 8 9 1 2 3
...
  std::inplace_merge(vec1.begin(), vec1.end() - vec2.size(), vec1.end());
  for ( auto v: vec1 ) std::cout << v << " "; // 1 1 1 2 2 3 3 4 5 6 7 8 9
...
  vec2.push_back(10);
  std::cout << "vec:                      ";
  for (auto v: vec) std::cout <<  v << " ";   // 1 1 2 3 4 5 6 7 8 9
...
  std::cout << "vec2:                     ";
  for (auto v: vec2) std::cout << v << " ";   // 1 2 3 10
  std::vector<int> res;
  std::set_union(vec.begin(), vec.end(), vec2.begin(), vec2.end(), std::back_
               inserter(res));
  std::cout << "\n" << "set_union:               ";
  for (auto v : res) std::cout << v << " ";           // 1 1 2 3 4 5 6 7 8 9 10
  res={};
  std::set_intersection(vec.begin(), vec.end(), vec2.begin(), vec2.end(),
                      std::back_inserter(res));
  std::cout << "\n" << "set_intersection:        ";
  for (auto v : res) std::cout << v << " ";           // 1 2 3

  res={};
  std::set_difference(vec.begin(), vec.end(), vec2.begin(), vec2.end(),
                    std::back_inserter(res));
  std::cout << "\n" << "set_difference:          ";
  for (auto v : res) std::cout << v << " ";           // 1 4 5 6 7 8 9
  res={};
```

```
  std::set_symmetric_difference(vec.begin(), vec.end(), vec2.begin(), vec2.end(),
                                std::back_inserter(res));
  std::cout << "\n" << "set_symmetric_difference: ";
  for (auto v : res) std::cout << v << " ";          // 1 4 5 6 7 8 9 10
...
```

9.11 힙

▼ 그림 9-3 힙

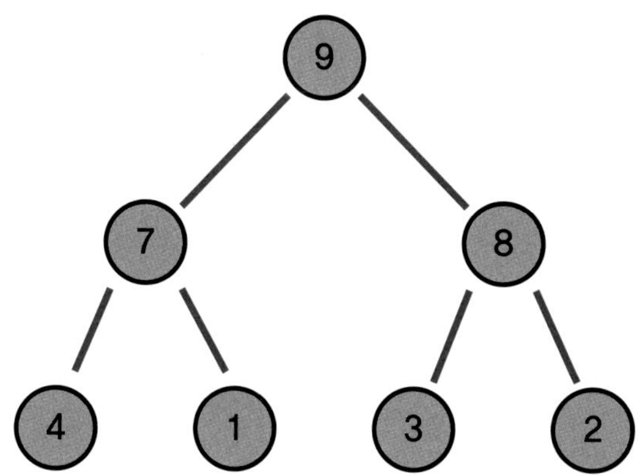

> **Note ≡ 힙이란?**
>
> 힙(heap)은 부모 원소가 항상 자식보다 크도록 구성된 이진 탐색 트리다. 힙 트리는 원소의 정렬에 최적화됐다.

std::make_heap은 힙을 생성한다. std::push_heap은 힙에 새 원소를 푸시(추가)한다. std::pop_heap은 반대로 힙의 원소 중 가장 큰 것을 팝(제거)한다. 푸시와 팝 연산 둘 다 힙 속성을 유지한다. std::push_heap은 인수로 지정한 범위의 마지막 원소를 힙으로 옮긴다. std::pop_heap은 힙에서 가장 큰 원소를 인수로 지정한 범위의 마지막 지점으로 옮긴다. std::is_heap은 주어진 범위가 힙인지 검사한다. std::is_heap_until은 주어진 범위에서 힙에 해당하는 지점을 검사한다. std::sort_heap은 힙을 정렬한다.

힙 알고리즘을 사용하려면 범위와 정렬 기준을 인수로 지정해야 한다. 이때 정렬 기준은 힙을 정렬하는 데 사용했던 것과 같은 것을 지정해야 한다. 디폴트 정렬 기준은 std::less이지만, 다른 것으로 지정할 수도 있다. 단, 엄격한 약순서화를 만족해야 한다. 그렇지 않으면 제대로 작동하지 않는다.

다음 함수는 주어진 범위에서 힙을 생성한다.

```
void make_heap(RaIt first, RaIt last)
void make_heap(RaIt first, RaIt last, BiPre pre)
```

다음 함수는 주어진 범위가 힙인지 검사한다.

```
bool is_heap(RaIt first, RaIt last)
bool is_heap(ExePol pol, RaIt first, RaIt last)

bool is_heap(RaIt first, RaIt last, BiPre pre)
bool is_heap(ExePol pol, RaIt first, RaIt last, BiPre pre)
```

다음 함수는 주어진 범위에서 어디까지 힙인지 검사한다.

```
RaIt is_heap_until(RaIt first, RaIt last)
RaIt is_heap_until(ExePol pol, RaIt first, RaIt last)

RaIt is_heap_until(RaIt first, RaIt last, BiPre pre)
RaIt is_heap_until(ExePol pol, RaIt first, RaIt last, BiPre pre)
```

다음 함수는 힙을 정렬한다.

```
void sort_heap(RaIt first, RaIt last)
void sort_heap(RaIt first, RaIt last, BiPre pre)
```

다음 함수는 주어진 범위의 마지막 원소를 힙에 푸시한다. 여기서 [first, last-1)은 반드시 힙에 있어야 한다.

```
void push_heap(RaIt first, RaIt last)
void push_heap(RaIt first, RaIt last, BiPre pre)
```

다음 함수는 힙에서 가장 큰 원소를 제거해 인수로 지정한 범위의 끝에 둔다.

```
void pop_heap(RaIt first, RaIt last)
void pop_heap(RaIt first, RaIt last, BiPre pre)
```

std::pop_heap은 힙에서 가장 큰 원소를 제거하고 그 원소를 주어진 범위의 마지막 지점으로 옮기기만 한다. 이 원소를 완전히 제거하려면 pop_back을 호출한다.

힙 알고리즘

```
// heap.cpp
...
#include <algorithm>
...
  std::vector<int> vec{4, 3, 2, 1, 5, 6, 7, 9, 10};
  for (auto v: vec) std::cout << v << " "; // 4 3 2 1 5 6 7 9 10
...
  std::make_heap(vec.begin(), vec.end());
  for (auto v: vec) std::cout << v << " "; // 10 9 7 4 5 6 2 3 1
...
  std::cout << "std::is_heap(vec.begin(), vec.end()): " // true
            << std::is_heap(vec.begin(), vec.end()) << std::endl;
...
  vec.push_back(100);
  std::cout << "std::is_heap(vec.begin(), vec.end()): " // false
            << std::is_heap(vec.begin(), vec.end()) << std::endl;
  std::cout << "*std::is_heap_until(vec.begin(), vec.end()): " // 100
            << *std::is_heap_until(vec.begin(), vec.end()) << std::endl;
  for (auto v: vec) std::cout << v << " "; // 10 9 7 4 5 6 2 3 1 100
...
  std::push_heap(vec.begin(), vec.end());
  std::cout << "std::is_heap(vec.begin(), vec.end()): " // true
            << std::is_heap(vec.begin(), vec.end()) << std::endl;
  std::cout << std::endl;
  for (auto v: vec) std::cout << v << " "; // 100 10 7 4 9 6 2 3 1 5
...
  std::pop_heap(vec.begin(), vec.end());
  for (auto v: vec) std::cout << v << " "; // 10 9 7 4 5 6 2 3 1 100
...
  std::cout << "*std::is_heap_until(vec.begin(), vec.end()): " // 100
            << *std::is_heap_until(vec.begin(), vec.end()) << std::endl;
  vec.resize(vec.size() - 1);
  std::cout << "std::is_heap(vec.begin(), vec.end()): " // true
            << std::is_heap(vec.begin(), vec.end()) << std::endl;
...
  std::cout << "vec.front(): " << vec.front() << std::endl; // 10
...
```

9.12 최대 최소

std::min_element, std::max_element, std::minmax_element는 각각 주어진 범위에서 최댓값과 최솟값, 그리고 최댓값과 최솟값의 쌍을 구한다. 각 알고리즘의 동작은 이항 프레디케이트로 설정할 수 있다.

다음은 주어진 범위에서 가장 작은 원소를 리턴하는 함수다.

```
constexpr FwdIt min_element(FwdIt first, FwdIt last)
FwdIt min_element(ExePol pol, FwdIt first, FwdIt last)

constexpr FwdIt min_element(FwdIt first, FwdIt last, BinPre pre)
FwdIt min_element(ExePol pol, FwdIt first, FwdIt last, BinPre pre)
```

다음은 주어진 범위에서 가장 큰 원소를 리턴하는 함수다.

```
constexpr FwdIt max_element(FwdIt first, FwdIt last)
FwdIt max_element(ExePol pol, FwdIt first, FwdIt last)

constexpr FwdIt max_element(FwdIt first, FwdIt last, BinPre pre)
FwdIt max_element(ExePol pol, FwdIt first, FwdIt last, BinPre pre)
```

다음은 주어진 범위에서 std::min_element와 std::max_element의 쌍을 리턴하는 함수다.

```
constexpr pair<FwdIt, FwdIt> minmax_element(FwdIt first, FwdIt last)
pair<FwdIt, FwdIt> minmax_element(ExePol pol, FwdIt first, FwdIt last)

constexpr pair<FwdIt, FwdIt> minmax_element(FwdIt first, FwdIt last, BinPre pre)
pair<FwdIt, FwdIt> minmax_element(ExePol pol, FwdIt first, FwdIt last, BinPre pre)
```

주어진 범위에서 최대 또는 최소 원소가 한 개 이상이라면 그중 첫 번째를 리턴한다.

최대 최소 알고리즘

```
// minMax.cpp
...
#include <algorithm>
...
std::string toString(int i){
```

```
  std::stringstream buff;
  buff.str("");
  buff << i;
  std::string val= buff.str();
  return val;
}

int toInt(const std::string& s){
  std::stringstream buff;
  buff.str("");
  buff << s;
  int value;
  buff >> value;
  return value;
}
...
  std::vector<int> myInts;
  std::vector<std::string> myStrings{"94", "5", "39", "-4", "-49", "1001", "-77",
                                     "23", "0", "84", "59", "96", "6", "-94", "87"};
  std::transform(myStrings.begin(), myStrings.end(), std::back_inserter(myInts), toInt);
  for (auto i: myInts) std::cout << i << " ";
  // 94 5 39 -4 -49 1001 -77 23 0 84 59 96 6 -94 87
...
  auto paInt= std::minmax_element(myInts.begin(), myInts.end());
  std::cout << "std::minmax_element(myInts.begin(), myInts.end(): " // (-94, 1001)
            << "(" << *paInt.first << ", " << *paInt.second << ")" << std::endl;

  auto paStr= std::minmax_element(myStrings.begin(), myStrings.end());
  std::cout << "std::minmax_element(myStrings.begin(), myStrings.end(): " // (-4, 96)
            << "(" << *paStr.first << ", " << *paStr.second << ")" << std::endl;

  auto paStrAsInt= std::minmax_element(myStrings.begin(), myStrings.end(),
                   [](std::string a, std::string b){ return toInt(a) < toInt(b); });
  std::cout << "std::minmax_element(myStrings.begin(), myStrings.end(): " // (-4, 96)
            << "(" << *paStr.first << ", " << *paStr.second << ")" << std::endl;
...
```

9.13 순열

순열을 나타내는 범위가 주어졌을 때, std::prev_permutation은 그보다 작은 순열을 나타내도록 범위를 변경하며, std::next_permutation은 그보다 큰 순열을 나타내도록 범위를 조정하고 true를 리턴한다. 이때 더 작은 순열과 더 큰 순열이 없다면 false를 리턴한다. 두 알고리즘 모두 양방향 반복자를 인수로 받는다. 디폴트 정렬 기준은 std::less이며 다른 정렬 기준을 지정할 수 있는데, 엄격한 약순서화를 만족하지 않으면 제대로 작동하지 않는다.

다음은 주어진 범위에 이전 순열을 적용하는 함수다.

```
bool prev_permutation(BiIt first, BiIt last)
bool prev_permutation(BiIt first, BiIt last, BiPred pre))
```

다음은 주어진 범위에서 다음 순열을 구하는 함수다.

```
bool next_permutation(BiIt first, BiIt last)
bool next_permutation(BiIt first, BiIt last, BiPred pre)
```

두 알고리즘을 이용하면 주어진 범위에 있는 모든 순열을 쉽게 구할 수 있다.

순열 알고리즘

```
// permutation.cpp
...
#include <algorithm>
...
  std::vector<int> myInts{1, 2, 3};

  std::cout << "All 3! permutions" << "\n\n";
  std::cout << "forwards" << std::endl;
  do{
    for (auto i: myInts) std::cout << i << " ";
    std::cout << ", ";
  } while(std::next_permutation(myInts.begin(), myInts.end()));
  // 1 2 3 , 1 3 2 , 2 1 3 , 2 3 1 , 3 1 2 , 3 2 1 ,
...
  std::reverse(myInts.begin(), myInts.end());
  std::cout << "backwards" << std::endl;
  do{
```

```
    for (auto i: myInts) std::cout << i << " ";
    std::cout << ", ";
  } while(std::prev_permutation(myInts.begin(), myInts.end()));
  // 3 2 1 , 3 1 2 , 2 3 1 , 2 1 3 , 1 3 2 , 1 2 3 ,
...
```


9.14 수치 알고리즘

수치 알고리즘으로 std::accumulate, std::adjacent_difference, std::partial_sum, std::inner_product, std::iota가 제공되며, C++17부터 여섯 가지 알고리즘인 std::exclusive_scan, std::inclusive_scan, std::transform_exclusive_scan, std::transform_inclusive_scan, std::reduce, std::transform_reduce가 추가됐다. 모두 <numeric> 헤더에 정의돼 있으며, 동작을 콜러블로 설정할 수 있어서 활용 범위가 넓다.

다음 함수는 주어진 범위에 있는 원소의 누적 합을 구한다. 여기서 init은 시작 값을 가리킨다.

```
T accumulate(InpIt first, InpIt last, T init)
T accumulate(InpIt first, InpIt last, T init, BiFun fun)
```

다음 함수는 주어진 범위에서 인접한 원소의 차를 구한 후 result에 저장한다.

```
OutIt adjacent_difference(InpIt first, InpIt last, OutIt result)
FwdIt2 adjacent_difference(ExePol pol, FwdIt first, FwdIt last, FwdIt2 result)

OutIt adjacent_difference(InpIt first, InpIt last, OutIt result, BiFun fun)
FwdIt2 adjacent_difference(ExePol pol, FwdIt first, FwdIt last, FwdIt2 result, BiFun
                           fun)
```

다음 함수는 주어진 범위의 부분합을 구한다.

```
OutIt partial_sum(InpIt first, InpIt last, OutIt result)
OutIt partial_sum(InpIt first, InpIt last, OutIt result, BiFun fun)
```

다음 함수는 두 범위의 내적(스칼라곱)을 구해서 리턴한다.

```
T inner_product(InpIt first1, InpIt last1, OutIt first2, T init)
T inner_product(InpIt first1, InpIt last1, OutIt first2, T init, BiFun fun1, BiFun
                fun2)
```

다음 함수는 주어진 범위에 있는 모든 원소의 값을 1만큼 순차적으로 증가시킨다. 시작 값은 val로 지정한다.

```
void iota(FwdIt first, FwdIt last, T val)
```

지금 소개한 알고리즘의 사용법은 다음과 같다.

std::accumulate를 콜러블 없이 사용하려면 다음 방법을 사용한다.

```
result = init;
result += *(first+0);
result += *(first+1);
...
```

std::adjacent_difference를 콜러블 없이 사용하는 방법은 다음과 같다.

```
*(result) = *first;
*(result+1) = *(first+1) - *(first);
*(result+2) = *(first+2) - *(first+1);
...
```

std::partial_sum을 콜러블 없이 사용하는 방법은 다음과 같다.

```
*(result) = *first;
*(result+1) = *first + *(first+1);
*(result+2) = *first + *(first+1) + *(first+2)
...
```

inner_product(InpIt, InpIt, OutIt, T, BiFun fun1, BiFun fun2)는 이항 콜러블을 두 개나 받아서 좀 복잡하다. 이 알고리즘은 두 번째 콜러블인 fun2를 주어진 범위의 모든 쌍에 적용해서 임시 범위인 tmp를 생성한다. 그리고 첫 번째 콜러블을 tmp의 모든 원소에 적용해서 값을 누적한 뒤 최종 결과를 리턴한다.

```
// numeric.cpp
...
#include <numeric>
...
  std::array<int, 9> arr{1, 2, 3, 4, 5, 6, 7, 8, 9};

  std::cout << "std::accumulate(arr.begin(), arr.end(), 0): " // 45
            << std::accumulate(arr.begin(), arr.end(), 0) << std::endl;
  std::cout << "std::accumulate(arr.begin(), arr.end(), 1, [](int a, int b){ return
a + b;}): "
            << std::accumulate(arr.begin(), arr.end(), 1, [](int a, int b){ return  a *
b; } )
            << std::endl; // 362880
...
  std::vector<int> vec{1, 2, 3, 4, 5, 6, 7, 8, 9};
  std::vector<int> myVec;
  std::cout << "adjacent_difference: " << std::endl;
  std::adjacent_difference(vec.begin(), vec.end(), std::back_inserter(myVec),
                          [](int a, int b){ return a * b; });
  for (auto v: vec) std::cout << v << " ";   // 1 2 3 4 5 6 7 8 9
  std::cout <<  std::endl;
  for (auto v: myVec) std::cout << v << " "; // 1 2 6 12 20 30 42 56 72
...
  std::cout << "std::inner_product(vec.begin(), vec.end(), arr.begin(), 0): " // 285
            << std::inner_product(vec.begin(), vec.end(), arr.begin(), 0)  << std::endl;
...
  myVec={};
  std::partial_sum(vec.begin(), vec.end(), std::back_inserter(myVec));
  std::cout <<  "partial_sum: ";
  for ( auto v: myVec) std::cout << v << " "; // 1 3 6 10 15 21 28 36 45
...
  std::cout << "iota: ";
  std::vector<int> myLongVec(100);
  std::iota(myLongVec.begin(), myLongVec.end(),  2000);
  for ( auto v: myLongVec) std::cout << v << " ";
  // 2000 2001 2002 2003 2004 2005 2006 2007 2008 2009 2010 2011 2012 2013 2014 2015
  // 2016 2017
  // 2018 2019 2020 2021 2022 2023 2024 2025 2026 2027 2028 2029 2030 2031 2032 2033
  // 2034 2035
  // 2036 2037 2038 2039 2040 2041 2042 2043 2044 2045 2046 2047 2048 2049 2050 2051
  // 2052 2053
```

```
  // 2054 2055 2056 2057 2058 2059 2060 2061 2062 2063 2064 2065 2066 2067 2068 2069
  // 2070 2071
  // 2072 2073 2074 2075 2076 2077 2078 2079 2080 2081 2082 2083 2084 2085 2086 2087
  // 2088 2089
  // 2090 2091 2092 2093 2094 2095 2096 2097 2098 2099
...
```


9.15 C++17부터 추가된 알고리즘

병렬 실행에 주로 사용되는 여섯 가지 알고리즘이 새로 추가됐는데, 모두 전위 합(prefix sum)[6]에 대한 것이다. 주어진 이항 콜러블이 결합 법칙과 교환 법칙을 따르지 않는다면, 알고리즘이 정상적으로 작동하지 않는다.

reduce는 주어진 범위에 있는 원소를 축약한다. 이때 시작 값 init을 지정할 수 있다.

- 동작은 std::accumulate와 같지만 범위가 조정될 수 있다.

```
ValType reduce(InpIt first, InpIt last)
ValType reduce(ExePol pol, InpIt first, InpIt last)

T reduce(InpIt first, InpIt last, T init)
T reduce(ExePol pol, InpIt first, InpIt last, T init)

T reduce(InpIt first, InpIt last, T init, BiFun fun)
T reduce(ExePol pol, InpIt first, InpIt last, T init, BiFun fun)
```

transform_reduce는 하나 또는 두 개의 범위에 있는 원소를 변환해서 축약한다. 시작 값 init을 지정할 수 있다.

- 동작은 std::inner_product와 같지만 범위가 조정될 수 있다.
- 범위가 두 개 주어진 경우

6 https://en.wikipedia.org/wiki/Prefix_sum

    - 함수를 따로 지정하지 않으면 먼저 두 범위에 곱셈을 적용해서 범위 하나로 만들고(변환), 다시 이 범위에 덧셈을 적용해서 최종 결과를 구한다(축약).
    - 함수 fun1과 fun2를 지정했다면 fun1을 이용해 변환 단계를 처리하고, fun2로 축약 단계를 수행한다.
- 범위가 하나만 주어진 경우
    - 주어진 범위를 fun2로 변환하고 fun1으로 축약한다.

```
T transform_reduce(InpIt first, InpIt last, InpIt first2, T init)
T transform_reduce(InpIt first, InpIt last, InpIt first2, T init, BiFun fun1,
                   BiFun fun2)

T transform_reduce(FwdIt first, FwdIt last, FwdIt first2, T init)
T transform_reduce(ExePol pol, FwdIt first, FwdIt last, FwdIt first2, T init,
                   BiFun fun1, BiFun fun2)

T transform_reduce(InpIt first, InpIt last, T init, BiFun fun1, UnFun fun2)
T transform_reduce(ExePol pol, FwdIt first, FwdIt last, T init, BiFun fun1, UnFun
                   fun2)
```

Note ≡ C++17의 맵리듀스

C++의 std::transform은 하스켈(Haskell)[7]의 map 함수와 같다. std::transform_reduce에서 transform 대신 map을 넣으면 std::map_reduce가 된다. 맵리듀스(MapReduce)[8]는 유명한 병렬 프레임워크로서 map으로 모든 값을 새로운 값으로 매핑한 뒤(맵 단계), reduce로 모든 값을 합쳐서 결과를 도출한다(리듀스 단계).

이 알고리즘은 C++17에 직접 적용할 수 있다. 다음 예를 보면, 맵 단계에서는 각 단어를 길이에 매핑하고 리듀스 단계에서는 모든 단어의 길이를 더한 값을 구한다.

```
std::vector<std::string> str{"Only", "for", "testing", "purpose"};

std::size_t result= std::transform_reduce(std::execution::par,
                        str.begin(), str.end(),
                        0, [](std::size_t a, std::size_t b){ return a + b; },
                        [](std::string s){ return s.length(); });

std::cout << result << std::endl;       // 21
```

7 https://www.haskell.org

8 https://en.wikipedia.org/wiki/MapReduce

exclusive_scan은 이항 연산으로 마지막 원소를 제외한 누적 합을 구한다.

- std::reduce와 비슷하지만 모든 누적 합의 범위를 제공한다.
- 매번 반복할 때마다 마지막 원소는 제외한다.

```
OutIt exclusive_scan(InpIt first, InpIt last, OutIt first, T init)
FwdIt2 exclusive_scan(ExePol pol, FwdIt first, FWdIt last, FwdIt2 first2, T init)

OutIt exclusive_scan(InpIt first, InpIt last, OutIt first, T init, BiFun fun)
FwdIt2 exclusive_scan(ExePol pol, FwdIt first, FwdIt last, FwdIt2 first2, T init,
                      BiFun fun)
```

inclusive_scan은 이항 연산을 이용해 마지막 원소를 포함한 누적 합을 구한다.

- std::reduce와 비슷하지만 모든 누적 합의 범위를 제공한다.
- 매번 반복할 때마다 마지막 원소를 포함한다.

```
OutIt inclusive_scan(InpIt first, InpIt last, OutIt first2)
FwdIt2 inclusive_scan(ExePol pol, FwdIt first, FwdIt last, FwdIt2 first2)

OutIt inclusive_scan(InpIt first, InpIt last, OutIt first, BiFun fun)
FwdIt2 inclusive_scan(ExePol pol, FwdIt first, FwdIt last, FwdIt2 first2, BiFun fun)

OutIt inclusive_scan(InpIt first, InpIt last, OutIt firs2t, BiFun fun, T init)
FwdIt2 inclusive_scan(ExePol pol, FwdIt first, FwdIt last, FwdIt2 first2, BiFun fun,
                      T init)
```

transform_exclusive_scan은 모든 원소를 변환한 뒤에 마지막 원소를 제외한 누적 합을 계산한다.

```
OutIt transform_exclusive_scan(InpIt first, InpIt last, OutIt first2, T init, BiFun
                               fun, UnFun fun2)

FwdIt2 transform_exclusive_scan(ExePol pol, FwdIt first, FwdIt last, FwdIt2 first2,
                                T init, BiFun fun, UnFun fun2)
```

transform_inclusive_scan은 입력 범위에 있는 모든 원소를 변환한 뒤에 마지막 원소를 포함한 누적 합을 계산한다.

```
OutIt transform_inclusive_scan(InpIt first, InpIt last, OutIt first2, BiFun fun, UnFun
                               fun2)
```

```
FwdIt2 transform_inclusive_scan(ExePol pol, FwdIt first, FwdIt last, FwdIt first2,
                                 BiFun fun, UnFun fun2)

OutIt transform_inclusive_scan(InpIt first, InpIt last, OutIt first2, BiFun fun, UnFun
                                fun2, T init)

FwdIt2 transform_inclusive_scan(ExePol pol, FwdIt first, FwdIt last, FwdIt first2,
                                 BiFun fun, UnFun fun2, T init)
```

다음은 지금까지 소개한 여섯 가지 알고리즘을 병렬 실행 정책(parallel execution policy)을 이용해서 실행한 예다.[9]

C++17에 추가된 알고리즘

```
// newAlgorithms.cpp
...
#include <numeric>
...
  std::vector<int> intVec{1, 2, 3, 4, 5, 6, 7, 8, 9, 10};
  std::for_each_n(std::execution::par,
                  intVec.begin(), 5, [](int& arg){ arg *= arg; });

  std::cout << "for_each_n: ";
  for (auto v: intVec) std::cout << v << " "; // 1 4 9 16 25 6 7 8 9 10
...
  // exclusive_scan
  std::vector<int> resVec{1, 2, 3, 4, 5, 6, 7, 8, 9};
  std::vector<int> resVec0(resVec.size());
  std::exclusive_scan(std::execution::par,
                      resVec.begin(), resVec.end(), resVec0.begin(), 1,
                      [](int fir, int sec){ return fir * sec; });

  std::cout << "exclusive_scan: ";
  for (auto v : resVec0) std::cout << v << " "; // 1 1 2 6 24 120 720 5040 40320
...
  // inclusive_scan
  std::vector<int> resVec2{1, 2, 3, 4, 5, 6, 7, 8, 9};
```

9 역주 2021년 9월 기준으로 Apple Clang은 아직 C++17부터 추가된 병렬 알고리즘을 지원하지 않고 있다(https://en.cppreference.com/w/cpp/compiler_support의 'Standardization of Parallelism TS' / 'P0024R2' 항목). 따라서 아래 예는 GNU GCC(리눅스 또는 윈도우 GNU 환경)나 MS Visual Studio(윈도우 전용)에서 확인할 수 있다. 참고로 예제 결과만 간략히 확인하고 싶다면 온라인 컴파일러(https://godbolt.org/ 또는 https://wandbox.org/)를 활용한다.

```
std::inclusive_scan(std::execution::par,
                    resVec2.begin(), resVec2.end(), resVec2.begin(),
                    [](int fir, int sec){ return fir * sec; }, 1);

std::cout << "inclusive_scan: ";
for (auto v: resVec2) std::cout << v << " "; // 1 2 6 24 120 720 5040 40320 362880
...
// transform_exclusive_scan
std::vector<int> resVec3{1, 2, 3, 4, 5, 6, 7, 8, 9};
std::vector<int> resVec4(resVec3.size());
std::transform_exclusive_scan(std::execution::par,
                              resVec3.begin(), resVec3.end(),
                              resVec4.begin(), 0,
                              [](int fir, int sec){ return fir + sec; },
                              [](int arg){ return arg *= arg; });

std::cout << "transform_exclusive_scan: ";
for (auto v: resVec4) std::cout << v << " "; // 0 1 5 14 30 55 91 140 204
...
// transform_inclusive_scan
std::vector<std::string> strVec{"Only", "for", "testing", "purpose"};
std::vector<int> resVec5(strVec.size());
std::transform_inclusive_scan(std::execution::par,
                              strVec.begin(), strVec.end(),
                              resVec5.begin(),
                              [](auto fir, auto sec){ return fir + sec; },
                              [](auto s){ return s.length(); }, 0);

std::cout << "transform_inclusive_scan: ";
for (auto v: resVec5) std::cout << v << " "; // 4 7 14 21
...
// reduce
std::vector<std::string> strVec2{"Only", "for", "testing", "purpose"};
std::string res = std::reduce(std::execution::par,
                    strVec2.begin() + 1, strVec2.end(), strVec2[0],
                    [](auto fir, auto sec){ return fir + ":" + sec; });
std::cout << "reduce: " << res << std::endl; // Only:for:testing:purpose
...
// transform_reduce
std::size_t res7 = std::parallel::transform_reduce(std::execution::par,
                    strVec2.begin(), strVec2.end(), 0,
                    [](std::size_t a, std::size_t b){ return a + b; },
```

```
        [](std::string s){ return s.length(); });

std::cout << "transform_reduce: " << res7 << std::endl; // 21
```


9.16 C++20부터 추가된 알고리즘

C++20부터 range 라이브러리가 추가되면서 기존 알고리즘에 범위 기반 알고리즘(https://en.cppreference.com/w/cpp/algorithm/ranges)이 추가됐다. 알고리즘 전체에 대한 버전별 목록은 https://en.cppreference.com/w/cpp/algorithm에서 확인할 수 있다.

10장

수학

10.1 무작위수
10.2 C에서 물려받은 수학 함수

C++는 C의 수학 연산 함수를 그대로 물려받았으며, 무작위수 라이브러리도 제공한다.

C++ STANDARD LIBRARY

10.1 무작위수

무작위수(random number)(난수)[1]는 소프트웨어 테스트, 암호 키 생성, 컴퓨터 게임을 비롯한 다양한 분야에서 쓰고 있다. C++의 무작위수 기능은 두 가지로 구성된다. 하나는 무작위수를 생성하는 것이고, 다른 하나는 무작위수의 분포에 대한 것이다. 둘 다 <random> 헤더에 정의돼 있다.

10.1.1 무작위수 생성기

무작위수 생성기는 최솟값과 최댓값 사이에서 무작위수 스트림을 생성한다. 이 스트림은 서로 다른 수가 무작위로 나오도록 보장하는 '시드(seed)(씨앗)' 값으로 초기화한다.

```
#include <random>
...
std::random_device seed;
std::mt19937 generator(seed());
```

C++의 무작위수 생성기(인스턴스는 gen으로 표기)는 Generator 타입으로 정의하며, 다음과 같이 네 가지 방식으로 실행시킬 수 있다.

- Generator::result_type

  생성된 무작위수의 데이터 타입

- gen()

  무작위수를 리턴한다.

- gen.min()

  gen()이 리턴할 수 있는 무작위수 중에서 최솟값을 리턴한다.

1 http://en.cppreference.com/w/cpp/header/random

• gen.max()

  gen()이 리턴할 수 있는 무작위수 중에서 최댓값을 리턴한다.

무작위수 라이브러리는 다양한 무작위수 생성기를 제공한다. 그중에서 가장 대표적인 것으로는 유사 무작위수(pseudo-random number)를 생성하는 메르센 트위스터(Mersenne Twister)를 구현한 std::default_random_engine과 진정한 무작위수(true random number)를 생성하는 std::random_device가 있다. 플랫폼에 따라 std::random_device를 제공하지 않을 수도 있다.

10.1.2 무작위수 분포

무작위수 분포(random number distribution)는 무작위수 생성기(gen으로 표기)를 이용해 무작위수에 적용할 분포를 지정한다.

```
#include <random>
...

std::random_device seed;
std::mt19937 gen(seed());
std::uniform_int_distribution<> unDis(0, 20); // 분포는 0과 20
unDis(gen);                                   // 무작위수 생성
```

C++는 이산 및 연속 무작위수 분포를 다양하게 제공한다. 이산 무작위수 분포(discrete random number distribution)는 정수를 생성하고, 연속 무작위수 분포(continuous random number distribution)는 부동소수점 수를 생성한다.

```
class bernoulli_distribution;
template<class T = int> class uniform_int_distribution;
template<class T = int> class binomial_distribution;
template<class T = int> class geometric_distribution;
template<class T = int> class negative_binomial_distribution;
template<class T = int> class poisson_distribution;
template<class T = int> class discrete_distribution;
template<class T = double> class exponential_distribution;
template<class T = double> class gamma_distribution;
template<class T = double> class weibull_distribution;
template<class T = double> class extreme_value_distribution;
template<class T = double> class normal_distribution;
template<class T = double> class lognormal_distribution;
```

```
template<class T = double> class chi_squared_distribution;
template<class T = double> class cauchy_distribution;
template<class T = double> class fisher_f_distribution;
template<class T = double> class student_t_distribution;
template<class T = double> class piecewise_constant_distribution;
template<class T = double> class piecewise_linear_distribution;
template<class T = double> class uniform_real_distribution;
```

디폴트 템플릿 인수가 int인 클래스 템플릿은 이산 분포를 생성한다. 베르누이 분포(Bernoulli distribution)는 불 타입 값을 생성한다.

예를 들어, 메르센 트위스터 std::mt19937을 유사 무작위수 생성기로 사용해 무작위수를 100만 개 생성하는 경우를 살펴보자. 이 무작위수 스트림은 균등 분포(uniform distribution)와 정규 분포(normal distribution)(즉, 가우시안 분포(Gaussian distribution))에 매핑된다.

무작위수

```
// random.cpp
...
#include <random>
...
  std::random_device seed;

  // 디폴트 생성기
  std::mt19937 engine(seed());

  // 분포

  // min= 0; max= 20
  std::uniform_int_distribution<> uniformDist(0, 20);
  // mean= 50; sigma= 8
  std::normal_distribution<> normDist(50, 8);
  // mean= 6;
  std::poisson_distribution<> poiDist(6);
  // alpha= 1;
  std::gamma_distribution<> gammaDist;

  std::map<int, int> uniformFrequency;
  std::map<int, int> normFrequency;
  std::map<int, int> poiFrequency;
  std::map<int, int> gammaFrequency;

  for ( int i=1; i<= NUM; ++i){
```

```
    ++uniformFrequency[uniformDist(engine)];
    ++normFrequency[round(normDist(engine))];
    ++poiFrequency[poiDist(engine)];
    ++gammaFrequency[round(gammaDist(engine))];
  }

  writeToFile("uniform_int_distribution.txt", uniformFrequency);
  writeToFile("normal_distribution.txt", normFrequency);
  writeToFile("poisson_distribution.txt", poiFrequency);
  writeToFile("gamma_distribution.txt", gammaFrequency);
...
```

다음 그림은 무작위수 100만 개에 대한 균등 분포와 정규 분포를 선 그래프로 표현한 것이다.

▼ 그림 10-1 무작위수 100만 개에 대한 균등 분포와 정규 분포

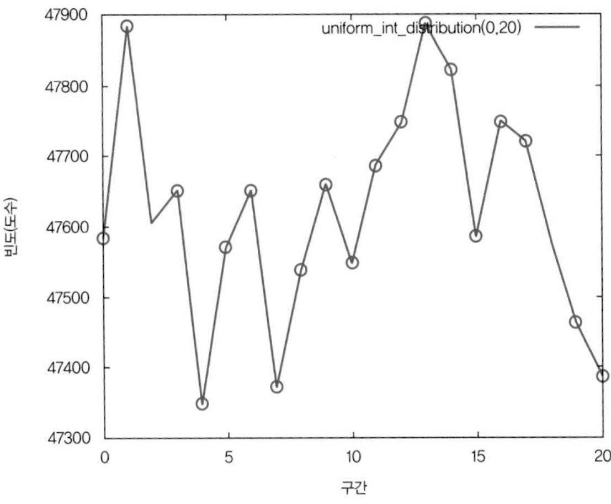

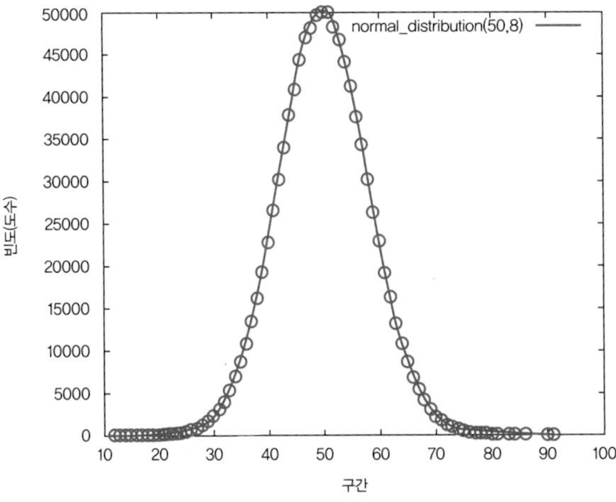

10.2 C에서 물려받은 수학 함수

C++는 C로부터 여러 가지 수학 함수를 물려받았다. 모두 <cmath> 헤더에 정의돼 있으며,[2] 이름만 나열하면 다음과 같다.

▼ 표 10-1 <cmath>에 정의된 수학 함수

pow	sin	tanh	asinh	fabs
exp	cos	asin	aconsh	fmod
sqrt	tan	acos	atanh	frexp
log	sinh	atan	ceil	ldexp
log10	cosh	atan2	floor	modf

C++는 C로부터 다음과 같은 수학 함수도 물려받았다. 모두 <cstdlib>에 정의돼 있으며,[3] 이번에도 이름만 나열해보겠다.

▼ 표 10-2 <cstdlib>에 정의된 수학 함수

abs	llabs	ldiv	srand
labs	div	lldiv	rand

정수에 대한 함수는 모두 int, long, long long 타입을 지원한다. 부동소수점 수에 대한 함수는 float, double, long double 타입을 지원한다.

앞에서 소개한 수학 함수를 쓸 때는 std 네임스페이스를 지정해야 한다.

수학 함수

```
// mathFunctions.cpp
...
#include <cmath>
#include <cstdlib>
...
```

2 http://en.cppreference.com/w/cpp/numeric/math

3 http://en.cppreference.com/w/cpp/numeric/math

```
std::cout << "cmath" << std::endl;
std::cout << "std::pow(2, 10): " << std::pow(2, 10) << std::endl;       // 1024
std::cout << "std::pow(2, 0.5): " << std::pow(2, 0.5) << std::endl;     // 1.41421
std::cout << "std::exp(1): " << std::exp(1) << std::endl;               // 2.71828
std::cout << "std::ceil(5.5): " << std::ceil(5.5) << std::endl;         // 6
std::cout << "std::floor(5.5): " << std::floor(5.5) << std::endl;       // 5
std::cout << "std::fmod(5.5, 2): " << std::fmod(5.5, 2) << std::endl;  // 1.5
double intPart;
auto fracPart= std::modf(5.7, &intPart);
std::cout << "fmod(5.7, &intPart): " << intPart << " + " << fracPart << std::endl;
// 5 + 0.7

std::cout << "\ncstdlib: " << "\n\n";
std::div_t divresult= std::div(14, 5);
std::cout << "std::div(14, 5): " << divresult.quot << " reminder: " // 2 reminder: 4
          << divresult.rem << std::endl;

// 시드
std::srand(time(nullptr));
for ( int i=0; i <= 10; ++i){
  std::cout << "Dice: " << (rand()%6 + 1) << std::endl;
} // 5 2 5 3 6 6 5 1 2 5 6
```

10 수학

11장

스트링

11.1 생성과 삭제
11.2 C++ 스트링과 C 스트링 간 변환
11.3 크기 vs. 용량
11.4 비교
11.5 스트링 결합
11.6 원소 접근
11.7 입력과 출력
11.8 탐색
11.9 수정 연산
11.10 숫자 변환

스트링(string)(문자열)[1]은 문자를 나열한 것이다. C++는 스트링을 분석하거나 수정하기 위한 메서드를 다양하게 제공한다. C++ 스트링은 C 스트링인 const char* 타입보다 안전하며 <string> 헤더에 정의돼 있다.

▼ 그림 11-1 스트링

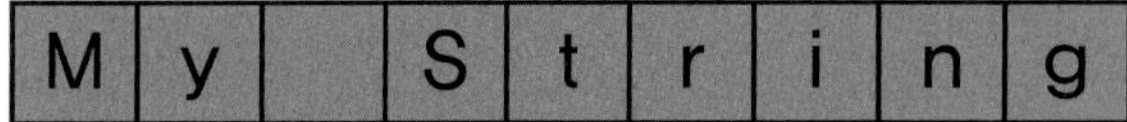

Note ≡ 스트링은 std::vector와 매우 비슷하다

string은 마치 문자 타입 원소로 구성된 std::vector와 같으며, 제공하는 인터페이스도 매우 비슷하다. 그러므로 string 클래스에서 제공하는 메서드 외에도 표준 템플릿 라이브러리(STL)에서 제공하는 알고리즘을 적용할 수 있다.

다음 코드를 보면, std::string 타입 스트링인 name에 RainerGrimm이란 값을 지정했다. STL 알고리즘인 std::find_if로 대문자를 구분한 뒤, 성과 이름을 잘라서 각각 firstName과 lastName 변수에 담았다. name.begin()+1을 보면, 스트링에서 임의 접근 반복자(random access iterator)를 제공하는 것을 확인할 수 있다.

스트링 vs. 벡터

```
// string.cpp
...
#include <algorithm>
#include <string>
  std::cout << "Type in your names in the form FirstnameFamilyname." << std::endl;
  // RainerGrimm

  std::string name, firstName, familyName;
  std::vector<std::pair<std::string, std::string> > allNames;
  for (int i= 1; i < argc; ++i){

    name=argv[i];
    auto strIt=std::find_if(name.begin()+1, name.end(),
                            [](char c){ return std::isupper(c); });

    if ( strIt != name.end() ){
      firstName=std::string(name.begin(), strIt);
      familyName= std::string(strIt, name.end());
      allNames.push_back(std::make_pair(firstName, familyName));
```

계속

1 http://en.cppreference.com/w/cpp/string/basic_string

```
        }
    }

    std::string greeting;
    std::cout << std::endl;
    for ( auto pa: allNames ){
      greeting= "Hello " + pa.second + " " + pa.first;
      std::cout << greeting << std::endl;
    }
    // Hello Grimm Rainer
  ...
```

스트링은 클래스 템플릿으로서 문자나 문자 트레이트(character trait), 할당자(allocator)를 매개변수로 받는다. 문자 트레이트와 할당자는 디폴트 값이 정해져 있다.

```
template <typename charT,
          typename traits= char_traits<charT>,
          typename Allocator= allocator<charT>>
class basic_string;
```

C++는 문자 타입인 char, wchar_t, char16_t, char32_t에 대응되는 스트링 타입을 제공한다.

```
typedef basic_string<char> string;
typedef basic_string<wchar_t> wstring;
typedef basic_string<char16_t> u16string;
typedef basic_string<char32_t> u32string;
```

Note ≡ std::string은 스트링이다

이 책에서뿐만 아니라, C++에서 말하는 스트링의 99%는 std::basic_string 템플릿을 char 타입에 대해 특수화한 것이다.

11.1 생성과 삭제

C++는 C 타입 스트링이나 C++ 타입 스트링을 생성하기 위한 메서드를 다양하게 제공한다. 이런 메서드의 내부를 들여다보면, C++ 타입 스트링을 생성하는 데 C 스트링을 사용한다. 그런데 C++14부터는 새로 도입된 C++ 스트링 리터럴을 지원하도록 변경됐다. `std::string str{"string"s}`와 같이 C 스트링 리터럴인 `"string literal"` 뒤에 s를 붙이면 C++ 스트링 리터럴이 된다.

다음 표는 C++ 스트링을 생성하거나 삭제하는 메서드를 간략히 정리한 것이다.

표 11-1 스트링 생성 및 삭제 메서드

메서드	예
디폴트	`std::string str`
C++ 스트링 복제	`std::string str(oth)`
C++ 스트링 이동	`std::string str(std::move(oth))`
C++ 스트링 범위	`std::string(oth.begin(), oth.end())`
C++ 스트링의 서브스트링	`std::string(oth, otherIndex)`
C++ 스트링의 서브스트링	`std::string(oth, otherIndex, strlen)`
C 스트링	`std::string str("c-string")`
C 배열	`std::string str("c-array", len)`
문자	`std::string str(num, 'c')`
이니셜라이저 리스트	`std::string str({'a', 'b', 'c', 'd'})`
서브스트링	`str= other.substring(3, 10)`
소멸자	`str.~string()`

스트링 생성

```
// stringConstructor.cpp
...
#include <string>
...
  std::string defaultString;
```

```
    std::cout << "From C-String" << std::endl;

    std::string other{"123456789"};
    std::cout << "other: " << other << std::endl; // 123456789
...
    std::cout << "From C++-string" << std::endl;

    std::string str1(other);
    std::string tmp(other);
    std::string str2(std::move(tmp));
    std::string str3(other.begin(), other.end());
    std::string str4(other, 2);
    std::string str5(other, 2, 5);
    std::cout << "str1: " << str1 << std::endl;    // 123456789
    std::cout << "str2: " << str2 << std::endl;    // 123456789
    std::cout << "str3: " << str3 << std::endl;    // 123456789
    std::cout << "str4: " << str4 << std::endl;    // 3456789
    std::cout << "str5: " << str5 << std::endl;    // 34567
...
    std::cout << "From C-String" << std::endl;

    std::string str6("123456789", 5);
    std::string str7(5, '1');
    std::string str8({'1', '2', '3', '4', '5', '6', '7', '8', '9'});
    std::cout << "str6: " << str6 << std::endl;    // 12345
    std::cout << "str7: " << str7 << std::endl;    // 11111
    std::cout << "str8: " << str8 << std::endl;    // 123456789
...
    std::cout << "As Part of a C++-String" << std::endl;
    std::cout << "str6.substr(): "  << str6.substr() << std::endl;         // 12345
    std::cout << "str6.substr(1): "  << str6.substr(1) << std::endl;       // 2345
    std::cout << "str6.substr(1, 2): "  << str6.substr(1, 2) << std::endl; // 23
...
```

11.2 C++ 스트링과 C 스트링 간 변환

▼ 그림 11-2 C++ 스트링과 C 스트링 간 변환

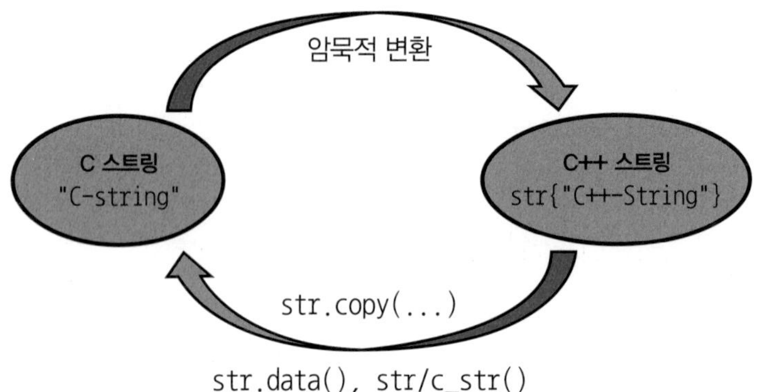

C 스트링을 C++ 스트링으로 변환하는 작업은 암묵적으로 처리되지만, C++ 스트링을 C 스트링으로 변환할 때는 명시적으로 메서드를 호출해야 한다. str.copy()는 C++ 스트링에 담긴 내용을 복제하며 끝에 \0 문자가 붙지 않는다. str.data()와 str.c_str()은 널 문자로 끝난다.

> **Warning** str.data()와 str.c_str()을 사용할 때 주의하자
>
> str.data()와 str.c_str()을 호출하고 나서 str이 변하면 리턴 값이 무효가 된다.

C 스트링 vs. C++ 스트링

```
// stringCversusC++.cpp
...
#include<string>
...
  std::string str{"C++-String"};
  std::cout << str << std::endl; // C++-String
  str += " C-String";
  std::cout << str << std::endl; // C++-String C-String

  const char* cString= str.c_str();
  char buffer[10];
  str.copy(buffer, 10);
```

계속

```
    str+= "works";
    // const char* cString2= cString;  // ERROR

    std::string str2(buffer, buffer+10);
    std::cout << str2 << std::endl; // C++-String
  ...
```


11.3 크기 vs. 용량

str.size()는 스트링에 담긴 원소의 개수이고, str.capacity()는 원소를 담기 위해 할당된 공간의 크기다. size()는 대체로 capacity()보다 작다. 그래서 스트링에 원소를 추가할 때 메모리를 새로 할당하지 않아도 된다. std::max_size()는 스트링에 담을 수 있는 원소의 최대 개수를 리턴한다. 이 세 메서드는 다음 관계를 만족한다.

```
str.size() <= str.capacity() <= str.max_size()
```

다음 표는 스트링의 메모리 관리에 관련된 메서드를 정리한 것이다.

표 11-2 스트링 생성 및 삭제 메서드

메서드	설명
str.empty()	str에 원소가 있는지 검사한다.
str.size(), str.length()	str에 담긴 원소 개수를 리턴한다.
str.capacity()	str에 메모리를 다시 할당하지 않고 담을 수 있는 원소 개수를 리턴한다.
str.max_size()	str의 최대 길이를 리턴한다.
str.resize(n)	str의 길이를 n으로 변경한다.
str.reserve(n)	최소한 n개의 원소가 들어갈 메모리 공간을 예약한다.
str.shrink_to_fit()	스트링의 용량을 현재 크기로 맞춘다.

str.shrink_to_fit()은 std::vector의 shrink_to_fit()과 마찬가지로 필수 구현 사항이 아니기 때문에(non-binding) 실제로 작동하지 않을 수 있다.

크기 vs. 용량

```
// stringSizeCapacity.cpp
...
#include <string>
...
void showStringInfo(const std::string& s){
  std::cout << s << std::endl;
  std::cout << "s.size(): " << s.size() << std::endl;
  std::cout << "s.capacity(): " << s.capacity() << std::endl;
  std::cout << "s.max_size(): " << s.max_size() << std::endl;
  std::cout << std::endl;
}
...
  std::string str;
  showStringInfo(str);
  // s.size(): 0
  // s.capacity(): 22
  // s.max_size(): 18446744073709551599

  str +="12345";
  showStringInfo(str);
  // 12345
  // s.size(): 5
  // s.capacity(): 22
  // s.max_size(): 18446744073709551599

  str.resize(30);
  showStringInfo(str);
  // 12345
  // s.size(): 30
  // s.capacity(): 47
  // s.max_size(): 18446744073709551599

  str.reserve(1000);
  showStringInfo(str);
  // 12345
  // s.size(): 30
  // s.capacity(): 1007
  // s.max_size(): 18446744073709551599
```

```
  str.shrink_to_fit();
  showStringInfo(str);
  // 12345
  // s.size(): 30
  // s.capacity(): 31
  // s.max_size(): 18446744073709551599
...
```

C++ STANDARD LIBRARY

11.4 비교

스트링은 우리가 흔히 아는 비교 연산자인 ==, !=, <, >, >=을 지원한다. 두 스트링에 대한 비교 연산은 개별 원소 단위로 실행된다.

스트링 비교

```
// stringComparisonAndConcatenation.cpp
...
#include <string>
...
  std::string first{"aaa"};
  std::string second{"aaaa"};

  std::cout << "first <  first :" << (first < first) << std::endl;   // false
  std::cout << "first <=  first :" << (first <= first) << std::endl; // true
  std::cout << "first <  second :" << (first < second) << std::endl; // true
...
  std::string one{"1"};
  std::string oneOneOne= one+ std::string("1") +"1";
  std::cout << "1 + 1 + 1: " << oneOneOne << std::endl; // 111
...
```

11.5 스트링 결합

+ 연산자는 두 스트링을 결합(concatenation)하도록 오버로딩할 수 있다.

 Warning **+ 연산자는 C++ 스트링에 대해서만 오버로딩할 수 있다**

C++ 타입 시스템은 C++ 스트링과 C 스트링을 결합해서 C++ 스트링을 만들 수 있도록 허용하고 있지만, C 스트링만으로는 만들 수 없다. + 연산자가 C++ 스트링에 대해서만 오버로딩할 수 있기 때문이다. 따라서 C는 암묵적으로 C++ 스트링으로 변환되기 때문에 다음 코드에서 두 번째 문장만 올바른 C++ 구문이다.

스트링 결합

```
// stringComparisonAndConcatenation.cpp
...
#include <string>
...
std::string wrong= "1" + "1"; // ERROR
std::string right= std::string("1") + "1"; // 11
```


11.6 원소 접근

스트링은 임의 접근 반복자를 제공하기 때문에 원소에 아주 쉽게 접근할 수 있다. str.front()를 사용하면 첫 번째 문자에 접근할 수 있고, str.back()으로 스트링의 마지막 문자에 접근할 수 있다. str[n]과 str.at(n)은 모두 인덱스 n에 해당하는 원소를 가져온다.

원소에 접근하는 기능을 정리하면 다음과 같다.

▼ 표 11-3 스트링 원소에 접근하기

메서드	예
str.front()	str의 첫 문자를 리턴한다.
str.back()	str의 마지막 문자를 리턴한다.
str[n]	str의 n번째 문자를 리턴한다. 스트링 경계는 검사하지 않는다.
str.at(n)	str의 n번째 문자를 리턴한다. 스트링 경계는 검사한다. 만약 경계를 벗어나면 std::out_of_range 익셉션이 발생한다.

원소 접근

```
// stringAccess.cpp
...
#include <string>
...
  std::string str= {"0123456789"};
  std::cout << "str.front(): " << str.front() << std::endl; // 0
  std::cout << "str.back(): " << str.back() << std::endl;   // 9
...
  for (int i=0; i <= 10; ++i){
    std::cout << "str[" << i  << "]: " << str[i] << std::endl;
  } // str[0]: 0;  str[1]: 1; ... str[9]: 9; str[10]:
...
  try{
    str.at(10);
  }
  catch (const std::out_of_range& e){
    std::cerr << "Exception: " <<  e.what() << std::endl;
  }
  // Exception: basic_string
...
  std::cout << "*(&str[0]+5): " << *(&str[0]+5) << std::endl; // 5
  std::cout << "*(&str[5]): " << *(&str[5]) << std::endl;     // 5
  std::cout << "str[5] : " << str[5] << std::endl;            // 5
...
```

이 예제에서 특히 흥미로운 부분은 컴파일러가 str[10]을 처리하는 방식이다. 스트링 경계를 벗어난 지점에 접근하면 안 되지만 실행은 된다(정의되지 않은 동작(undefined behavior)). 하지만 str.at(10)에서는 익셉션이 발생한다.

11.7 입력과 출력

>>는 입력 스트림으로부터 스트링을 읽고, <<는 출력 스트림에 스트링을 쓴다. 글로벌 함수인 getline은 입력 스트림에서 파일 끝 문자(end-of-file character)가 나올 때까지 한 줄씩 읽어서 편리하다.

getline 함수는 네 가지 버전이 있다. 첫 번째 인수로 입력 스트림(is)을, 두 번째 인수로 한 줄 읽은 내용을 담은 스트링(line)을 받는다. 옵션으로는 줄 구분자(line separator)를 지정할 수 있다. 이 함수는 입력 스트림에 대한 레퍼런스를 리턴한다.

```
istream& getline (istream& is, string& line, char delim);
istream& getline (istream&& is, string& line, char delim);
istream& getline (istream& is, string& line);
istream& getline (istream&& is, string& line);
```

getline 함수는 공백 문자를 포함한 문장 전체를 입력받는다. 단, 줄 구분자는 무시한다. 이 함수는 <string> 헤더에 정의돼 있다.

스트링에 대한 입력과 출력

```
// stringInputOutput.cpp
...
#include <string>
...
std::vector<std::string> readFromFile(const char* fileName){
  std::ifstream file(fileName);

  if ( !file ){
    std::cerr << "Could not open the file " << fileName << ".";
    exit(EXIT_FAILURE);
  }

  std::vector<std::string> lines;
  std::string line;
  while ( getline(file , line) ) lines.push_back(line);

  return lines;
```

```
}

int main(){
  std::cout << std::endl;
  std::string fileName;
  std::cout << "Your filename: ";
  std::cin >> fileName;

  std::vector<std::string> lines=readFromFile(fileName.c_str());
  int num{0};
  for ( auto line: lines ) std::cout << ++num << ": " <<  line <<  std::endl;

  std::cout << std::endl;

}
```

이 프로그램은 파일에 담긴 내용을 줄 단위로 출력한다. 이때 줄 번호도 함께 출력된다. `std::cin >> fileName`이란 문장은 파일 이름을 입력받는다. readFromFile은 getline으로 파일에 담긴 모든 줄을 읽어서 벡터에 푸시한다.

11.8 탐색

C++는 스트링에서 원하는 부분을 탐색하는 기능을 다양한 버전으로 제공한다(각각 오버로딩한 형태로 제공된다).

Note ≡ find 함수가 탐색 함수다

탐색 기능을 제공하는 함수의 이름은 좀 특이하게도 모두 find로 시작한다. 탐색에 성공하면 `std::string::size_type` 타입의 인덱스를 리턴하고, 찾지 못하면 `std::string::npos`란 상수를 받는다. 첫 번째 문자의 인덱스는 0이다.

탐색(find) 알고리즘은 다음 기능을 제공한다.

- 한 문자, C 스트링, C++ 스트링 탐색하기
- C 스트링이나 C++ 스트링에서 문자 하나 탐색하기
- 정방향 및 역방향 탐색
- C 스트링이나 C++ 스트링에 특정한 문자가 있는지(또는 없는지) 확인하기
- 스트링에서 원하는 지점부터 탐색을 시작하기

find 함수는 모두 여섯 가지 버전이 있는데, 인수를 지정하는 방식은 비슷하다. 첫 번째 인수는 탐색하려는 텍스트를 지정한다. 두 번째 인수는 탐색을 시작할 지점을, 세 번째 인수는 두 번째 인수가 가리키는 시작점으로부터 몇 글자만큼인지를 지정한다.

find의 여섯 가지 버전은 다음과 같다.

▼ 표 11-4 여섯 가지 스트링 탐색 함수

메서드	설명
str.find(...)	str에서 인수로 지정한 문자나 C/C++ 스트링이 담긴 첫 번째 지점을 리턴한다.
str.rfind(...)	str에서 인수로 지정한 문자나 C/C++ 스트링이 담긴 마지막 지점을 리턴한다.
str.find_first_of(...)	str에서 인수로 지정한 문자나 C/C++ 스트링에 담긴 문자가 있는 첫 번째 지점을 리턴한다.
str.find_last_of(...)	str에서 인수로 지정한 문자나 C/C++ 스트링에 담긴 문자가 있는 마지막 지점을 리턴한다.
str.find_first_not_of(...)	인수로 지정한 C/C++ 스트링에는 없는 문자가 있는 첫 번째 지점을 리턴한다.
str.find_last_not_of(...)	인수로 지정한 C/C++ 스트링에는 없는 문자가 있는 마지막 지점을 리턴한다.

스트링 탐색

```
// stringFind.cpp
...
#include <string>
...

std::string str;

auto idx= str.find("no");
if (idx == std::string::npos) std::cout << "not found";  // not found

str= {"dkeu84kf8k48kdj39kdj74945du942"};
```

```
std::string str2{"84"};

std::cout << str.find('8');                              // 4
std::cout << str.rfind('8');                             // 11
std::cout << str.find('8', 10);                          // 11
std::cout << str.find(str2);                             // 4
std::cout << str.rfind(str2);                            // 4
std::cout << str.find(str2, 10);                         // 18446744073709551615

str2="0123456789";

std::cout << str.find_first_of("678");                   // 4
std::cout << str.find_last_of("678");                    // 20
std::cout << str.find_first_of("678", 10);               // 11
std::cout << str.find_first_of(str2);                    // 4
std::cout << str.find_last_of(str2);                     // 29
std::cout << str.find_first_of(str2, 10);                // 10
std::cout << str.find_first_not_of("678");               // 0
std::cout << str.find_last_not_of("678");                // 29
std::cout << str.find_first_not_of("678", 10);           // 10
std::cout << str.find_first_not_of(str2);                // 0
std::cout << str.find_last_not_of(str2);                 // 26
std::cout << str.find_first_not_of(str2, 10);            // 12
```

예제에서 std::find(str2, 10)은 std::string::npos를 리턴한다. 이 값을 출력하면 내(저자) 플랫폼에서는 18446744073709551615란 값이 나온다.

11.9 수정 연산

C++ STANDARD LIBRARY

스트링은 수정 작업에 관련된 연산을 다양하게 갖추고 있다. str.assign은 스트링 str에 새로운 스트링을 할당한다. str.swap은 두 스트링을 맞바꾼다. 스트링에서 문자 하나를 제거하려면 str.pop_back이나 str.erase를 사용하면 된다. str.clear는 스트링 전체를 삭제한다. 스트링에 문자를 새로 추가하려면 += 연산자나 str.append나 str.push_back을 사용한다. str.insert는 문자를 새로 추가하고, str.replace는 문자를 교체한다.

▼ 표 11-5 스트링 수정 관련 메서드

메서드	설명
str= str2	str2를 str에 할당한다.
str.assign(...)	str에 새 스트링을 할당한다.
str.swap(str2)	str과 str2를 맞바꾼다.
str.pop_back()	str의 끝에서 문자를 제거한다.
str.erase(...)	str에서 문자를 제거한다.
str.clear()	str을 삭제한다.
str.append(...)	str에 문자를 추가한다.
str.push_back(s)	str에 s를 추가한다.
str.insert(pos, …)	str의 pos 지점에 문자를 추가한다.
str.replace(pos, len, …)	str에서 pos 지점부터 len만큼 문자를 교체한다.

이런 연산은 다양한 방식으로 오버로딩할 수도 있다. str.assign, str.append, str.insert, str.replace는 서로 비슷한 점이 많다. 네 메서드 모두 C++ 스트링에 대해 호출되며 서브스트링과 문자, C 스트링, C 스트링 배열, 범위, 초기자 리스트 등에 대해서도 호출할 수 있다. str.erase는 문자 하나, 범위 등을 지울 수 있고, 지정한 지점으로부터 시작해서 여러 문자를 지울 수도 있다.

다음 코드는 지금까지 소개한 다양한 메서드를 사용하는 예를 보여준다. 간결한 설명을 위해 수정 연산의 결과를 주석으로만 표시했다.

스트링 수정

```
// stringModification.cpp
...
#include <string>
...
  std::cout << "ASSIGN: " << std::endl;

  std::string str{"New String"};
  std::string str2{"Other String"};
  std::cout << "str: " << str << std::endl; // New String

  str.assign(str2, 4, std::string::npos);
  std::cout << str << std::endl;             // r String

  str.assign(5, '-');
```

```
  std::cout << str << std::endl;            // -----
...
  std::cout << "DELETE" << std::endl;
  str={"0123456789"};
  std::cout << "str: " << str << std::endl; // 0123456789

  str.erase(7, 2);
  std::cout << str << std::endl;            // 01234569

  str.erase(str.begin()+2, str.end()-2);
  std::cout << str << std::endl;            // 0169

  str.erase(str.begin()+2, str.end());
  std::cout << str << std::endl;            // 01

  str.pop_back();
  std::cout << str << std::endl;            // 0

  str.erase();
  std::cout << str << std::endl;            //
...
  std::cout << "APPEND" << std::endl;
  str="01234";
  std::cout << "str: " << str << std::endl; // 01234

  str+="56";
  std::cout << str << std::endl;            // 0123456

  str+='7';
  std::cout << str << std::endl;            // 01234567

  str+={'8', '9'};
  std::cout << str << std::endl;            // 0123456789

  str.append(str);
  std::cout << str << std::endl;            // 01234567890123456789

  str.append(str, 2, 4);
  std::cout << str << std::endl;            // 012345678901234567892345

  str.append(10, '0');
  std::cout << str << std::endl;            // 0123456789012345678923450000000000
```

```
    str.append(str, 10, 10);
    std::cout << str << std::endl;       // 0123456789012345678923450000000000001234567890

    str.push_back('9');
    std::cout << str << std::endl;       // 01234567890123456789234500000000000012345678909
...
    std::cout << "INSERT" << std::endl;
    str={"345"};
    std::cout << "str: " << str << std::endl; // 345

    str.insert(3, "6789");
    std::cout << str << std::endl;            // 3456789

    str.insert(0, "012");
    std::cout << str << std::endl;            // 0123456789
...
    std::cout <<  "REPLACE" << std::endl;
    str={"only for testing purpose."};
    std::cout << "str: " << str << std::endl; // only for testing purpose.
...
    str.replace(0, 0, "O");
    std::cout <<  str << std::endl;           // Oonly for testing purpose.

    str.replace(0, 5, "Only", 0, 4);
    std::cout << str << std::endl;            // Only for testing purpose.

    str.replace(16, 8, "");
    std::cout << str << std::endl;            // Only for testing.

    str.replace(4, 0, 5, 'y');
    std::cout << str << std::endl;            // Onlyyyyyy for testing.

    str.replace(str.begin(), str.end(), "Only for testing purpose.");
    std::cout << str << std::endl;            // Only for testing purpose.

    str.replace(str.begin()+4, str.end()-8, 10, '#');
    std::cout << str << std::endl;            // Only##########purpose.
...
```

11.10 숫자 변환

▼ 그림 11-3 숫자 변환

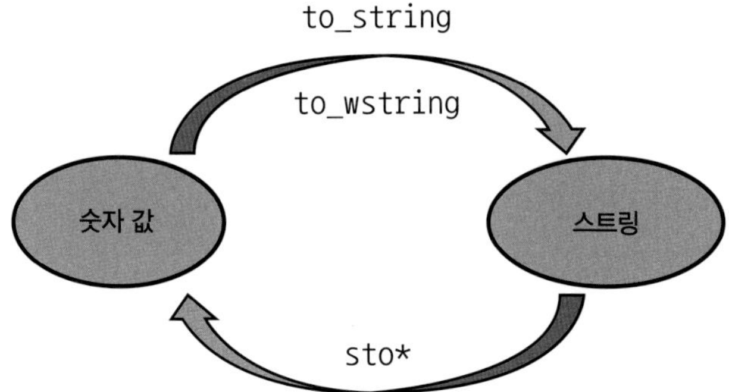

std::to_string(val)과 std::to_wstring(val)을 이용하면 자연수나 부동소수점 수를 std::string 또는 std::wstring으로 변환할 수 있다. 반대로 스트링을 숫자로 변환할 때는 sto* 계열 함수를 사용한다. 이 모든 함수는 <string> 헤더에 정의돼 있다.

> **Tip** sto*는 'string to'의 줄임말이다
>
> 스트링을 자연수나 부동소수점 수로 전환하는 일곱 가지 방법은 모두 단순한 패턴을 따르고 있다. 모두가 sto로 시작하고, 그 스트링이 변환될 대상이 되는 타입을 의미하는 글자를 그 뒤에 붙인다. 가령 stol은 스트링을 long으로 변환한다는 뜻이고, stod는 스트링을 double로 변환한다는 뜻이다.

sto 함수는 모두 인터페이스가 같다. 가령 long 타입의 경우는 다음과 같다.

```
std::stol(str, idx= nullptr, base=10)
```

이 함수는 스트링 하나를 인수로 받아서 base로 지정한 진법에 맞게 long 타입 표현을 찾는다. stol은 앞에 붙은 공백을 무시하고, 옵션으로 유효하지 않은 첫 번째 문자의 인덱스를 리턴한다. 디폴트로 base는 10을 적용한다. base 값은 2부터 26까지 지정할 수 있다. 이 값을 0으로도 지정할 수 있는데, 그러면 컴파일러는 스트링 포맷을 보고 적절한 타입을 알아서 결정한다. base가 10보다 크면 10을 넘어가는 수를 16진수 표기법처럼 a부터 z 사이의 문자로 인코딩한다.

이와 관련된 모든 함수를 간략히 정리하면 다음과 같다.

▼ 표 11-6 스트링을 숫자로 변환하는 메서드

메서드	설명
std::to_string(val)	val을 std::string으로 변환한다.
std::to_wstring(val)	val을 std::wstring으로 변환한다.
std::stoi(str)	int 값을 리턴한다.
std::stol(str)	long 값을 리턴한다.
std::stoll(str)	long long 값을 리턴한다.
std::stoul(str)	부호 없는 long 값을 리턴한다.
std::stoull(str)	부호 없는 long long 값을 리턴한다.
std::stof(str)	부동소수점 값을 리턴한다.
std::stod(str)	double 값을 리턴한다.
std::stold(str)	long double 값을 리턴한다.

Note ≡ stou 함수

C++의 sto 함수는 C의 strto* 함수를 가볍게 감싼 것이다. 그런데 C에는 strtou 함수가 없기 때문에 C++에도 stou 함수가 없다.

이 함수는 변환 작업을 수행할 수 없을 때 std::invalid_argument 익셉션을 던진다. 값이 대상 타입에 넣기에는 너무 크다면 std::out_of_range 익셉션을 던진다.

숫자 변환

```
// stringNumericConversion.cpp
...
#include <string>
...
  std::string maxLongLongString=std::to_string(std::numeric_limits<long long>::max());
  std::wstring maxLongLongWstring=std::to_wstring(std::numeric_limits<long
long>::max());

  std::cout << std::numeric_limits<long long>::max() << std::endl;
  // 9223372036854775807
  std::cout << maxLongLongString << std::endl;
  // 9223372036854775807
  std::wcout <<  maxLongLongWstring <<  std::endl;
  // 9223372036854775807
...
```

```
  std::cout << "ato* " << std::endl;

  std::string str("10010101");

  std::cout << std::stoi(str) << std::endl;                // 10010101
  std::cout << std::stoi(str, nullptr, 16) << std::endl;  // 268501249
  std::cout << std::stoi(str, nullptr, 8) << std::endl;   // 2101313
  std::cout << std::stoi(str, nullptr, 2) << std::endl;   // 149
...
  std::size_t idx;
  std::cout << std::stod("   3.5 km", &idx) << std::endl; // 3.5
  std::cout << "Not numeric char at position " << idx << "." << std::endl; // 6
...
  try{
    std::cout << std::stoi("   3.5 km") << std::endl;
    std::cout << std::stoi("   3.5 km", nullptr, 2) << std::endl;
  }
  catch (const std::exception& e){
    std::cerr <<  e.what() << std::endl;
  }
  // 3
  // stoi: no conversion
...
```

12장

스트링 뷰

12.1 생성과 초기화
12.2 비수정 연산
12.3 수정 연산

스트링 뷰(string view)[1]는 스트링에 대한 비소유(non-owning) 레퍼런스다. 여기에 있는 문자열은 C++ 스트링일 수도 있고, C 스트링일 수도 있다. 스트링 뷰는 <string_view> 헤더에 정의돼 있다.

Tip **스트링 뷰는 최적화된 스트링을 복제하기 위한 것이다**

거시적인 관점에서 보면 std::string_view는 누군가 이미 소유하고 있는 데이터를 복제하지 않고 std::string과 같은 오브젝트를 불변형(immutable) 방식으로 접근하기 위한 용도로 제공하는 것이다. 스트링 뷰는 불변형 연산에 대한 기능만 갖춘 스트링이라고 볼 수 있지만, sv.remove_prefix와 sv.remove_suffix라는 두 가지 가변형(mutating) 연산도 제공한다.

스트링 뷰는 문자와 문자 트레이트를 매개변수로 받는 클래스 템플릿이다. 문자 트레이트는 디폴트 값이 있다. 스트링 뷰는 스트링과 달리 비소유 타입이므로 할당자가 필요 없다.

```
template <
    class CharT,
    class Traits = std::char_traits<CharT>
> class basic_string_view;
```

스트링 뷰는 내부적으로 사용하는 네 가지 문자 타입인 char, wchar_t, char16_t, char32_t에 대해 다음과 같은 버전을 제공한다.

```
typedef std::string_view std::basic_string_view<char>
typedef std::wstring_view std::basic_string_view<wchar_t>
typedef std::u16string_view std::basic_string_view<char16_t>
typedef std::u32string_view std::basic_string_view<char32_t>
```

Note **std::string_view는 스트링 뷰다**

C++에서 말하는 스트링 뷰의 99%는 std::basic_string_view를 문자 타입인 char에 대해 특수화한 것을 가리킨다. 이 책도 마찬가지다.

1 http://en.cppreference.com/w/cpp/string/basic_string_view

12.1 생성과 초기화

빈 스트링 뷰를 생성할 수도 있고, 기존에 생성된 스트링이나 문자 배열 또는 스트링 뷰로부터 스트링 뷰를 새로 생성할 수도 있다.

다음 표에 스트링 뷰를 생성하는 다양한 방법을 정리했다.

표 12-1 스트링 뷰 생성 및 설정 방법

방법	예
공백 스트링 뷰	`std::string_view str_view`
C 스트링으로 생성	`std::string_view str_view2("C-string")`
스트링 뷰로 생성	`std::string_view str_view3(str_view2)`
C 배열로 생성	`std::string_view str_view4(arr, sizeof arr)`
스트링 뷰로 생성	`str_view4 = str_view3.substring(2, 3)`
스트링 뷰로 생성	`std::string_view str_view5 = str_view4`

12.2 비수정 연산

C++ STANDARD LIBRARY

11장 '스트링'에서 자세히 소개했던 내용을 반복하지 않고 간결하게 설명하기 위해 스트링 뷰의 비수정 연산(non-modifying operation) 종류만 나열한다. 자세한 내용은 11장에서 소개한 링크의 문서를 참고하길 바란다.

- **기본 접근**: operator[], at, front, back, data (11.6절 '원소 접근' 참조)
- **용량**: size, length, max_size, empty (11.3절 '크기 vs. 용량' 참조)
- **검색**: find, rfind, find_first_of, find_last_of, find_first_not_of, find_last_of (11.8절 '탐색' 참조)
- **복제**: copy (11.2절 'C++ 스트링과 C 스트링 간 변환' 참조)

12.3 수정 연산

stringView.swap(stringView2)를 호출하면 두 스트링 뷰의 내용을 맞바꾼다. remove_prefix와 remove_suffix 메서드는 스트링 뷰에 대해 고유하다. 스트링은 둘 다 지원하지 않기 때문이다. remove_prefix는 시작 지점을 앞으로 줄이고, remove_suffix는 끝 지점을 뒤로 줄인다.

수정 연산

```
// string_view.cpp
#include <iostream>
#include <string>
#include <string_view>

int main(){

  std::string str = "    A lot of space";
  std::string_view strView = str;
  strView.remove_prefix(std::min(strView.find_first_not_of(" "), strView.size()));
  std::cout << "str      :  " << str << std::endl     // str      :     A lot of space
            << "strView  : " << strView << std::endl; // strView  : A lot of space

  std::cout << std::endl;

  char arr[] =
  {'A', ' ', 'l', 'o', 't', ' ', 'o', 'f', ' ', 's', 'p', 'a', 'c', 'e', '\0',  '\0',
'\0'};
  std::string_view strView2(arr, sizeof arr);
  auto trimPos = strView2.find('\0');
  if(trimPos != strView2.npos) strView2.remove_suffix(strView2.size() - trimPos);
  std::cout << "arr     : " << arr << ", size=" << sizeof arr << std::endl
            << "strView2: " << strView2 << ", size=" << strView2.size() << std::endl;
            //  arr     : A lot of space, size=17
            //  strView2: A lot of space, size=14
}
```

Tip ☆ 스트링 뷰에는 메모리 할당이 없다

스트링 뷰를 생성하거나 복제할 때는 메모리를 할당하지 않아도 된다. 이 점은 스트링과 대조적이다. 스트링을 생성해서 다른 스트링으로 복제하려면 메모리를 할당해야 한다.

메모리 할당

```
// stringView.cpp
...
include <string_view>
...
void* operator new(std::size_t count){
  std::cout << "   " << count << " bytes" << std::endl;
  return malloc(count);
}

void getString(const std::string& str){}
void getStringView(std::string_view strView){}

int main() {
...
  std::cout << "std::string" << std::endl;

  std::string large = "0123456789-123456789-123456789-123456789";  // 48 bytes
  std::string substr = large.substr(10);                          // 32 bytes
...
  std::cout << "std::string_view" << std::endl;

  std::string_view largeStringView{large.c_str(), large.size()};  // 할당 안 됨
  largeStringView.remove_prefix(10);                              // 할당 안 됨

  assert(substr == largeStringView);
...
  std::cout << "getString" << std::endl;

  getString(large);
  getString("0123456789-123456789-123456789-123456789");             // 48 bytes
  const char message []= "0123456789-123456789-123456789-123456789";
  getString(message);                                                 // 48 bytes
...
  std::cout << "getStringView" << std::endl;

  getStringView(large);                                               // 할당 안 됨
  getStringView("0123456789-123456789-123456789-123456789");         // 할당 안 됨
  getStringView(message);                                             // 할당 안 됨
...
}
```

글로벌 오버로딩 operator new를 이용하면 메모리 할당을 모두 볼 수 있다.

13장

정규 표현식

13.1 문자 타입
13.2 정규 표현식 오브젝트
13.3 검색 결과 – match_results
13.4 매치
13.5 검색
13.6 교체
13.7 포맷
13.8 반복 검색

정규 표현식(regular expression)[1]은 텍스트 패턴을 표현하는 언어다. <regex> 헤더에 정의돼 있으며, 다음과 같은 작업에 뛰어나다.

- 주어진 텍스트가 지정된 패턴에 맞는지 검사한다(std::regex_match).
- 텍스트에서 특정한 패턴에 맞는 부분을 찾는다(std::regex_search).
- 텍스트에서 특정한 패턴에 맞는 부분을 교체한다(std::regex_replace).
- 텍스트에서 주어진 패턴에 맞는 모든 부분을 반복한다(std::regex_iterator, std::regex_token_iterator).

C++는 정규 표현식을 위해 여섯 가지 문법을 지원한다. 디폴트 문법은 에크마스크립트(ECMAScript)다. 이는 여섯 가지 문법 중 가장 강력하며 펄(Perl) 5의 문법에 가깝다. 나머지 다섯 가지 문법은 기본(basic), 확장(extended), 오크(awk), 그렙(grep), 이그렙(egrep)이다.

Tip 로 스트링을 사용하자

정규 표현식에서는 로 스트링 리터럴(raw string literal)을 사용하자. C++의 정규 표현식은 난해하다. 예를 들어 C++라는 텍스트를 정규 표현식으로 표현하면 C\\+\\+와 같이 난해하다. + 기호 앞에 백슬래시 두 개를 연달아 적어야 한다. 그 이유는 다음과 같다. 첫째, + 기호는 정규 표현식에서 특수 문자에 해당하기 때문이다. 둘째, 백슬래시 역시 스트링에서 특수 문자이기 때문이다. 따라서 백슬래시 하나로 +를 구분하고(escape), 나머지 백슬래시로 앞에 나온 백슬래시를 구분한다. 로 스트링 리터럴을 사용하면 스트링 안에 있는 백슬래시를 해석하지 않기 때문에 두 번째 백슬래시를 쓰지 않아도 된다.

```
#include <regex>
...
std::string regExpr("C\\+\\+");
std::string regExprRaw(R"(C\+\+)");
```

정규 표현식을 다루는 과정은 일반적으로 다음 세 단계로 구성된다.

1. 정규 표현식을 정의한다.

```
std::string text="C++ or c++.";
std::string regExpr(R"(C\+\+)");
std::regex rgx(regExpr);
```

---

1 http://en.cppreference.com/w/cpp/regex

2. 검색 결과를 저장한다.

```
std::smatch result;
std::regex_search(text, result, rgx);
```

3. 결과를 사용한다.

```
std::cout << result[0] << std::endl;
```


13.1 문자 타입

텍스트 타입은 정규 표현식의 문자 타입, 검색 결과 타입, 그 결과에 대한 액션 타입을 결정한다. 다음 표는 네 가지 타입의 조합을 보여준다.

▼ 표 13-1 텍스트 타입, 정규 표현식, 검색 결과와 액션의 조합

텍스트 타입	정규 표현식 타입	결과 타입	액션 타입
const char*	std::regex	std::smatch	std::regex_search
std::string	std::regex	std::smatch	std::regex_search
const wchar_t*	std::wregex	std::wcmatch	std::wregex_search
std::wstring	std::wregex	std::wsmatch	std::wregex_search

네 가지 조합에 대한 자세한 사항은 13.5절 '검색'에서 설명한다.

13.2 정규 표현식 오브젝트

정규 표현식 오브젝트는 문자 타입과 트레이트 클래스를 매개변수로 받는 클래스 템플릿인 template <class charT, class traits= regex_traits <charT>> class basic_regex의 인스턴스다. 여기서 지정하는 트레이트 클래스는 정규 표현식 문법 속성에 대한 해석 방법을 정의한다. C++는 다음 두 가지 타입의 동의어를 제공한다.

```
typedef basic_regex<char> regex;
typedef basic_regex<wchar_t> wregex;
```

정규 표현식 오브젝트는 좀 더 커스터마이즈할 수 있다. 원하는 문법을 지정할 수 있는데, 앞에서 설명했듯이 C++는 기본, 확장, 오크, 그렙, 이그렙 문법을 제공한다. std::regex_constraints::icase 플래그가 지정된 정규 표현식은 대소문자를 구분하지 않는다. 적용하고 싶은 문법은 명시적으로 지정해야 한다.

문법 지정하기

```
// regexGrammar.cpp
...
#include <regex>
...
std::string theQuestion="C++ or c++, that's the question.";

// c++ 정규 표현식
std::string regExprStr(R"(c\+\+)");

// 정규 표현식 오브젝트
std::regex rgx(regExprStr);

// 검색 결과 저장소
std::smatch smatch;

std::cout << theQuestion << std::endl; // C++ or c++, that's the question.

// 부분 검색(대소문자 구분)
if (std::regex_search(theQuestion, smatch, rgx)){
  std::cout << std::endl;
```

```
  std::cout << "The answer is case sensitive: " << smatch[0] <<  std::endl; // c++
}

// 정규 표현식 오브젝트(대소문자 구분 안 함)
std::regex rgxIn(regExprStr,
                 std::regex_constants::ECMAScript|std::regex_constants::icase);

// 부분 검색(대소문자 구분 안 함)
if (std::regex_search(theQuestion, smatch, rgxIn)){
  std::cout << std::endl;
  std::cout << "The answer is case insensitive: " << smatch[0] << std::endl; // C++
}
...
```

대소문자를 구분하는 정규 표현식인 rgx로 theQuestion 텍스트를 검색한 결과는 c++가 된다. 대소문자를 구분하지 않는 정규 표현식인 rgxIn을 사용할 때는 반대로 C++란 스트링이 검색된다.

13.3 검색 결과 – match_results

C++ STANDARD LIBRARY

std::regex_match나 std::regex_search는 결과를 std::match_results 타입 오브젝트로 표현한다. std::match_results는 순차 컨테이너로서 문자 시퀀스인 std::sub_match 오브젝트에 대한 캡처 그룹을 최소한 하나 갖는다.

Note ≡ 캡처 그룹이란?

캡처 그룹(capture group)을 이용하면 정규 표현식으로 검색한 결과를 좀 더 분석할 수 있다. 캡처 그룹은 소괄호 쌍 '()'으로 정의한다. 정규 표현식 ((a+)(b+)(c+))에는 캡처 그룹이 네 개(((a+)(b+)(c+)), (a+), (b+), (c+)) 있다. 최종 결과는 0번째 캡처 그룹이다.

C++는 std::match_results에 대해 다음과 같이 네 가지 타입 동의어를 제공한다.

```
typedef match_results<const char*> cmatch;
typedef match_results<const wchar_t*> wcmatch;
typedef match_results<string::const_iterator> smatch;
typedef match_results<wstring::const_iterator> wsmatch;
```

검색 결과인 std::smatch는 강력한 인터페이스를 제공한다.

▼ 표 13-2 std::smatch 인터페이스

메서드	설명
smatch.size()	캡처 그룹의 개수를 리턴한다.
smatch.empty()	검색 결과에 캡처 그룹이 있는지 확인한다.
smatch[i]	i번째 캡처 그룹을 리턴한다.
smatch.length(i)	i번째 캡처 그룹의 길이를 리턴한다.
smatch.position(i)	i번째 캡처 그룹의 위치를 리턴한다.
smatch.str(i)	i번째 캡처 그룹을 스트링으로 리턴한다.
smatch.prefix()와 smatch.suffix()	캡처 그룹 앞과 뒤의 스트링을 리턴한다.
smatch.begin()과 smatch.end()	캡처 그룹의 시작과 끝 반복자를 리턴한다.
smatch.format(...)	std::smatch 오브젝트의 출력 포맷을 지정한다.

다음 프로그램은 다양한 정규 표현식에 대한 네 가지 캡처 그룹이다.

캡처 그룹

```
// captureGroups.cpp
...
#include<regex>
...
void showCaptureGroups(const std::string& regEx, const std::string& text){

  // 정규 표현식 저장소
  std::regex rgx(regEx);

  // 결과 저장소
  std::smatch smatch;

  // 결과 평가
  if (std::regex_search(text, smatch, rgx)){
    std::cout << std::setw(14) << regEx << std::setw(12) << text
              << std::setw(12) << smatch[0]  << std::setw(10) << smatch[1]
```

```
            << std::setw(10) << smatch[2] << std::setw(10) << smatch[3]
            << std::setw(10) << smatch[4] << std::endl;
  }
}

int main(){
...
  std::cout << std::setw(14) << "reg Expr" << std::setw(12) << "text"
          << std::setw(12) << "smatch[0]" << std::setw(10) << "smatch[1]"
          << std::setw(10) << "smatch[2]" << std::setw(10) << "smatch[3]"
          << std::setw(10) << "smatch[4]" << std::endl;

  showCaptureGroups("abc+", "abccccc");

  showCaptureGroups("(a+)(b+)(c+)", "aaabccc");

  showCaptureGroups("((a+)(b+)(c+))", "aaabccc");

  showCaptureGroups("(ab)(abc)+", "ababcabc");
}
```

```
// 실행 결과
      reg Expr        text   smatch[0] smatch[1] smatch[2] smatch[3] smatch[4]
          abc+     abccccc     abccccc
  (a+)(b+)(c+)     aaabccc     aaabccc       aaa         b       ccc
((a+)(b+)(c+))     aaabccc     aaabccc   aaabccc       aaa         b       ccc
    (ab)(abc)+    ababcabc    ababcabc        ab       abc
```

13.3.1 std::sub_match

캡처 그룹의 타입은 std::sub_match다. C++는 std::match_results와 마찬가지로 다음과 같이 네 가지 타입 동의어를 제공한다.

```
typedef sub_match<const char*> csub_match;
typedef sub_match<const wchar_t*> wcsub_match;
typedef sub_match<string::const_iterator> ssub_match;
typedef sub_match<wstring::const_iterator> wssub_match;
```

캡처 그룹(cap)은 다음과 같이 좀 더 자세히 분석할 수 있다.

▼ 표 13-3 std::sub_match 오브젝트

메서드	설명
cap.matched()	성공적으로 매치됐는지 알려준다.
cap.first()와 cap.end()	문자 시퀀스에 대한 시작과 끝 반복자를 리턴한다.
cap.length()	캡처 그룹의 길이를 리턴한다.
cap.str()	캡처 그룹을 스트링으로 리턴한다.
cap.compare(other)	현재 캡처 그룹과 다른 캡처 그룹을 비교한다.

다음은 검색 결과인 std::match_results와 이 결과에 대한 캡처 그룹인 std::sub_match 사이의 상호 작용을 보여주는 예다.

std::sub_match

```
// subMatch.cpp
...
#include <regex>
...
  std::string privateAddress="192.168.178.21";

  // IP4 주소에 대한 정규 표현식
  std::string ip4RegEx(R"((\d{1,3})\.(\d{1,3})\.(\d{1,3})\.(\d{1,3}))");

  // 정규 표현식 저장소
  std::regex rgx(ip4RegEx);

  // 검색 결과 저장소
  std::smatch smatch;

  // 완전히 일치하는 대상을 찾는다(exact match)
  if (std::regex_match(privateAddress, smatch, rgx)){
    for ( auto cap: smatch ){
      std::cout << "capture group: " << cap << std::endl;
      if (cap.matched){
        // 각각의 문자를 16진수 표기법으로 출력한다
        std::cout << "hex: ";
        std::for_each(cap.first, cap.second,
                      [](int v){std::cout << std::showbase << std::hex << v << " ";});
        std::cout << "\n\n";
      }
    }
  }
```

```
// 실행 결과
capture group: 192.168.178.21
hex: 0x31 0x39 0x32 0x2e 0x31 0x36 0x38 0x2e 0x31 0x37 0x38 0x2e 0x32 0x31

capture group: 192
hex: 0x31 0x39 0x32

capture group: 168
hex: 0x31 0x36 0x38

capture group: 178
hex: 0x31 0x37 0x38

capture group: 21
hex: 0x32 0x31
```

정규 표현식 regEx는 IPv4 주소를 나타낸다. regEx는 캡처 그룹을 이용해 주소의 구성 요소를 추출하는 데 사용한다. 마지막으로 이 캡처 그룹과 ASCII 문자를 16진수 값으로 출력한다.

13.4 매치

C++ STANDARD LIBRARY

std::regex_match는 텍스트에서 패턴에 맞는 부분이 있는지 검사한다. 이렇게 검색한 결과인 std::match_results를 좀 더 분석할 수도 있다.

다음 예는 std::regex_match를 C 스트링, C++ 스트링과 불 값만 리턴하는 범위에 대해 적용한 사례다. 여기에 나온 세 가지 버전은 각각 std::match_results 오브젝트에 대해 제공된다.

std::match

```
// match.cpp
...
#include <regex>
...
  // 숫자에 대한 정규 표현식. 지수부는 포함하지 않는다
  std::string numberRegEx(R"([-+]?([0-9]*\.[0-9]+|[0-9]+))");
```

```
  // 정규 표현식 저장소
  std::regex rgx(numberRegEx);

  // const char*를 사용한 경우
  const char* numChar{"2011"};
  if (std::regex_match(numChar, rgx)){
    std::cout << numChar << " is a number." << std::endl; // 2011 is a number.
  }

  // std::string을 사용한 경우
  const std::string numStr{"3.14159265359"};
  if (std::regex_match(numStr, rgx)){
    std::cout << numStr << " is a number." << std::endl; // 3.14159265359 is a number.
  }

  // 양방향 반복자를 사용한 경우
  const std::vector<char>
    numVec{{'-', '2', '.', '7', '1', '8', '2', '8', '1', '8', '2', '8'}};

  if (std::regex_match(numVec.begin(), numVec.end(), rgx)){
    for (auto c: numVec){ std::cout << c ;};
    std::cout << " is a number." << std::endl;           // -2.718281828 is a number.
  }
...
```


13.5 검색

std::regex_search는 주어진 패턴에 해당하는 부분이 텍스트에 있는지 검사한다. 이 함수는 std::match_results 오브젝트와 함께 사용할 수도 있고, 아닐 수도 있다. 또한, C 스트링, C++ 스트링이나 범위에 대해 적용할 수 있다.

다음은 std::regex_search로 const char* 타입 텍스트, std::string 텍스트, const wchar_t* 텍스트, std::wstring 텍스트를 검색하는 방법을 보여주는 예다.

std::search

```
// search.cpp
...
#include <regex>
...
  // 시간에 대한 정규 표현식
  std::regex crgx("([01]?[0-9]|2[0-3]):[0-5][0-9]");

  // const char*
  std::cout << "const char*" << std::endl;
  std::cmatch cmatch;

  const char* ctime{"Now it is 23:10."};

  if (std::regex_search(ctime, cmatch, crgx)){
    std::cout << ctime << std::endl;
    std::cout << "Time: " << cmatch[0] << std::endl; // Time: 23:10
  }
...
  // std::string
  std::cout << "std::string" << std::endl;
  std::smatch smatch;

  std::string stime{"Now it is 23:25."};
  if (std::regex_search(stime, smatch, crgx)){
    std::cout << stime << std::endl;
    std::cout << "Time: " << smatch[0] << std::endl; // Time: 23:25
  }
...
  // 시간에 대한 정규 표현식
  std::wregex wrgx(L"([01]?[0-9]|2[0-3]):[0-5][0-9]");

  // const wchar_t
  std::cout << "const wchar_t* " << std::endl;
  std::wcmatch wcmatch;

  const wchar_t* wctime{L"Now it is 23:47."};

  if (std::regex_search(wctime, wcmatch, wrgx)){
    std::wcout << wctime << std::endl;
    std::wcout << "Time: " << wcmatch[0] << std::endl; // Time: 23:47
  }
...
```

```
  // std::wstring
  std::cout << "std::wstring" << std::endl;
  std::wsmatch wsmatch;

  std::wstring  wstime{L"Now it is 00:03."};

  if (std::regex_search(wstime, wsmatch, wrgx)){
    std::wcout << wstime << std::endl;
    std::wcout << "Time: " << wsmatch[0] << std::endl; // Time: 00:03
  }
...
```

13.6 교체

C++ STANDARD LIBRARY

std::regex_replace는 주어진 패턴과 일치하는 텍스트를 다른 것으로 교체하고 그 결과를 스트링으로 리턴한다. 가령 간단한 버전인 std::regex_replace(text, regex, replString)을 호출하면 text에서 regex에 해당하는 부분을 replString으로 교체한다.

std::replace

```
// replace.cpp
...
#include <regex>
...
std::string future{"Future"};
int len= sizeof(future);

std::string unofficialStandardName{"The unofficial name of the new C++ standard is
C++0x."};
std::cout << std::setw(len) << std::left << "Past: " << unofficialStandardName <<
std::endl;
// Past:                    The unofficial name of the new C++ standard is C++0x.

// C++0x를 C++11로 교체
std::regex rgxCpp(R"(C\+\+0x)");
```

```
std::string newCppName{"C++11"};

std::string newStandardName{std::regex_replace(unofficialStandardName, rgxCpp,
newCppName)};
// unofficial을 official로 교체
std::regex rgxOff{"unofficial"};
std::string makeOfficial{"official"};

std::string officialName{std::regex_replace(newStandardName, rgxOff, makeOfficial)};
std::cout << std::setw(len) << std::left  << "Now: " << officialName << std::endl;
// Now:                    The official name of the new C++ standard is C++11.
...
```

C++는 이런 간단한 std::regex_replace뿐만 아니라, 범위에 대해 교체 작업을 하는 버전도 제공한다. 이 버전은 수정된 스트링을 다른 스트링에 직접 집어넣는다.

```
typedef basic_regex<char> regex;
std::string str2;
std::regex_replace(std::back_inserter(str2),
                   text.begin(), text.end(), regex,replString);
```

std::regex_replace의 각 버전마다 옵션 매개변수를 받는다. 이 매개변수를 std::regex_constants::format_no_copy로 지정하면 주어진 정규 표현식에 일치하는 텍스트의 일부를 리턴하고, 나머지 부분은 복제되지 않는다. 또한, std::regex_constants::format_first_only로 지정하면 std::regex_replace가 단 한 번만 적용된다.

13.7 포맷

std::regex_replace와 std::match_results.format을 캡처 그룹과 함께 조합하면 텍스트 포맷을 지정할 수 있다. 포맷 스트링은 값이 들어갈 자리를 나타내는 기호를 담을 수 있다. 가령 다음과 같이 조합해 사용할 수 있다.

다음은 두 가지 경우에 대한 예다.

regex로 포맷 지정하기

```
// format.cpp
...
#include <regex>
...
  std::string future{"Future"};
  int len= sizeof(future);

  const std::string unofficial{"unofficial, C++0x"};
  const std::string official{"official, C++11"};

  std::regex regValues{"(.*), (.*)"};

  std::string standardText{"The $1 name of the new C++ standard is $2."};

  // std::regex_replace를 사용하는 경우
  std::string textNow= std::regex_replace(unofficial, regValues, standardText );

  std::cout << std::setw(len) << std::left << "Now: " << textNow << std::endl;
  // Now:                 The unofficial name of the new C++ standard is C++0x.

  // std::match_results를 사용하는 경우
  // typedef match_results<string::const_iterator> smatch;
  std::smatch smatch;
  if ( std::regex_match(official, smatch, regValues)){
    std::string textFuture= smatch.format(standardText);
    std::cout << std::setw(len) << std::left << "Future: " << textFuture << std::endl;
  }
  // Future:              The official name of the new C++ standard is C++11.
...
```

std::regex_replace(unofficial, regValues, standardText)와 같이 호출하면 정규 표현식 regValues에 있는 첫 번째 및 두 번째 캡처 그룹과 일치하는 텍스트를 unofficial이란 스트링에서 추출한다. 이렇게 추출한 값은 standardText라는 텍스트에 있는 플레이스홀더인 $1과 $2 자리에 들어간다. smatch.format(standardText)도 이와 비슷하지만, 스트링의 포맷을 지정할 때는 smatch를 생성하는 것과 smatch를 사용하는 것이 분리된다.

C++는 캡처 그룹뿐만 아니라 다음과 같이 포맷 이스케이프 시퀀스도 제공하며, 포맷 스트링에서 사용할 수 있다.

▼ 표 13-4 포맷 이스케이프 시퀀스

포맷 이스케이프 시퀀스	설명
$&	전체 매치(0번째 캡처 그룹)를 리턴한다.
$$	$를 리턴한다.
$` (역방향 틱)	전체 매치 앞에 있는 텍스트를 리턴한다.
$Â ′ (정방향 틱)	전체 매치 뒤에 있는 텍스트를 리턴한다.
$i	i번째 캡처 그룹을 리턴한다.

13.8 반복 검색

검색 결과에 대해 반복문을 수행할 때 std::regex_iterator와 std::regex_token_iterator를 활용하면 편리하다. std::regex_iterator는 검색 결과와 이에 대한 캡처 그룹을 지원한다. std::regex_token_iterator는 그보다 더 풍부한 기능을 제공한다. 캡처 그룹 중에서 원하는 것을 인덱스로 지정할 수 있고, 음의 인덱스로 검색 결과 사이에 있는 텍스트에 접근할 수도 있다.

13.8.1 std::regex_iterator

C++는 std::regex_iterator에 대해 다음 네 가지 타입 동의어를 제공한다.

```
typedef cregex_iterator regex_iterator<const char*>
typedef wcregex_iterator regex_iterator<const wchar_t*>
typedef sregex_iterator regex_iterator<std::string::const_iterator>
typedef wsregex_iterator regex_iterator<std::wstring::const_iterator>
```

std::regex_iterator를 이용해 텍스트에서 특정 단어가 나온 횟수를 셀 수 있다.

std::regex_iterator

```
// regexIterator.cpp
...
#include <regex>
...
// 비야네 스트롭스트룹의 C++0x에 대한 글 http://www2.research.att.com/~bs/C++0xFAQ.html
std::string text{"That's a (to me) amazingly frequent question. It may be the most
frequently asked question. Surprisingly, C++0x feels like a new language: The pieces
just fit together better than they used to and I find a higher-level style of
programming more natural than before and as efficient as ever."};

// 단어에 대한 정규 표현식
std::regex wordReg(R"(\w+)");

// 텍스트에 담긴 모든 단어 가져오기
std::sregex_iterator wordItBegin(text.begin(), text.end(), wordReg);
const std::sregex_iterator wordItEnd;

// unordered_map으로 단어 수 세기
std::unordered_map<std::string, std::size_t> allWords;

// 단어 수 세기
for (; wordItBegin != wordItEnd;++wordItBegin){
  ++allWords[wordItBegin->str()];
}

for ( auto wordIt: allWords)
  std::cout << "(" << wordIt.first << ":" << wordIt.second << ")" ;
```

```
// 실행 결과
(as:2)(natural:1)(programming:1)(style:1)(higher:1)(I:1)(and:2)(used:1)(they:1)
(than:2)(better:1)(together:1)(before:1)(fit:1)(just:1)(pieces:1)(frequently:1)
(language:1)(new:1)(feels:1)(more:1)(The:1)(like:1)(0x:1)(C:1)(level:1)(Surprisingly:1)
(efficient:1)(most:1)(be:1)(That:1)(It:1)(find:1)(the:1)(ever:1)(s:1)(me:1)(frequent:1)
(a:3)(question:2)(of:1)(amazingly:1)(asked:1)(to:2)(may:1)
```

단어는 최소한 한 문자로 구성된다(\w+). 이 정규 표현식을 이용해 시작 반복자인 wordItBegin과 끝 반복자인 wordItEnd를 정의한다. 검색된 항목들에 대한 반복문은 for 루프로 표현했다. 각 단어마다 카운터를 하나씩 증가시킨다(++allWords[wordItBegin]->str()]). 카운터가 1인 단어 중 allWords에 없는 것은 새로 생성된다.

13.8.2 std::regex_token_iterator

C++는 std::regex_token_iterator에 대해 다음과 같이 네 가지 타입 동의어를 제공한다.

```
typedef cregex_iterator regex_iterator<const char*>
typedef wcregex_iterator regex_iterator<const wchar_t*>
typedef sregex_iterator regex_iterator<std::string::const_iterator>
typedef wsregex_iterator regex_iterator<std::wstring::const_iterator>
```

std::regex_token_iterator를 이용하면 원하는 캡처 그룹을 인덱스를 이용해 명시적으로 지정할 수 있다. 인덱스를 지정하지 않으면 모든 캡처 그룹을 리턴하는데, 이때 원하는 캡처 그룹을 인덱스로 지정해서 요청할 수도 있다. -1 인덱스는 검색된 항목 사이의 텍스트를 가리키는 특수한 용도의 인덱스다.

std::regex_token_iterator

```
// tokenIterator.cpp
...
  // 책 정보 몇 가지...
  std::string text{"Pete Becker, The C++ Standard Library Extensions, 2006:Nicolai
Josuttis, The C++ Standard Library, 1999:Andrei Alexandrescu, Modern C++ Design, 2001"};

  // 책 정보에 대한 정규 표현식
  std::regex regBook(R"((\w+)\s(\w+), ([\w\s\+]*), (\d{4}))");

  // 텍스트에 담긴 책 정보 모두 가져오기
  std::sregex_token_iterator bookItBegin(text.begin(), text.end(), regBook);
  const std::sregex_token_iterator bookItEnd;

  std::cout << "##### std::match_results ######" << "\n\n";
  while ( bookItBegin != bookItEnd){
    std::cout << *bookItBegin++ << std::endl;
  }

  std::cout << "\n\n" << "##### last name,  date of publication ######" << "\n\n";

  // 각 항목에 나온 저자의 성과 출간일자 가져오기
  std::sregex_token_iterator bookItNameIssueBegin(text.begin(), text.end(), regBook,{{2,
4}});
  const std::sregex_token_iterator bookItNameIssueEnd;
  while ( bookItNameIssueBegin != bookItNameIssueEnd){
     std::cout << *bookItNameIssueBegin++ << ", ";
```

13

정규 표현식

```
    std::cout << *bookItNameIssueBegin++ << std::endl;
  }

  // 음의 인덱스를 이용한 책 제목 찾기
  std::regex regBookNeg(":");

  std::cout << "\n\n" << "##### get each entry, using negativ search  ######" << "\n\n";
  // 모든 항목 가져오기. ":"만 정규 표현식으로 사용함
  std::sregex_token_iterator bookItNegBegin(text.begin(), text.end(), regBookNeg, -1);
  const std::sregex_token_iterator bookItNegEnd;
  while ( bookItNegBegin != bookItNegEnd){
    std::cout << *bookItNegBegin++ << std::endl;
  }
```

```
// 실행 결과
##### std::match_results ######
Pete Becker, The C++ Standard Library Extensions, 2006
Nicolai Josuttis, The C++ Standard Library, 1999
Andrei Alexandrescu, Modern C++ Design, 2001

##### last name,  date of publication ######
Becker, 2006
Josuttis, 1999
Alexandrescu, 2001

##### get each entry, using negativ search ######
Pete Becker, The C++ Standard Library Extensions, 2006
Nicolai Josuttis, The C++ Standard Library, 1999
Andrei Alexandrescu, Modern C++ Design, 2001
```

bookItBegin에 인덱스를 지정하지 않고 bookItNegBegin에 -1 인덱스를 지정하면 둘 다 전체 캡처 그룹을 리턴하는데, bookNameIssueBegin은 두 번째와 네 번째 캡처 그룹인 {{2, 4}}만 리턴한다.

14장

입력 스트림과 출력 스트림

14.1 계층 구조

14.2 입력 함수와 출력 함수

14.3 스트림

14.4 사용자 정의 데이터 타입

입력 스트림과 출력 스트림[1]을 이용하면 외부 세계와 통신할 수 있다. 스트림은 문자 데이터를 끝없이 넣거나 가져올 수 있다. 데이터를 넣는 것은 쓰기(writing), 데이터를 가져오는 것은 읽기(reading)다.

입력 스트림과 출력 스트림은

- 1998년에 제정된 최초의 C++ 표준(C++98)보다도 훨씬 전부터 있던 개념이다.
- 확장성을 제공하는 프레임워크를 위한 것이다.
- 객체지향 및 제네릭 패러다임에 맞게 구현됐다.

14.1 계층 구조

C++ STANDARD LIBRARY

▼ 그림 14-1 계층 구조

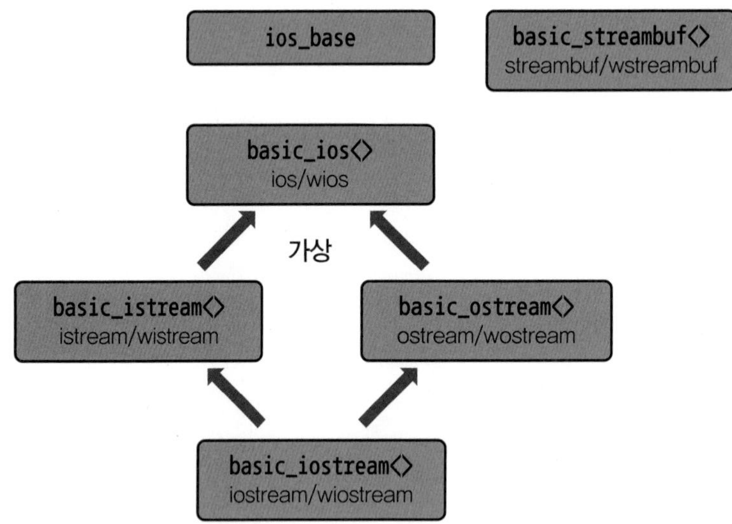

- `basic_streambuf<>`

  데이터를 읽고 쓴다.

1 http://en.cppreference.com/w/cpp/header/iostream

- ios_base

  모든 스트림 클래스에 있는, 문자 타입에 독립적인 속성이다.

- basic_ios<>

  모든 스트림 클래스에 있는, 문자 타입에 종속적인 속성이다.

- basic_istream<>

  데이터를 읽는 스트림 클래스의 베이스다.

- basic_ostream<>

  데이터를 쓰는 스트림 클래스의 베이스다.

- basic_iostream<>

  데이터를 읽거나 쓰는 스트림 클래스의 베이스다.

클래스 계층 구조는 문자 타입인 char와 wchar_t에 대한 타입 동의어를 제공한다. w로 시작하지 않는 이름은 char에 대한 타입 동의어이고, w로 시작하는 이름은 wchar_t에 대한 타입 동의어다.

std::basic_iostream<>의 기본 클래스는 std::basic_ios<>를 가상 상속한 것이다. 따라서 std::basic_iostream<>은 std::basic_ios의 인스턴스를 단 하나만 갖는다.

14.2 입력 함수와 출력 함수

C++ STANDARD LIBRARY

스트림 클래스인 std::istream과 std::ostream은 데이터를 읽고 쓰는 데 흔히 사용된다. std::istream 클래스는 <istream> 헤더에, std::ostream은 <ostream> 헤더에 정의돼 있다. <iostream> 헤더는 두 클래스를 모두 선언하고 있다. std::istream은 basic_istream 클래스와 char를 typedef로 선언한 것이고, std::ostream은 basic_ostream 클래스를 typedef로 선언한 것이다.

```
typedef basic_istream<char> istream;
typedef basic_ostream<char> ostream;
```

C++는 키보드와 모니터를 쉽게 다루기 위한 용도로 미리 정의된 네 가지 스트림 오브젝트를 제공한다.

▼ 표 14-1 미리 정의된 네 가지 스트림 오브젝트

스트림 오브젝트	C 언어 표현	기기	버퍼 사용
std::cin	stdin	키보드	O
std::cout	stdout	모니터	O
std::cerr	stderr	모니터	X
std::clog		모니터	O

Note ≡ 스트림 오브젝트는 wchar_t에 대해서도 제공된다

wchar_t에 대한 네 가지 스트림 오브젝트는 std::wcin, std::wcout, std::wcerr, std::wclog인데, 앞에서 본 char용 오브젝트에 비해 사용 빈도가 훨씬 낮으므로 여기서는 가볍게 소개만 한다.

스트림 오브젝트를 이용하면 커맨드라인에서 입력된 내용을 읽어서 그 합을 구하는 프로그램을 작성할 수 있다.

스트림 오브젝트

```
// IOStreams.cpp
#include <iostream>
...
  std::cout << "Type in your numbers(Quit with an arbitrary character): " << std::endl;
  int sum{0};
  int val;

  while ( std::cin >> val ) sum += val;

  std::cout << "Sum: " << sum << std::endl;
```

```
// 실행 결과
Type in your numbers(Quit with an arbitrary character):
23
34
a
Sum: 57
```

여기에 나온 간단한 예제 프로그램은 스트림 연산자인 <<와 >>, 그리고 스트림 조작자인 std::endl을 사용하고 있다.

추가 연산자인 <<는 주어진 문자를 출력 스트림인 std::cout으로 보낸다. 추출 연산자인 >>는 입력 스트림인 std::cin에서 문자를 가져온다. 이러한 추가 및 추출 연산자는 자기 자신에 대한 레퍼런스를 리턴하기 때문에 연산자를 계속 연결할 수 있다.

std:endl은 std::cout에 '\n' 문자를 집어넣은 후 출력 버퍼를 비운다(flush). 그래서 스트림 조작자(stream manipulator)라고 부른다. 주로 사용하는 스트림 조작자는 다음과 같다.

▼ 표 14-2 흔히 사용하는 스트림 조작자

조작자	스트림 타입	설명
std::endl	출력	줄바꿈 문자(new-line character)를 추가하고 스트림을 비운다.
std::flush	출력	스트림을 비운다.
std::ws	입력	앞에 나온 공백 문자를 무시한다.

14.2.1 입력

C++에서 입력 스트림을 읽는 방식은 두 가지가 있다. 추출자(extractor) >>를 이용하는 포맷을 지정하는 방식과 메서드를 직접 호출하는 포맷을 지정하지 않는 방식이다.

포맷 지정 입력

추출 연산자 >>는 다음과 같은 속성이 있다.

- 모든 내장 타입과 스트링에 대해 미리 정의돼 있다.
- 사용자 정의 데이터 타입에 대해 구현할 수 있다.
- 포맷 지정자로 설정할 수 있다.

Tip std::cin은 기본적으로 앞에 나온 공백을 무시한다

```
#include <iostream>
...
int a, b;
std::cout << "Two natural numbers: " << std::endl;
std::cin >> a >> b; // < 2000 11 >
std::cout << "a: " << a << " b: " << b;
```

14.2.2 포맷 비지정 입력

입력 스트림 is에 대해 포맷 비지정 입력 기능을 제공하는 메서드는 다음과 같이 다양하다.

▼ 표 14-3 입력 스트림에 대한 포맷 비지정 입력

메서드	설명
is.get(ch)	문자 하나를 읽어서 ch로 전달한다.
is.get(buf, num)	문자를 최대 num개 읽어서 buf 버퍼에 저장한다.
is.getline(buf, num[, delim])	문자를 최대 num개 읽어서 buf 버퍼에 저장한다. 옵션으로 줄 구분자(line-delimeter, 디폴트 값은 \n)를 적용한다.
is.gcount()	is에서 포맷 비지정 연산으로 가장 최근에 추출한 문자 개수를 리턴한다.
is.ignore(streamsize sz= 1, int delim= end-of-file)	delim이 나올 때까지 sz개 문자를 무시한다.
is.peek()	is에서 문자를 꺼내지 않고 읽는다.
is.unget()	마지막으로 읽은 문자를 다시 is에 집어넣는다.
is.putback(ch)	문자 ch를 스트림 is에 집어넣는다.

Tip std::string은 getline 함수를 제공한다

std::string에서 제공하는 getline 함수는 istream에서 제공하는 getline 함수보다 훨씬 좋다. std::string은 메모리를 알아서 관리하는 반면, is.get(buf, num) 함수를 사용할 때는 버퍼 buf를 위한 메모리를 직접 예약해야 한다.

```
// inputUnformatted.cpp
...
#include <iostream>
...
std::string line;
std::cout << "Write a line: " << std::endl;
std::getline(std::cin, line);
std::cout << line << std::endl;
...
std::cout << "Write numbers, separated by;" << std::endl;
 while ( std::getline(std::cin, line, ';') ) {     // 2021;9;a
   std::cout << line << std::endl;                 // 2021 9
 }
...
```

14.2.3 출력

추가 연산자 <<를 사용하면 문자를 출력 스트림으로 보낼 수 있으며,

- 모든 내장 타입과 스트링에 대해 미리 정의돼 있다.
- 사용자 정의 타입에 대해 구현할 수 있다.
- 포맷 지정자로 데이터를 조정할 수 있다.

14.2.4 포맷 지정자

포맷 지정자를 이용하면 입력과 출력 데이터를 직접 조정할 수 있다.

Note ≡ 포맷 지정자로 조작자를 사용할 수 있다

포맷 지정자는 조작자나 플래그로 작성할 수 있다. 두 방식이 비슷한데, 사용법은 조작자가 훨씬 간편하므로 이 책에서는 조작자 방식만 사용한다.

포맷 지정자를 이용한 조작자

```
// formatSpecifier.cpp
#include <iostream>
...
int num{2011};

std::cout << num << "\n\n";      // 2011

std::cout.setf(std::ios::hex, std::ios::basefield);
std::cout << num << std::endl; // 7db
std::cout.setf(std::ios::dec, std::ios::basefield);
std::cout << num << std::endl; // 2011
...
std::cout << std::hex << num << std::endl; // 7db
std::cout << std::dec << num << std::endl; // 2011
...
```

다음 표는 주요 포맷 지정자를 정리한 것이다. 포맷 지정자는 필드의 폭에 대한 것을 제외하면 모두 사용 후 리셋된다.

인수를 지정하지 않는 조작자는 <iostream> 헤더를 인클루드하고, 인수를 지정하는 조작자는 <iomanip> 헤더를 인클루드한다.

▼ 표 14-4 불 값 출력하기

조작자	스트림 타입	설명
std::boolalpha	입력과 출력	불 값을 단어로 출력한다.
std::noboolalpha	입력과 출력	불 값을 숫자로 출력한다(디폴트).

▼ 표 14-5 필드 폭과 채우기 문자 설정하기

조작자	스트림 타입	설명
std::setw(val)	입력과 출력	필드 폭을 val로 설정한다.
std::setfill(c)	출력 스트림	채우기 문자(fill character)를 설정한다(디폴트는 공백).

▼ 표 14-6 텍스트 정렬

조작자	스트림 타입	설명
std::left	출력	출력을 왼쪽으로 정렬한다.
std::right	출력	출력을 오른쪽으로 정렬한다.
std::internal	출력	숫자의 부호는 왼쪽으로 정렬하고, 값은 오른쪽으로 정렬한다.

▼ 표 14-7 양의 부호와 대소문자

조작자	스트림 타입	설명
std::showpos	출력	양의 부호를 화면에 표시한다.
std::noshowpos	출력	양의 부호를 화면에 표시하지 않는다(디폴트).
std::uppercase	출력	숫자 값을 대문자로 표시한다(디폴트).
std::lowercase	출력	숫자 값을 소문자로 표시한다.

▼ 표 14-8 진수 표시

조작자	스트림 타입	설명
std::oct	입력과 출력	자연수를 8진수로 표시한다.
std::dec	입력과 출력	자연수를 10진수로 표시한다(디폴트).
std::hex	입력과 출력	자연수를 16진수로 표시한다.
std::showbase	출력	숫자의 진수를 화면에 표시한다.
std::noshowbase	출력	숫자의 진수를 화면에 표시하지 않는다(디폴트).

부동소수점 수는 다음과 같이 특별한 규칙이 적용된다.

- 유효 숫자(significant digit)(콤마 뒤에 나오는 숫자)의 디폴트 개수는 6이다.
- 유효 숫자의 개수가 충분히 크지 않으면 숫자를 과학 표기법으로 표시한다.
- 앞과 뒤에 나오는 0은 화면에 표시하지 않는다.
- 소수점은 가능하면 화면에 표시하지 않는다.

▼ 표 14-9 부동소수점 수

조작자	스트림 타입	설명
std::setprecision(val)	출력	출력의 정밀도를 val로 조정한다.
std::showpoint	출력	소수점을 화면에 표시한다.
std::noshowpoint	출력	소수점을 화면에 표시하지 않는다(디폴트).
std::fixed	출력	부동소수점 수를 10진수로 표시한다.
std::scientific	출력	부동소수점 수를 과학 표기법으로 표시한다.
std::hexfloat	출력	부동소수점 수를 16진수로 표시한다.
std::defaultfloat	출력	부동소수점 수를 디폴트 부동소수점 표기법으로 표시한다.

포맷 지정자

```
// formatSpecifierOutput.cpp
#include <iomanip>
#include <iostream>
#include <iomanip>
#include <iostream>
...
std::cout << "std::setw, std::setfill and std::left, right and internal: " << std::endl;

std::cout.fill('#');
std::cout << -12345 << std::endl;                                   // -12345
std::cout << std::setw(10) << -12345 << std::endl;                  // ####-12345
std::cout << std::setw(10) << std::left << -12345 << std::endl;     // -12345####
std::cout << std::setw(10) << std::right << -12345 << std::endl;    // ####-12345
std::cout << std::setw(10) << std::internal << -12345 << std::endl; // -####12345
...
std::cout << "std::showpos:" << std::endl;

std::cout << 2011 << std::endl;                 // 2011
std::cout << std::showpos << 2011 << std::endl; // +2011
...
```

14 입력 스트림과 출력 스트림

```
std::cout << std::noshowpos << std::endl;

std::cout << "std::uppercase: "  << std::endl;
std::cout << 12345678.9 << std::endl;                    // 1.23457e+07
std::cout << std::uppercase << 12345678.9 << std::endl;  // 1.23457E+07

std::cout << std::nouppercase << std::endl;

std::cout << "std::showbase and std::oct, dec and hex: " << std::endl;
std::cout << 2011 << std::endl;                          // 2011
std::cout << std::oct << 2011 << std::endl;              // 3733
std::cout << std::hex << 2011 << std::endl;              // 7db
...
std::cout << std::showbase;
std::cout << std::dec << 2011 << std::endl;              // 2011
std::cout << std::oct << 2011 << std::endl;              // 03733
std::cout << std::hex << 2011 << std::endl;              // 0x7db

std::cout << std::dec << std::endl;

std::cout << "std::setprecision, std::fixed and std::scientific: " << std::endl;

std::cout << 123.456789 << std::endl;                              // 123.457
std::cout << std::fixed << std::endl;
std::cout << std::setprecision(3) << 123.456789 << std::endl; // 123.457
std::cout << std::setprecision(4) << 123.456789 << std::endl; // 123.4568
std::cout << std::setprecision(5) << 123.456789 << std::endl; // 123.45679
std::cout << std::setprecision(6) << 123.456789 << std::endl; // 123.456789
std::cout << std::setprecision(7) << 123.456789 << std::endl; // 123.4567890
std::cout << std::setprecision(8) << 123.456789 << std::endl; // 123.45678900
std::cout << std::setprecision(9) << 123.456789 << std::endl; // 123.456789000
...
std::cout << std::setprecision(6) << 123.456789 << std::endl; // 123.456789
std::cout << std::scientific << std::endl;
std::cout << std::setprecision(6) << 123.456789 << std::endl; // 1.234568e+02
std::cout << std::setprecision(3) << 123.456789 << std::endl; // 1.235e+02
std::cout << std::setprecision(4) << 123.456789 << std::endl; // 1.2346e+02
std::cout << std::setprecision(5) << 123.456789 << std::endl; // 1.23457e+02
std::cout << std::setprecision(6) << 123.456789 << std::endl; // 1.234568e+02
std::cout << std::setprecision(7) << 123.456789 << std::endl; // 1.2345679e+02
std::cout << std::setprecision(8) << 123.456789 << std::endl; // 1.23456789e+02
std::cout << std::setprecision(9) << 123.456789 << std::endl; // 1.234567890e+02
...
```

14.3 스트림

스트림(stream)은 끝없이 이어지는 데이터의 흐름으로, 데이터를 넣거나 가져올 수 있다. 스트링 스트림을 이용하면 스트링을 직접 다룰 수 있고, 파일 스트림을 이용하면 파일을 직접 다룰 수 있다.

14.3.1 스트링 스트림

스트링 스트림은 <sstream> 헤더에 정의돼 있다. 이 스트림은 입력 스트림이나 출력 스트림에 연결되지 않고 데이터를 스트링에 저장한다.

스트링 스트림을 입력으로 사용하거나 출력으로 사용하거나 문자 타입인 char 또는 wchar_t로 사용할 수 있도록 다음과 같이 스트링 스트림 클래스를 다양하게 제공한다.

- std::istringstream과 std::wistringstream

  char와 wchar_t 타입의 입력 데이터를 위한 스트링 스트림

- std::ostringstream과 std::wostringstream

  char와 wchar_t 타입의 출력 데이터를 위한 스트링 스트림

- std::stringstream과 std::wstringstream

  char와 wchar_t 타입의 입력 또는 출력 데이터를 위한 스트링 스트림

스트링 스트림에 대한 주요 연산은 다음과 같다.

- 스트링 스트림에 데이터 쓰기

```
std::stringstream os;
os << "New String";
os.str("Another new String");
```

- 스트링 스트림에서 데이터 읽기

```
std::string os;
std::string str;
os >> str;
str= os.str();
```

- 스트링 스트림 비우기

```
std::stringstream os;
os.str("");
```

스트링 스트림은 스트링과 숫자 값에 대한 타입 안전 변환에 주로 사용된다.

스트링 스트림

```
// stringStreams.cpp
#include <iomanip>
#include <iostream>
#include <sstream>
#include <string>

template < class T >
T StringTo ( const std::string& source ){
  std::istringstream iss(source);
  T ret;
  iss >> ret;
  return ret;
}

template < class T >
std::string ToString(const T& n){
  std::ostringstream tmp ;
  tmp << n;
  return tmp.str();
}

int main(){
...
  std::cout << "5 = "  << std::string("5") << std::endl;           // 5 = 5
  std::cout << "5 = " <<  StringTo<int>("5") << std::endl;         // 5 = 5
  std::cout << "5 + 6 = " << StringTo<int>("5") + 6 << std::endl;  // 5 + 6 = 11

  std::string erg(ToString(StringTo<int> ("5") + 6 ) );
  std::cout << "5 + 6 = " << erg  << std::endl;                    // 5 + 6 = 11

  std::cout << "5e10: " << std::fixed << StringTo<double>("5e10")  << std::endl;
  // 5e10: 50000000000.000000
...
}
```

14.3.2 파일 스트림

파일 스트림(file stream)은 파일을 다루는 데 사용되며 <fstream> 헤더에 정의돼 있다. 파일 스트림은 파일의 수명을 알아서 관리해준다.

파일 스트림을 입력으로 사용하거나 출력으로 사용하거나 char 또는 wchar_t 타입으로 사용할 수 있도록 다음과 같이 다양한 파일 스트림 클래스를 제공한다.

- std::ifstream과 std::wifstream

  char와 wchar_t 타입 입력 데이터를 위한 파일 스트림

- std::ofstream과 std::wofstream

  char와 wchar_t 타입 출력 데이터를 위한 파일 스트림

- std::fstream과 std::wfstream

  char와 wchar_t 타입 입력과 출력 데이터를 위한 파일 스트림

- std::filebuf와 std::wfilebuf

  char와 wchar_t 타입 데이터 버퍼

> **Warning** **파일 위치 포인터 설정하기**
>
> 읽기와 쓰기 용도의 파일 스트림은 파일 내용을 수정한 후에 반드시 파일 위치를 설정해야 한다.

플래그를 사용하면 파일 스트림을 여는 모드를 설정할 수 있다.

▼ 표 14-10 파일 스트림 열기용 플래그

플래그	설명
std::ios::in	파일 스트림을 읽기 용도로 연다(std::ifstream과 std::wifstream의 디폴트 플래그).
std::ios::out	파일 스트림을 쓰기 용도로 연다(std::ofstream과 std::wofstream의 디폴트 플래그).
std::ios::app	파일 스트림 끝에 문자를 붙인다.
std::ios::ate	파일 스트림 끝에 대한 파일 위치 포인터의 초기 위치를 설정한다.
std::ios::trunc	원본 파일을 삭제한다.
std::ios::binary	파일 시스템에서 이스케이프 시퀀스를 해석하지 않는다.

파일 버퍼인 in.rdbuf()를 이용하면, in이란 이름의 파일을 out이란 이름의 파일에 쉽게 복제할 수 있다. 여기서는 간단히 사용 예만 보여주기 위해 에러 핸들링은 생략한다.

```
#include <fstream>
...
std::ifstream in("inFile.txt");
std::ofstream out("outFile.txt");
out << in.rdbuf();
```

C++ 플래그를 결합하면 파일을 열기 위한 C++ 모드와 C 모드를 비교할 수 있다.

▼ 표 14-11 C++와 C로 파일 열기

C++ 모드	설명	C 모드
std::ios::in	파일을 읽는다.	"r"
std::ios::out	파일을 쓴다.	"w"
std::ios::out | std::ios::app	파일에 추가한다.	"a"
std::ios::in | std::ios::out	파일을 읽고 쓴다.	"r+"
std::ios::in | std::ios::out | std::ios::trunc	파일을 쓰고 읽는다.	"w+"

파일은 반드시 "r"이나 "r+" 모드여야 한다. 파일을 생성할 때는 "a"나 "w+" 모드여야 한다. 파일을 덮어 쓸 때는 "w" 모드를 지정한다.

파일 스트림의 수명을 직접 관리하려면 다음 플래그를 사용한다.

▼ 표 14-12 파일 스트림의 수명 관리하기

플래그	설명
infile.open(name)	name이란 파일을 읽기 모드로 연다.
infile.open(name, flags)	flags를 적용해 name 파일을 읽기 모드로 연다.
infile.close()	name 파일을 닫는다.
infile.is_open()	파일이 열려 있는지 확인한다.

임의 접근

임의 접근 모드를 이용하면 파일 위치 포인터를 직접 지정할 수 있다.

파일 스트림을 생성할 때 파일 위치 포인터는 파일의 시작점을 가리킨다. 파일 스트림에서 제공하는 메서드를 이용하면 이 위치를 조정할 수 있다.

▼ 표 14-13 파일 스트림 위치 옮기기

메서드	설명
file.tellg()	file의 읽기 위치를 리턴한다.
file.tellp()	file의 쓰기 위치를 리턴한다.
file.seekg(pos)	file의 읽기 위치를 pos로 설정한다.
file.seekp(pos)	file의 쓰기 위치를 pos로 설정한다.
file.seekg(off, rpos)	file의 읽기 위치를 rpos를 기준으로 옵셋 off만큼 떨어진 지점으로 설정한다.
file.seekp(off, rpos)	file의 쓰기 위치를 rpos를 기준으로 옵셋 off만큼 떨어진 지점으로 설정한다.

off는 반드시 숫자로 지정해야 한다. rpos는 다음과 같이 세 가지 값으로 지정한다.

std::ios::beg

  파일의 시작 위치

std::ios::cur

  파일의 현재 위치

std::ios::end

  파일의 끝 위치

 Warning **파일 경계를 지킨다**

파일을 임의 접근 방식으로 접근할 때 C++ 런타임은 파일 경계를 검사하지 않는다. 이 경계를 벗어난 부분을 읽거나 쓰면 비정상적으로 실행된다.

임의 접근

```
// randomAccess.cpp
#include <fstream>
#include <iostream>
#include <string>

int writeFile(const std::string name){
  std::ofstream outFile(name);
```

```
  if (!outFile){
    std::cerr << "Could not open file " << name << std::endl;
    exit(1);
  }

  for ( unsigned int i=0; i < 10; ++i){
    outFile << i << "        0123456789" << std::endl;
  }
}
...
int main(){
  std::cout << std::endl;
  std::string random{"random.txt"};
  writeFile(random);
  std::ifstream inFile(random);

  if (!inFile){
    std::cerr << "Could not open file " << random << std::endl;
    exit(1);
  }
  std::string line;
  std::cout << "The whole file : " << std::endl;
  std::cout << inFile.rdbuf();
  std::cout <<  "inFile.tellg(): " << inFile.tellg()  << std::endl;
...
  inFile.seekg(0);
  inFile.seekg(0, std::ios::beg);   // 중복 문장
  getline(inFile, line);
  std::cout << line << std::endl;

  inFile.seekg(20, std::ios::cur);
  getline(inFile, line);
  std::cout << line << std::endl;

  inFile.seekg(-20, std::ios::end);
  getline(inFile, line);
  std::cout << line << std::endl;
...
}
```

```
// 실행 결과
The whole file :
```

```
0         0123456789
1         0123456789
2         0123456789
3         0123456789
4         0123456789
5         0123456789
6         0123456789
7         0123456789
8         0123456789
9         0123456789
inFile.tellg(): 200

0         0123456789
2         0123456789
9         0123456789
```

14.3.3 스트림 상태

플래그는 스트림의 상태를 표현한다. 이런 플래그를 다루는 메서드는 <iostream> 헤더에 정의돼 있다.

▼ 표 14-14 스트림 상태

플래그	플래그 질의	설명
std::ios::goodbit	stream.good()	아무런 비트도 설정하지 않는다.
std::ios::eofbit	stream.eof()	파일 끝(end-of-file) 비트를 설정한다.
std::ios::failbit	stream.fail()	에러
std::ios::badbit	stream.bad()	비정상적인 동작

스트림의 상태가 변경되는 예는 다음과 같다.

std::ios::eofbit

- 정상적인 문자를 벗어난 지점을 읽는 경우

std::ios::failbit

- 포맷이 잘못된 부분을 읽는 경우
- 정상적인 문자를 벗어난 지점을 읽는 경우
- 파일을 여는 과정에 문제가 발생한 경우

std::ios::badbit

- 스트림 버퍼의 크기를 조정할 수 없는 경우
- 스트림 버퍼의 코드 변환 과정에 문제가 발생한 경우
- 스트림의 일부분에서 익셉션이 발생한 경우

stream.fail()은 std::ios::failbit나 std::ios::badbit가 설정됐는지 여부를 리턴한다.

다음 메서드를 이용하면 스트림 상태를 읽거나 설정할 수 있다.

stream.clear()

플래그를 초기화하고 스트림을 goodbit 상태로 설정한다.

stream.clear(sta)

플래그를 초기화하고 스트림을 sta 상태로 설정한다.

stream.rdstate()

현재 상태를 리턴한다.

stream.setstate(fla)

플래그 fla를 추가로 설정한다.

스트림 연산은 해당 스트림이 goodbit 상태에 있을 때만 작동한다. 스트림이 badbit 상태에 있다면 goodbit 상태로 설정할 수 없다.

스트림 상태

```
// streamState.cpp
#include <ios>
#include <iostream>

int main(){
...
  std::cout << "In failbit-state: " << std::cin.fail() << std::endl;
...
  int myInt;
  while (std::cin >> myInt){
    std::cout << "Output: " << myInt << std::endl;
    std::cout << "In failbit-state: " << std::cin.fail() << std::endl;
    std::cout << std::endl;
  }
```

```
  std::cout << "In failbit-state: " << std::endl;
  std::cin.clear();
  std::cout << "In failbit-state: " << std::cin.fail() << std::endl;
...
}
```

```
// 실행 결과: a를 입력한 경우
In failbit-state: false

a
In failbit-state:
In failbit-state: false
```

문자 a를 입력하면 스트림 std::cin의 상태는 std::ios::failbit로 전환된다. 따라서 a와 std::cin::fail()은 화면에 표시될 수 없다. 먼저 스트림 std::cin을 초기화해야 한다.

14.4 사용자 정의 데이터 타입

C++ STANDARD LIBRARY

입력 및 출력 연산자를 오버로딩하면 사용자 정의 데이터 타입을 기본 데이터 타입처럼 작동하게 만들 수 있다.

```
friend std::istream& operator>> (std::istream& in, Fraction& frac);
friend std::ostream& operator<< (std::ostream& out, const Fraction& frac);
```

입력 및 출력 연산자를 오버로딩하려면 다음 규칙을 지켜야 한다.

- 입력 연산이나 출력 연산을 연달아 적용하려면 입력 스트림이나 출력 스트림을 입력받아서 비상수(non-constant) 레퍼런스로 리턴해야 한다.
- 클래스의 사설 멤버(private member)에 접근하려면 입력 연산자나 출력 연산자를 해당 데이터 타입에서 friend로 선언해야 한다.
- 입력 연산자인 >>는 데이터 타입을 비상수 레퍼런스로 받는다.
- 출력 연산자인 <<는 데이터 타입을 상수 레퍼런스로 받는다.

입력 연산자와 출력 연산자 오버로딩하기

```
// overloadingInOutput.cpp
#include <iostream>

class Fraction{
public:
  Fraction(int num=0, int denom=0):numerator(num), denominator(denom){}
  friend std::istream& operator>> (std::istream& in, Fraction &frac);
  friend std::ostream& operator<< (std::ostream& out, const Fraction& frac);

private:
  int numerator;
  int denominator;
};

std::istream& operator>> (std::istream& in, Fraction& frac){
  in >> frac.numerator;
  in >> frac.denominator;
  return in;
}

std::ostream& operator<< (std::ostream& out, const Fraction& frac){
  out << frac.numerator << "/" << frac.denominator;
  return out;
}

int main(){
...
  Fraction frac(3, 4);
  Fraction frac2(7, 8);
  std::cout << "frac(3, 4): " <<  frac << std::endl;
  std::cout << frac << "    " << frac2 << std::endl;
...
  std::cout << "Enter two natural numbers for a Fraction: " << std::endl;
  Fraction fracDef;
  std::cin >> fracDef;
  std::cout << "fracDef: " << fracDef << std::endl;
...
}
```

```
// 실행 결과
frac(3, 4): 3/4
3/4   7/8

Enter two natural numbers for a Fraction:
1 2
fracDef: 1/2
```

15장

파일 시스템 라이브러리

15.1 클래스
15.2 비멤버 함수
15.3 파일 타입

C++17부터 추가된 파일 시스템 라이브러리[1]는 boost::filesystem[2]을 토대로 만든 것이다. 이 라이브러리의 구성 요소 중 일부는 옵션이다. 다시 말해, 파일 시스템 라이브러리 구현의 종류에 따라 std::filesystem의 일부 기능을 제공하지 않을 수 있다. 가령 FAT-32는 심볼릭 링크를 지원하지 않는다.

Note ≡ cppreference.com 사용법

이 책을 집필할 당시(2017년 10월)에는 새로 추가된 파일 시스템 라이브러리를 지원하는 C++ 컴파일러가 없었다. 그래서 당시 en.cppreference.com[3]에 나온 최신 GCC 컴파일러로 코드를 컴파일했고, experimental 네임스페이스를 적용해야 했다.[4]

```
#include <experimental/filesystem>

namespace fs = std::experimental::filesystem;
```

이 라이브러리는 파일, 파일 이름, 경로라는 세 가지 개념을 토대로 구성된다.

- **파일**(file): 데이터를 저장하는 개체. 원하는 내용을 파일에 쓰거나 그 안에 담긴 내용을 읽을 수 있으며 파일마다 이름과 타입이 있다. 파일 타입으로는 디렉터리, 하드 링크, 심볼릭 링크, 일반 파일 등이 있다.
  - **디렉터리**(directory): 파일을 담는 컨테이너. 현재 디렉터리는 점(.)으로 표기하고, 부모 디렉터리는 점 두 개(..)로 표기한다.
  - **하드 링크**(hard link): 기존 파일에 연결된 이름
  - **심볼릭 링크**(symbolic link): 파일에 대한 경로에 이름을 연결한 것. 해당 경로가 존재하지 않을 수도 있다.
  - **일반 파일**(regular file): 디렉터리나 하드 링크나 심볼릭 링크가 아닌, 디렉터리에 들어갈 항목

1 http://en.cppreference.com/w/cpp/filesystem

2 http://www.boost.org/doc/libs/1_65_1/libs/filesystem/doc/index.htm

3 https://en.cppreference.com/w/cpp/compiler_support의 'C++17 library features' / 'File system library' 항목

4 역주 번역을 마무리하는 시점인 2021년 9월에는 여러 컴파일러가 지원하고 있으므로, 이전 버전을 사용하지 않는다면 'experimental'을 붙이지 않아도 된다. 참고로 이 번역서는 Apple Clang 12.0을 사용했다. 그러므로 이 장에 나온 예제는 모두 experimental 네임스페이스를 사용하지 않았다.

- **파일 이름**(file name): 파일을 가리키는 스트링. 파일 이름에 사용할 수 있는 문자의 종류나 이름의 길이, 대소문자 구분 여부 등은 구현마다 다르다.
- **경로**(path): 파일의 위치를 가리키는 요소를 나열한 것. 옵션으로 루트 이름(예 윈도우 시스템의 경우, 'C:')이나 루트 디렉터리(예 유닉스 시스템의 '/')가 붙을 수 있다. 경로를 구성하는 요소는 디렉터리일 수도 있고 하드 링크, 심볼릭 링크, 일반 파일일 수도 있다. 경로의 종류로는 절대 경로, 표준 경로, 상대 경로가 있다.
    - **절대 경로**(absolute path): 파일을 가리키는 고유한 경로값
    - **표준 경로**(canonical path): 심볼릭 링크나 (현재 디렉터리를 가리키는 '.'나 부모 디렉터리를 가리키는 '..'와 같은) 상대 경로가 아닌 경로
    - **상대 경로**(relative path): 파일 시스템상의 현재 위치를 기준으로 표현한 경로. 현재 디렉터리를 가리키는 '.'나 부모 디렉터리를 가리키는 '..' 또는 'home/rainer' 등이 모두 상대 경로다. 유닉스에서 상대 경로는 루트 디렉터리(/)로 시작하지 않는다.

다음 코드는 파일 시스템의 기본 개념을 보여주는 예다.

파일 시스템 라이브러리

```
// filesystem.cpp
...
#include <fstream>
#include <iostream>
#include <string>
#include <filesystem>

namespace fs = std::filesystem;

int main(){
  std::cout << "Current path: " << fs::current_path() << std::endl;        // (1)
  std::string dir= "sandbox/a/b";
  fs::create_directories(dir);                                              // (2)

  std::ofstream("sandbox/file1.txt");
  fs::path symPath= fs::current_path() /=  "sandbox";                       // (3)
  symPath /= "syma";
  fs::create_symlink("a", "symPath");                                       // (4)

  std::cout << "fs::is_directory(dir): " << fs::is_directory(dir) << std::endl;
  std::cout << "fs::exists(symPath): "  << fs::exists(symPath) << std::endl;
  std::cout << "fs::symlink(symPath): " << fs::is_symlink(symPath) << std::endl;
```

```
  for(auto& p: fs::recursive_directory_iterator("sandbox"))             // (5)
    std::cout << p.path() << std::endl;
  fs::remove_all("sandbox");
}
```

```
// 실행 결과
Current path: "/Users/nam/Desktop/The C++ Standard Library_Code/Filesystem"
fs::is_directory(dir): 1
fs::exists(symPath): 0
fs::symlink(symPath): 0
"sandbox/file1.txt"
"sandbox/a"
"sandbox/a/b"
```

fs::current_path()는 현재 경로를 리턴한다(1). std::filesystem::create_directories를 이용하면 디렉터리 계층을 생성할 수 있다(2). /= 연산자는 경로에 대해 오버로딩된 것도 있다(3). 그래서 심볼릭 링크를 직접 생성하거나(4) 파일의 속성을 확인하는 데 사용할 수 있다. recursive_directory_iterator를 호출하면 디렉터리를 재귀적으로 탐색할 수 있다(5).

15.1 클래스

파일 시스템의 다양한 속성을 캡슐화한 클래스가 제공된다.

▼ 표 15-1 파일 시스템에 관련된 다양한 클래스

클래스	설명
path	경로를 표현한다.
filesystem_error	익셉션 오브젝트를 정의한다.
directory_entry	디렉터리 요소를 표현한다.
directory_iterator	디렉터리 반복자를 정의한다.
recursive_directory_iterator	재귀적 디렉터리 반복자를 정의한다.
file_status	파일에 대한 정보를 저장한다.

계속

클래스	설명
space_info	파일 시스템 정보를 표현한다.
file_type	파일의 타입을 가리킨다.
perms	파일 접근 권한을 표현한다.
copy_options	copy와 copy_file 함수에 대한 옵션을 표현한다.
directory_options	directory_iterator와 recursive_directory_iterator 함수에 대한 옵션을 표현한다.
file_time_type	파일 시각을 표현한다.

15.1.1 파일의 접근 권한 조작하기

파일 접근 권한(permission)은 std::filesystem::perms 클래스로 표현한다. 이 클래스는 비트마스크 타입[5]이므로 비트 단위 연산으로 조작할 수 있다. 접근 권한은 POSIX[6] 규격을 따른다.

en.cppreference.com에 나온 프로그램[7]을 보면 파일의 소유자와 그룹을 비롯한 여러 가지 속성을 읽고 쓰는 방법을 알 수 있다.

파일의 접근 권한

```
// perms.cpp
#include <fstream>
#include <bitset>
#include <iostream>
#include <filesystem>

namespace fs = std::filesystem;

void printPerms(fs::perms perm){
  std::cout << ((perm & fs::perms::owner_read) != fs::perms::none ? "r" : "-")
            << ((perm & fs::perms::owner_write) != fs::perms::none ? "w" : "-")
            << ((perm & fs::perms::owner_exec) != fs::perms::none ? "x" : "-")
            << ((perm & fs::perms::group_read) != fs::perms::none ? "r" : "-")
            << ((perm & fs::perms::group_write) != fs::perms::none ? "w" : "-")
```

5 http://en.cppreference.com/w/cpp/concept/BitmaskType

6 https://en.wikipedia.org/wiki/POSIX

7 https://en.cppreference.com/w/cpp/filesystem/perms

```
            << ((perm & fs::perms::group_exec) != fs::perms::none ? "x" : "-")
            << ((perm & fs::perms::others_read) != fs::perms::none ? "r" : "-")
            << ((perm & fs::perms::others_write) != fs::perms::none ? "w" : "-")
            << ((perm & fs::perms::others_exec) != fs::perms::none ? "x" : "-")
            << std::endl;
}

int main(){
  std::ofstream("rainer.txt");
  std::cout << "Initial file permissions for a file: ";
  printPerms(fs::status("rainer.txt").permissions());           // (1)

  fs::permissions("rainer.txt",                                   // (2)
                  fs::perms::owner_all | fs::perms::group_all,
                  fs::perm_options::add);
  std::cout << "Adding all bits to owner and group:  ";
  printPerms(fs::status("rainer.txt").permissions());

  fs::permissions("rainer.txt",                                   // (3)
                  fs::perms::owner_write | fs::perms::group_write |
                  fs::perms::others_write,
                  fs::perm_options::remove);
  std::cout << "Removing the write bits for all:     ";
  printPerms(fs::status("rainer.txt").permissions());
  fs::remove("rainer.txt");
}
```

fs::status("rainer.txt").permissions()를 호출해서 rainer.txt 파일에 대한 접근 권한을 얻었고, 그 내용을 printPerms 함수로 출력했다(1). 그리고 std::filesystem:perm_options::add 타입을 설정해 이 파일의 소유자와 그룹에 대한 접근 권한도 추가했다(2). 이렇게 하는 대신 std::filesystem::perm_options::remove 상수를 설정해 삭제 권한을 지정할 수도 있다(3).

```
// 실행 결과
Initial file permissions for a file: rw-r--r--
Adding all bits to owner and group:  rwxrwxr--
Removing the write bits for all:     r-xr-xr--
```

15.2 비멤버 함수

파일 시스템을 다루기 위한 비멤버 함수도 다양하게 제공된다.

▼ 표 15-2 파일 시스템을 다루기 위한 비멤버 함수

비멤버 함수	설명
absolute	절대 경로를 구성한다.
canonical과 weakly_canonical	표준 경로를 구성한다.
relative와 proximate	상대 경로를 구성한다.
copy	파일과 디렉터리를 복제한다.
copy_file	파일 내용을 복제한다.
copy_symlink	심볼릭 링크를 복제한다.
create_directory와 create_directories	새 디렉터리를 생성한다.
create_hard_link	하드 링크를 생성한다.
create_symlink와 create_directory_symlink	심볼릭 링크를 생성한다.
current_path	현재 작업 디렉터리로 돌아간다.
exists	주어진 경로의 파일이 존재하는지 검사한다.
equivalent	두 경로가 같은 파일을 가리키는지 검사한다.
file_size	파일 크기를 리턴한다.
hard_link_count	파일에 걸린 하드 링크 개수를 리턴한다.
last_write_time	가장 최근에 파일을 수정한 시각을 알아내거나 설정한다.
permissions	파일 접근 권한을 변경한다.
read_symlink	심볼릭 링크의 타깃을 알아낸다.
remove	파일 또는 빈 디렉터리를 삭제한다.
remove_all	파일 또는 디렉터리를 삭제한다. 디렉터리 안에 담긴 내용은 재귀적으로 삭제한다.
rename	파일이나 디렉터리 이름 또는 위치를 변경한다.
resize_file	잘라내기(truncation)로 파일 크기를 변경한다.
space	파일 시스템에서 빈 공간을 리턴한다.

계속

비멤버 함수	설명
status	파일 속성을 결정한다.
symlink_status	파일 속성을 결정하고 심볼릭 링크의 타깃을 검사한다.
temp_directory_path	임시 파일을 위한 디렉터리를 리턴한다.

15.2.1 파일을 마지막으로 쓴 시각을 읽거나 설정하기

글로벌 함수인 std::filesystem::last_write_time을 이용하면 파일을 마지막으로 쓴 시각을 읽거나 설정할 수 있다. 가령 다음 예는 en.cppreference.com[8]에 나온 last_write_time 예제를 재구성한 것이다.

파일을 쓴 시각

```
// fileTime.cpp
...
#include <filesystem>

namespace fs = std::filesystem;
using namespace std::chrono_literals;

int main(){

  fs::path path = fs::current_path() / "rainer.txt";
  std::ofstream(path.c_str());
  auto ftime = fs::last_write_time(path);                          // (1)

  std::time_t cftime = decltype(ftime)::clock::to_time_t(ftime);  // (2)
  std::cout << "Write time on server "                             // (3)
            << std::asctime(std::localtime(&cftime));
  std::cout << "Write time on server "                             // (4)
            << std::asctime(std::gmtime(&cftime)) << std::endl;

  fs::last_write_time(path, ftime + 2h);                           // (5)
  ftime = fs::last_write_time(path);                               // (6)
```

8 http://en.cppreference.com/w/cpp/experimental/fs/last_write_time

```
  cftime = decltype(ftime)::clock::to_time_t(ftime);

  std::cout << "Local time on client " << std::asctime(std::localtime(&cftime)) <<
std::endl;

  fs::remove(path);
}
...
```

(1)에서는 새로 만든 파일을 쓴 시각을 설정한다. (2)에서는 ftime을 이용해 std::chrono::system_clock을 초기화한다. ftime의 타입은 std::filesystem::file_time_type이며, 여기서는 std::chrono::system_clock에 대한 앨리어스다. 그래서 (3)에서 std::localtime을 초기화하고 달력 시각을 텍스트로 표현했다. (4)에서 std::localtime 대신 std::gmtime을 사용해도 결과는 같다. UTC(Coordinated Universal Time)(협정 세계시)와 독일 현지 시각은 2시간 차이가 나는데, 이렇게 나와 의아했다. 그 이유는 en.cppreference.com에 있는 온라인 컴파일러 서버에서 UTC와 현지 시각(local time)이 동일하게 설정됐기 때문이다.

이 코드를 실행한 결과는 다음과 같다. 코드에서 파일을 쓴 시각을 2시간 뒤로 변경했고(5), 이 값을 다시 파일 시스템에서 읽었다(6). 이렇게 하면 한국 현지 시각에 맞게 변경된다.

```
// 실행 결과
Write time on server Wed Sep  8 14:45:26 2021
Write time on server Wed Sep  8 05:45:26 2021

Local time on client Wed Sep  8 16:45:26 2021
```


15.2.2 파일 시스템 공간 정보 알아내기

글로벌 함수인 std::filesystem::space는 std::filesystem::space_info 타입 오브젝트를 리턴한다. 이 오브젝트는 capacity, free, available이란 멤버를 갖고 있다.

- capacity: 파일 시스템 전체 크기
- free: 파일 시스템에서 빈 공간
- available: 일반(non-privileged) 프로세스가 사용할 수 있는 빈 공간(free가 가리키는 공간과 같거나 그보다 작다.)

크기는 모두 바이트 단위로 표기한다.

다음 코드는 cppreference.com에 나온 예다. 여기서 입력한 경로는 모두 동일한 파일 시스템에 대한 것이다. 그래서 결과가 같다.

공간 정보

```
// space.cpp
#include <iostream>
#include <filesystem>

namespace fs = std::filesystem;

int main(){

  fs::space_info root = fs::space("/");
  fs::space_info usr = fs::space("/usr");
  std::cout << "         Capacity        Free       Available\n"
            << "/    " << root.capacity << "    "
            << root.free << "    " << root.available << "\n"
            << "usr   "  << usr.capacity << "    "
            << usr.free <<  "    " << usr.available;
}
```

```
// 실행 결과
        Capacity       Free         Available
/    499963174912   488717746176   272490872832
usr  499963174912   488717746176   272490872832%
```

15.3 파일 타입

C++ STANDARD LIBRARY

다음 표에 나온 프레디케이트를 사용하면 파일의 타입을 쉽게 알아낼 수 있다.

❤ 표 15-3 파일 시스템의 파일 타입

파일 타입	설명
is_block_file	주어진 경로가 블록 파일을 가리키는지 검사한다.
is_character_file	주어진 경로가 문자 파일을 가리키는지 검사한다.
is_directory	주어진 경로가 디렉터리를 가리키는지 검사한다.
is_empty	주어진 경로가 빈 파일 또는 빈 디렉터리인지 검사한다.
is_fifo	주어진 경로가 네임드 파이프(named pipe)[9]인지 검사한다.
is_other	주어진 경로가 다른 파일을 가리키는지 검사한다.
is_regular_file	주어진 경로가 일반 파일을 가리키는지 검사한다.
is_socket	주어진 경로가 IPC 소켓을 가리키는지 검사한다.
is_symlink	주어진 경로가 심볼릭 링크를 가리키는지 검사한다.
status_known	주어진 파일에 상태가 설정됐는지(file_type::none이 아닌지) 검사한다.

15.3.1 파일 타입 알아내기

앞에서 본 프레디케이트를 이용하면 파일의 타입에 대한 정보를 알아낼 수 있으며, 한 파일에 여러 프레디케이트를 사용해야 할 수도 있다. 다음 예를 보면, 일반 파일을 가리키는 심볼릭 링크는 일반 파일이기도 하고 심볼릭 링크이기도 한 것을 알 수 있다.

파일 타입

```
// fileType.cpp
...
#include <filesystem>
...
namespace fs = std::filesystem;

void printStatus(const fs::path& path_){
  std::cout << path_;
  if(!fs::exists(path_)) std::cout << " does not exist";
  else{
      if(fs::is_block_file(path_)) std::cout << " is a block file\n";
      if(fs::is_character_file(path_)) std::cout << " is a character device\n";
```

9 https://en.wikipedia.org/wiki/Named_pipe

```
    if(fs::is_directory(path_)) std::cout << " is a directory\n";
    if(fs::is_fifo(path_)) std::cout << " is a named pipe\n";
    if(fs::is_regular_file(path_)) std::cout << " is a regular file\n";
    if(fs::is_socket(path_)) std::cout << " is a socket\n";
    if(fs::is_symlink(path_)) std::cout << "          is a symlink\n";
  }
}

int main(){

  fs::create_directory("rainer");
  printStatus("rainer");

  std::ofstream("rainer/regularFile.txt");
  printStatus("rainer/regularFile.txt");

  fs::create_directory("rainer/directory");
  printStatus("rainer/directory");

  mkfifo("rainer/namedPipe", 0644);
  printStatus("rainer/namedPipe");

  struct sockaddr_un addr;
  addr.sun_family = AF_UNIX;
  std::strcpy(addr.sun_path, "rainer/socket");
  int fd = socket(PF_UNIX, SOCK_STREAM, 0);
  bind(fd, (struct sockaddr*)&addr, sizeof addr);
  printStatus("rainer/socket");

  fs::create_symlink("rainer/regularFile.txt", "symlink");
  printStatus("symlink");

  printStatus("dummy.txt");

  fs::remove_all("rainer");
}
```

```
// 실행 결과
"rainer" is a directory
"rainer/regularFile.txt" is a regular file
"rainer/directory" is a directory
"rainer/namedPipe" is a named pipe
```

```
"rainer/socket" is a socket
"symlink" is a regular file
          is a symlink
"dummy.txt" does not exist%
```

16장

멀티스레딩

16.1 메모리 모델
16.2 어토믹 데이터 타입
16.3 스레드
16.4 공유 변수
16.5 스레드 로컬 데이터
16.6 상태 변수
16.7 태스크

C++는 C++11부터 멀티스레딩을 네이티브(native)로 지원하기 시작했다. 멀티스레딩은 크게 메모리 모델과 표준 스레딩 인터페이스라는 두 부분으로 구성된다.

16.1 메모리 모델

C++ STANDARD LIBRARY

멀티스레딩은 잘 정의된(well-defined) 메모리 모델을 토대로 만들었다. 이 메모리 모델은 다음과 같은 역할을 담당한다.

- **어토믹 연산**: 인터럽트 없이 수행할 수 있는 연산
- **연산의 부분 순서화**(partial ordering): 순서가 바뀌면 안 되는 연산 시퀀스
- **연산의 시각적 효과**: 공유 변수에 대한 연산이 다른 스레드에도 보이도록 보장하기

C++ 메모리 모델은 토대가 되는 자바 메모리 모델과 비슷한 점이 많지만, C++에서는 순차 일관성(sequential consistency)을 깰 수 있다는 점이 다르다. 어토믹 연산의 디폴트 동작은 순차 일관성을 따른다.

순차 일관성은 다음 두 가지 사항을 보장한다.

1. 프로그램의 인스트럭션을 소스 코드에 나온 순서대로 수행하기
2. 모든 스레드에 대한 모든 연산의 전체 순서

16.2 어토믹 데이터 타입

C++ STANDARD LIBRARY

C++는 불 타입, 문자, 숫자, 포인터 등과 같은 간단한 어토믹 데이터 타입을 제공하며 `<atomic>` 헤더에 정의돼 있다. `std::atomic` 템플릿을 이용하면 어토믹 데이터 타입을 직접 정의할 수 있지만(예 `std::atomic<MyType>`), 몇 가지 제약 사항이 있다.

- MyType과 MyType의 모든 기본 클래스에 대한 복제 대입 연산자와 MyType에서 static이 아닌 모든 멤버는 반드시 단순(trivial)해야 한다.
- MyType은 반드시 가상 메서드나 기본 클래스가 아니어야 한다.
- MyType은 반드시 비트 단위로 복제할 수 있어야 하고 비교할 수 있어야 한다. 그래야 C 함수인 memcpy나 memcmp에서 사용할 수 있다.

어토믹 데이터 타입은 어토믹 연산자를 제공한다. 예를 들어 load와 store가 있다.

어토믹 데이터 타입

```
// atomic.cpp
...
#include <atomic>
...
std::atomic_int x;
std::atomic_int y;
int r1;
int r2;

void writeX(){
  x.store(1);
  r1= y.load();
}

void writeY(){
  y.store(1);
  r2=x.load();
}

int main(){
  std::cout << std::endl;

  x= 0;
  y= 0;
  std::thread a(writeX);
  std::thread b(writeY);
  a.join();
  b.join();
```

```
  std::cout << "(r1, r2)= " << "(" << r1 << ", " << r2 << ")" << std::endl;

  std::cout << std::endl;
}
```

실행하면 (1, 1), (1, 0), (0, 1) 중 하나가 나온다.

16.3 스레드

C++의 멀티스레딩 인터페이스를 사용하려면 <thread> 헤더를 인클루드해야 한다.

16.3.1 생성

std::thread는 실행 단위를 표현한다. 실행 단위는 스레드 생성과 동시에 시작하며, 작업 패키지(work package)를 콜러블 단위로 가져온다. 콜러블 단위는 함수일 수도 있고, 함수 오브젝트일 수도 있으며, 람다 함수일 수도 있다.

스레드 생성

```
// threadCreate.cpp
...
#include <thread>
...
#include <iostream>
#include <thread>

void helloFunction(){
  std::cout << "Hello C++11 from a function." << std::endl;
}

class HelloFunctionObject  {
public:
  void operator()() const {
```

```
    std::cout << "Hello C++11 from a function object." << std::endl;
  }
};

int main(){

  std::cout << std::endl;

  // helloFunction을 실행하는 스레드
  std::thread t1(helloFunction);

  // helloFunctionObject를 실행하는 스레드
  HelloFunctionObject helloFunctionObject;
  std::thread t2(helloFunctionObject);

  // 람다 함수를 실행하는 스레드
  std::thread t3([]{std::cout << "Hello C++11 from lambda function." << std::endl;});

  // t1, t2, t3가 메인 스레드 종료 전에 마치도록 보장한다
  t1.join();
  t2.join();
  t3.join();

  std::cout << std::endl;
};
```


16.3.2 수명

스레드를 생성했다면, 스레드의 수명 동안 관리해야 한다. 생성된 스레드는 콜러블이 종료할 때 같이 끝난다. 이때 스레드 생성자는 스레드 t가 끝날 때까지 기다릴 수도 있고(t.join()), 스레드와 분리할 수도 있다(t.detach()). t.join()이나 t.detach()가 실행되기 전에는 스레드 t가 조인 가능한 상태(joinable)다. 조인 가능한 스레드는 소멸자에서 std::terminate 익셉션을 호출해 프로그램을 종료시킨다.

스레드의 수명

```
// threadLifetime.cpp
...
#include <thread>
...

void helloFunction(){
  std::cout << "Hello C++11 from a function." << std::endl;
}

class HelloFunctionObject  {
public:
  void operator()() const {
    std::cout << "Hello C++11 from a function object." << std::endl;
  }
};

int main(){
  std::cout << std::endl;

  // helloFunction을 실행하는 스레드
  std::thread t1(helloFunction);

  // helloFunctionObject를 실행하는 스레드
  HelloFunctionObject helloFunctionObject;
  std::thread t2(helloFunctionObject);

  // 람다 함수를 실행하는 스레드
  std::thread t3([]{std::cout << "Hello C++11 from lambda function." << std::endl;});

  // t1, t2, t3가 메인 스레드 종료 전에 마치도록 보장한다
  t1.join();
  t2.detach();
  t3.join();

  std::cout << std::endl;
};
```

생성자와 분리된 스레드는 백그라운드에서 실행되기 때문에 흔히 데몬(daemon) 스레드라고 부른다.

> **Warning** 스레드를 옮길 때는 주의한다
>
> 한 스레드에 있는 콜러블을 다른 스레드로 옮길 수 있다.
>
> ```
> #include <thread>
> ...
> std::thread t([]{ cout << "lambda function"; });
> std::thread t2;
> t2= std::move(t);
>
> std::thread t3([]{ cout << "lambda function"; });
> t2= std::move(t3);                        // std::terminate
> ```
>
> t2= std::move(t)를 실행하면 t2 스레드는 t 스레드의 콜러블을 갖게 된다. t2 스레드가 이미 콜러블을 갖고 있고 C++ 런타임에 조인할 수 있는 상태라면 std::terminate를 호출하게 된다. 이 동작은 정확히 t2= std::move(t3)일 때 실행되는데, t2는 이전에 t2.join()이나 t2.detach()가 실행된 적이 없기 때문이다.

16.3.3 인수

std::thread는 가변 인수 템플릿이다. 다시 말해, 복제 또는 레퍼런스를 통해 원하는 만큼 인수를 받을 수 있다. 스레드는 이렇게 받은 인수를 tPerCopy2와 tPerReference2라는 콜러블에게 위임한다.

```
#include <thread>
...

using namespace std;

void printStringCopy(string s){ cout << s; }
void printStringRef(const string& s){ cout << s; }

string s{"C++"};

thread tPerCopy([=]{ cout << s; });             // C++
thread tPerCopy2(printStringCopy, s);           // C++
tPerCopy.join();
tPerCopy2.join();

thread tPerReference([&]{ cout << s; });        // C++
thread tPerReference2(printStringRef, s);       // C++
```

```
tPerReference.join();
tPerReference2.join();
```

첫 번째와 두 번째 스레드는 인수 s를 복제 방식으로 받고, 세 번째와 네 번째 스레드는 레퍼런스 방식으로 받는다.

Warning 기본적으로 스레드가 인수를 받는 방식은 복제다

스레드의 인수

```
// threadArguments.cpp
...
#include <thread>
...
class Sleeper{
public:
  Sleeper(int& i_):i{i_}{};
  void operator() (int k){
    for (unsigned int j= 0; j <= 5; ++j){
      std::this_thread::sleep_for(std::chrono::milliseconds(100));
      i += k;
    }
    std::cout << std::this_thread::get_id(); // 비정상 동작
  }
private:
  int& i;
};

int main(){
  std::cout << std::endl;

  int valSleeper= 1000;
  std::thread t(Sleeper(valSleeper), 5);
  t.detach();
  std::cout << "valSleeper = " << valSleeper << std::endl; // 비정상 동작

  std::cout << std::endl;
}
```

이 코드에서는 비정상적인 두 가지 동작이 발생한다. 하나는 std::cout의 수명이 메인 스레드의 수명에 따라 결정된다는 것이고, 다른 하나는 생성된 스레드가 valSleeper란 변수를 레퍼런스로 받는다는 것이다. 이때 생성된 스레드가 생성자보다 오래 살기 때문에 메인 스레드가 먼저 끝나면 std::cout과 valSleeper가 더 이상 유효하지 않게 된다.

16.3.4 연산

스레드(t)에 대해 수행할 수 있는 연산은 다음과 같이 다양하다.

▼ 표 16-1 스레드 연산

메서드	설명
t.join()	스레드(t)에 있는 실행 단위가 끝날 때까지 기다린다.
t.detach()	생성된 스레드(t)를 생성자와 독립적으로 실행하게 만든다.
t.joinable()	스레드(t)에 대해 join이나 detach를 호출할 수 있는지 검사한다.
t.get_id()와 std::this_thread::get_id()	스레드의 ID를 리턴한다.
std::thread::hardware_concurrency()	병렬로 실행할 수 있는 스레드 개수를 리턴한다.
std::this_thread::sleep_until(absTime)	absTime으로 지정한 시각까지 스레드(t)를 슬립 상태로 전환한다.
std::this_thread::sleep_for(relTime)	relTime으로 지정한 시간 동안 스레드(t)를 슬립 상태로 전환한다.
std::this_thread::yield()	시스템에 있는 다른 스레드가 실행할 수 있도록 양보한다.
t.swap(t2)와 std::swap(t1, t2)	스레드를 맞바꾼다.

한 스레드(t)에 대해 t.join()이나 t.detach()는 단 한 번만 호출할 수 있다. 이 메서드를 여러 번 호출하면 std::system_error 익셉션이 발생한다. std::thread::hardware_concurrency는 코어의 개수를 리턴한다. 런타임이 코어 개수를 알 수 없다면 0을 리턴한다. sleep_until과 sleep_for는 시점(time point)이나 기간(time duration)을 인수로 지정해야 한다.

스레드는 복제할 수 없지만, 이동할 수는 있다. 맞바꾸기 연산은 가능하면 이동 방식으로 처리한다.

스레드 연산

```
// threadMethods.cpp
...
#include <thread>
...
  std::cout << "std::thread::hardware_concurrency()= "<< std::thread::hardware_
concurrency()
            << std::endl;
...
  std::thread t1(
    []{std::cout << "hello from t1 with id= " << std::this_thread::get_id() <<
std::endl;});
```

```
  std::thread t2(
    []{std::cout << "hello from t2 with id= " << std::this_thread::get_id() <<
std::endl;});
...
  std::cout << "FROM MAIN: id of t1 " << t1.get_id() << std::endl;
  std::cout << "FROM MAIN: id of t2 " << t2.get_id() << std::endl;
...
  t1.swap(t2);

  std::cout << "FROM MAIN: id of t1 " << t1.get_id() << std::endl;
  std::cout << "FROM MAIN: id of t2 " << t2.get_id() << std::endl;
...
  std::cout << "FROM MAIN: id of main= " << std::this_thread::get_id() << std::endl;

  t1.join();
  t2.join();
...
}
```

```
// 실행 결과
std::thread::hardware_concurrency()= 8

FROM MAIN: id of t1 0x70000bc30000
FROM MAIN: id of t2 0x70000bcb3000

FROM MAIN: id of t1 0x70000bcb3000
FROM MAIN: id of t2 0x70000bc30000

FROM MAIN: id of main= 0x11ab97dc0
hello from t2 with id= 0x70000bcb3000
hello from t1 with id= 0x70000bc30000
```

16.4 공유 변수

여러 스레드가 변수 하나를 공유할 때는 변수에 접근하는 과정을 잘 조율해야 한다. 바로 여기서 C++가 제공하는 뮤텍스와 락이 사용된다.

16.4.1 데이터 경쟁

데이터 경쟁(data race)이란 최소 두 개 이상의 스레드가 공유 데이터 하나에 동시에 접근하는 상태를 말한다. 이때 적어도 한 스레드는 쓰기 작업을 수행한다. 이 상태에 빠진 프로그램의 동작은 예측할 수 없다.

스레드 몇 개가 std::cout에 쓰도록 구성하면, 이들이 교차 실행되는 과정을 쉽게 볼 수 있다. 이때 출력 스트림인 std::cout이 공유 변수 역할을 한다.

동기화하지 않고 std::cout에 쓰기

```
// withoutMutex.cpp
...
#include <thread>
...
class Worker{
public:
  Worker(std::string n):name(n){};
    void operator() (){
      for (int i= 1; i <= 3; ++i){
  // 작업 시작
  std::this_thread::sleep_for(std::chrono::milliseconds(200));
  // 작업 끝
  std::cout << name << ": " << "Work " << i << " done !!!" << std::endl;
    }
  }
private:
  std::string name;
};

int main(){
  std::cout << std::endl;
```

```
    std::cout << "Boss: Let's start working.\n\n";
    std::thread herb= std::thread(Worker("Herb"));
    std::thread andrei= std::thread(Worker("  Andrei"));
    std::thread scott= std::thread(Worker("    Scott"));
    std::thread bjarne= std::thread(Worker("      Bjarne"));
    std::thread andrew= std::thread(Worker("        Andrew"));
    std::thread david= std::thread(Worker("          David"));

    herb.join();
    andrei.join();
    scott.join();
    bjarne.join();
    andrew.join();
    david.join();

    std::cout << "\n" << "Boss: Let's go home." << std::endl;
    std::cout << std::endl;
}
```

실행하면 각 스레드가 std::cout에 출력한 내용이 뒤죽박죽 섞인다.

```
// 실행 결과
Boss: Let's start working.

    Scott: Work          Andrew           David:   Andrei: Work       BjarneHerb1: :
done !!!Work Work 11 done !!! done !!!
1 done !!!:

Work Work 1 done !!!1
 done !!!
  Andrei      Bjarne: Work         Andrew    Scott2Herb: Work :  done !!!
David2:  done !!!Work

: Work Work : 2Work  done !!!
2 done !!!2 done !!!

2 done !!!
          David:       BjarneWork : Work Herb3    Scott        Andrew: Work   Andrei:
Work 33 done !!! done !!! done !!!

: : Work 3 done !!!3 done !!!
```

```
Work 3 done !!!

Boss: Let's go home.
```

> **Tip** 스트림은 스레드에 안전하다
>
> C++11 표준은 문자가 어토믹하게 작성되도록 보장한다. 그래서 따로 보호해줄 필요가 없다. 스트림에 대한 스레드가 교차 실행되는 과정을 보호해야 하는 경우는 쓰거나 읽으려는 문자의 순서를 유지해야 할 때뿐이다. 이 속성은 입력 스트림과 출력 스트림을 모두 보장한다.

이 예제에서 std::cout은 공유 변수 역할을 하며, 스트림에 배타적으로 접근해야 한다.

16.4.2 뮤텍스

뮤텍스(mutex, mutual exclusion)는 한 순간에 단 하나의 스레드만 크리티컬 섹션(critical section)(위험 부분, 임계 영역)에 접근하도록 보장해준다. 뮤텍스 m에 대해 m.lock()을 호출하면 크리티컬 섹션을 잠그고, m.unlock()을 호출하면 잠금을 해제한다.

std::mutex를 이용한 동기화

```
// mutex.cpp
...
#include <mutex>
...
std::mutex coutMutex;

class Worker{
public:
  Worker(std::string n):name(n){};
    void operator() (){
      for (int i= 1; i <= 3; ++i){
      // 작업 시작
      std::this_thread::sleep_for(std::chrono::milliseconds(200));
      // 작업 끝
      // coutMutex.lock();
      std::cout << name << ": " << "Work " << i << " done !!!" << std::endl;
      // coutMutex.unlock();
      }
  }
```

```
private:
  std::string name;
};

int main(){
  std::cout << std::endl;
  std::cout << "Boss: Let's start working." << "\n\n";
  std::thread herb= std::thread(Worker("Herb"));
  std::thread andrei= std::thread(Worker("  Andrei"));
  std::thread scott= std::thread(Worker("    Scott"));
  std::thread bjarne= std::thread(Worker("      Bjarne"));
  std::thread andrew= std::thread(Worker("        Andrew"));
  std::thread david= std::thread(Worker("          David"));

  herb.join();
  andrei.join();
  scott.join();
  bjarne.join();
  andrew.join();
  david.join();

  std::cout << "\n" << "Boss: Let's go home." << std::endl;
  std::cout << std::endl;
}
```

이렇게 하면 모든 스레드가 mutexCout이라는 뮤텍스를 사용하기 때문에 한 스레드가 std::cout에 쓰고 난 후에 다음 차례의 스레드가 실행된다.

```
// 실행 결과
Boss: Let's start working.

        Andrew          David: : HerbWork   Andrei:     Scott: Work : Work 1 done
!!!1Work 1 done !!!

1 done !!!
 done !!!
      Bjarne: Work 1 done !!!
Work 1 done !!!
        Andrew: Work    Scott: Work 2 done !!!
2          David done !!!: Work Herb2 done !!!

      Bjarne: : Work Work 2 done !!!
```

```
  Andrei: Work 2 done !!!
2 done !!!
      Andrew      Bjarne:           David: Work 3 done !!!Herb  Andrei
: Work : 3 done !!!
: Work Work 3Work     Scott3 done !!!
3 done !!!:  done !!!

Work 3 done !!!

Boss: Let's go home.
```

C++는 다섯 가지 뮤텍스를 제공한다. 재귀적으로 잠글 수도 있고, 주어진 시간 동안만 일시적으로 잠글 수도 있으며, 시간 제약 없이 잠글 수도 있다.

▼ 표 16-2 뮤텍스 종류

메서드	mutex	recursive_mutex	timed_mutex	recursive_timed_mutex	shared_timed_mutex
m.lock	O	O	O	O	O
m.unlock	O	O	O	O	O
m.try_lock	O	O	O	O	O
m.try_lock_for			O	O	O
m.try_lock_until			O	O	O

std::shared_time_mutex를 이용하면 읽기-쓰기 락(reader-writer lock)을 구현할 수 있다(16장의 '읽기-쓰기 락' 설명 참조). m.try_lock_for(relTime) 메서드를 호출하려면 기간(2.8.2절 '기간' 참조)을 인수로 지정해야 한다. m.try_lock_until(absTime)을 호출할 때는 정확한 시점(2.8.1절 '시점' 참조)을 인수로 지정한다.

16.4.3 데드락

데드락(deadlock)(교착 상태)이란 여러 스레드가 서로 상대방이 리소스를 해제하기를 기다리면서 멈춘 상태를 말한다.

m.unlock() 호출을 생략하면 데드락을 쉽게 발생시킬 수 있다. 예를 들어 getVar() 함수에서 익셉션이 발생한 경우가 그렇다.

```
m.lock();
sharedVar= getVar();
m.unlock();
```

> **Warning** 잠금 상태에 있을 때 모르는 함수를 호출하지 말자
>
> getVar 함수도 m.lock()을 호출해서 똑같은 락으로 잠금 상태에 들어가려고 하면 데드락이 발생한다. 왜냐하면 getVar는 영원히 잠금 상태에 도달하지 않아서 m.lock()이 끝없이 블록(대기) 상태에 머물기 때문이다.

뮤텍스 두 개를 잠그는 순서가 엇갈려도 데드락이 발생한다.

데드락

```
// deadlock.cpp
...
#include <mutex>
...
struct CriticalData{
  std::mutex mut;
};

void deadLock(CriticalData& a, CriticalData& b){
  std::lock_guard<std::mutex>guard1(a.mut);
  std::cout << "get the first mutex" << std::endl;
  std::this_thread::sleep_for(std::chrono::milliseconds(1));
  std::lock_guard<std::mutex>guard2(b.mut);
  std::cout << "get the second mutex" << std::endl;
  // a와 b로 뭔가 작업을 한다
}

int main(){

  CriticalData c1;
  CriticalData c2;

  std::thread t1([&]{deadLock(c1, c2);});
  std::thread t2([&]{deadLock(c2, c1);});

  t1.join();
  t2.join();
}
```

1ms 정도의 아주 짧은 시간(std::this_thread::sleep_for(std::chrono::milliseconds(1)))만으로도 충분히 데드락을 발생시킬 수 있다. 각 스레드가 서로 상대방 뮤텍스를 끝없이 기다리기 때문이다. 그래서 예제를 실행하면 멈춤 상태에 빠진다.

```
// 실행 결과
get the first mutex
get the first mutex
^C
```

Tip **뮤텍스를 락으로 캡슐화한다**

뮤텍스의 잠금을 해제하는 것을 깜박하거나 뮤텍스를 잠그는 순서가 엇갈리는 실수를 저지르기 쉽다. 뮤텍스와 관련된 문제를 방지하려면 뮤텍스를 락 안에 캡슐화한다.

16.4.4 락

뮤텍스는 자동으로 해제될 수 있도록 락(lock) 안에 캡슐화하는 것이 바람직하다. 락은 RAII 이디엄(2장의 'RAII 이디엄' 설명 참조)을 구현한 것이다. 뮤텍스의 수명을 락의 수명에 바인딩하기 때문이다. C++11부터는 간단한 경우에 사용하는 std::lock_guard와 고급 활용 사례를 위한 std::unique_lock을 제공한다. 둘 다 <mutex> 헤더에 정의돼 있다. C++14부터 std::shared_lock이 제공되는데, std::shared_time_mutex와 함께 읽기-쓰기 락의 토대로 사용된다.

std::lock_guard

std::lock_guard는 단 하나의 간단한 활용 사례에만 적용할 수 있다. 그러므로 생성자에서 뮤텍스를 바인딩했다가 소멸자에서 해제한다. 16.4.2절 '뮤텍스'의 'std::mutex를 이용한 동기화' 예제는 다음과 같이 생성자 호출로 축약할 수 있다.

std::lock_guard를 이용한 동기화

```
// lockGuard.cpp
...
#include <mutex>
...
std::mutex coutMutex;
```

16 멀티스레딩

```
class Worker{
public:
  Worker(std::string n):name(n){};
  void operator() (){
    for (int i= 1; i <= 3; ++i){
    // 작업 시작
    std::this_thread::sleep_for(std::chrono::milliseconds(200));
    // 작업 끝
    std::lock_guard<std::mutex> myLock(coutMutex);
    std::cout << name << ": " << "Work " << i << " done !!!" << std::endl;
    }

  }
private:
  std::string name;
};

int main(){
  std::cout << std::endl;
  std::cout << "Boss: Let's start working." << "\n\n";
  std::thread herb= std::thread(Worker("Herb"));
  std::thread andrei= std::thread(Worker("  Andrei"));
  std::thread scott= std::thread(Worker("    Scott"));
  std::thread bjarne= std::thread(Worker("      Bjarne"));
  std::thread andrew= std::thread(Worker("        Andrew"));
  std::thread david= std::thread(Worker("          David"));

  herb.join();
  andrei.join();
  scott.join();
  bjarne.join();
  andrew.join();
  david.join();

  std::cout << "\n" << "Boss: Let's go home." << std::endl;
  std::cout << std::endl;
}
```

std::unique_lock

std::unique_lock은 std::lock_guard에 비해 사용법이 복잡하다. 하지만 std::unique_lock은 뮤텍스의 사용 여부에 관계없이 생성할 수 있고, 뮤텍스를 명시적으로 잠그거나 해제할 수 있으며, 뮤텍스를 잠그는 시간을 지연시킬 수 있다.

std::unique_lock(lk)에서 제공하는 메서드는 다음과 같다.

▼ 표 16-3 std::unique_lock 인터페이스

메서드	설명
lk.lock()	연계된 뮤텍스를 잠근다.
std::lock(lk1, lk2, …)	연계된 임의의 개수의 뮤텍스를 자동으로 잠근다.
lk.try_lock(), lk.try_lock_for(relTime), lk.try_lock_until(absTime)	연계된 뮤텍스를 잠그려고 한다.
lk.release()	뮤텍스를 해제한다. 뮤텍스는 잠긴 상태를 유지한다.
lk.swap(lk2), std::swap(lk, lk2)	락을 맞바꾼다.
lk.mutex()	연계된 뮤텍스에 대한 포인터를 리턴한다.
lk.owns_lock()	락에 연계된 뮤텍스가 있는지 확인한다.

락을 가져오는 순서가 변경돼서 발생하는 데드락은 std::atomic으로 쉽게 해결할 수 있다.

std::unique_lock

```
// deadLockResolved.cpp
...
#include <mutex>
...
struct CriticalData{
  std::mutex mut;
};

void deadLockResolved(CriticalData& a, CriticalData& b){
  std::unique_lock<std::mutex>guard1(a.mut, std::defer_lock);
  std::cout << std::this_thread::get_id() << ": get the first lock" << std::endl;
  std::this_thread::sleep_for(std::chrono::milliseconds(1));
  std::unique_lock<std::mutex>guard2(b.mut, std::defer_lock);
  std::cout << std::this_thread::get_id() << ": get the second lock" << std::endl;
  std::cout << std::this_thread::get_id() << ": atomic locking";
```

```
  lock(guard1, guard2);
}


int main(){

  CriticalData c1;
  CriticalData c2;

  std::thread t1([&]{deadLockResolved(c1, c2);});
  std::thread t2([&]{deadLockResolved(c2, c1);});

  t1.join();
  t2.join();
}
```

std::unique_lock의 인수를 std::defer_lock으로 지정했기 때문에 a.mut와 b.mut를 잠그는 작업이 지연되며, std::lock(guard1, guard2)를 호출할 때 어토믹하게 잠긴다.

```
// 실행 결과
x70000bc170000x70000bc9a000: get the first lock: get the first lock

0x70000bc17000: get the second lock
0x70000bc17000: atomic locking0x70000bc9a000: get the second lock
0x70000bc9a000: atomic locking%
```

16.4.5 std::shared_lock

std::shared_lock의 인터페이스는 std::unique_lock과 같다. 또한, std::shared_lock은 여러 스레드가 동일한 잠김 상태의 뮤텍스를 공유하는 기능도 지원한다. 이런 특수한 경우에는 std::shared_lock을 std::shared_timed_mutex와 함께 사용해야 한다. 하지만 여러 스레드가 std::unique_lock에 있는 동일한 std::shared_timed_mutex를 사용할 경우에는 단 하나의 스레드만 잠글 수 있다.

```
#include <mutex>
...
```

```
std::shared_timed_mutex sharedMutex;

std::unique_lock<std::shared_timed_mutex> writerLock(sharedMutex);

std::shared_lock<std::shared_time_mutex> readerLock(sharedMutex);
std::shared_lock<std::shared_time_mutex> readerLock2(sharedMutex);
```

이 예제는 전형적인 읽기-쓰기 락 시나리오를 보여준다. std::unique_lock<std::shared_timed_mutex> 타입의 writerLock은 sharedMutex를 배타적으로만 가질 수 있다. std::shared_lock<std::shared_timed_mutex> 타입의 읽기 락인 readerLock과 readerLock2는 sharedMutex라는 뮤텍스를 공유한다.

16.4.6 스레드에 안전한 초기화

데이터를 수정하지 않는다면 스레드에 안전한 방식으로 초기화해주기만 하면 된다. C++는 이를 위한 다양한 방법을 제공한다. 상수 표현식을 사용할 수도 있고, 블록 스코프가 지정된 스태틱 변수를 사용할 수도 있으며, std::call_once 함수에 std::once::flag를 지정하는 방법도 있다.

16

멀티스레딩

상수 표현식

상수 표현식은 컴파일 시간에 초기화된다. 그래서 근본적으로 스레드에 안전하다(thread-safe). 변수 앞에 constexpr이라는 키워드를 붙이면 상수 표현식으로 만들 수 있다. 사용자 정의 타입 인스턴스도 상수 표현식으로 만들 수 있다. 따라서 메서드를 상수 표현식으로 선언하면 스레드에 안전하게 초기화할 수 있다.

```
struct MyDouble{
  constexpr MyDouble(double v):val(v){};
  constexpr double getValue(){ return val; }
private:
  double val
};

constexpr MyDouble myDouble(10.5);
std::cout << myDouble.getValue();          // 10.5
```

블록 안에 있는 스태틱 변수

블록 안에서 스태틱 변수를 정의할 때 C++11 런타임은 그 변수가 스레드에 안전하게 초기화되도록 보장한다.

```
void blockScope(){
  static int MySharedDataInt= 2011;
}
```

std::call_once와 std::once_flag

std::call_once는 플래그인 std::once_flag와 콜러블(8장 '콜러블' 참조)이라는 두 가지 인수를 받는다. C++ 런타임은 std::once_flag를 이용해 주어진 콜러블이 단 한 번만 실행되도록 보장한다.

스레드에 안전하게 초기화하기

```
// callOnce.cpp
...
#include <mutex>
...
std::once_flag onceFlag;

void do_once(){
  std::call_once(onceFlag, [](){ std::cout << "Only once." << std::endl; });
}

int main(){
  std::cout << std::endl;
  std::thread t1(do_once);
  std::thread t2(do_once);
  std::thread t3(do_once);
  std::thread t4(do_once);

  t1.join();
  t2.join();
  t3.join();
  t4.join();

  std::cout << std::endl;
}
```

두 스레드 모두 do_once 함수를 실행하지만, 그중 하나만 성공적으로 수행된다. 또한, 람다 함수 []{cout << "Only once." << endl;}은 단 한 번만 실행된다.

```
// 실행 결과
Only once.
```

여기서 사용한 std::once_flag를 다른 콜러블을 등록하는 데 그대로 사용할 수도 있다. 그러면 그중 한 콜러블만 호출된다.

C++ STANDARD LIBRARY

16.5 스레드 로컬 데이터

thread_local 키워드를 이용하면 스레드 로컬 스토리지(thread local storage)라고도 부르는 스레드 로컬 데이터(thread local data)를 가질 수 있다. 그러면 스레드마다 데이터의 복제본을 갖게 된다. 스레드 로컬 데이터는 스태틱 변수처럼 작동한다. 처음 사용할 때 생성되며, 수명은 스레드와 같다.

스레드 로컬 데이터

```
// threadLocal.cpp
#include <iostream>
#include <string>
#include <mutex>
#include <thread>

std::mutex coutMutex;

thread_local std::string s("hello from ");

void addThreadLocal(std::string const& s2){

  s+=s2;
  // std::cout을 보호한다
  std::lock_guard<std::mutex> guard(coutMutex);
  std::cout << s << std::endl;
```

```
  std::cout << "&s: " << &s << std::endl;
  std::cout << std::endl;
}

int main(){

  std::cout << std::endl;

  std::thread t1(addThreadLocal, "t1");
  std::thread t2(addThreadLocal, "t2");
  std::thread t3(addThreadLocal, "t3");
  std::thread t4(addThreadLocal, "t4");

  t1.join();
  t2.join();
  t3.join();
  t4.join();
}
```

스레드마다 thread_local 스트링의 복제본이 있으므로 각 스트링 s를 독립적으로 수정하며, 각각 고유 주소를 갖는다.

```
// 실행 결과
hello from t2
&s: 0x7fcf17c05a80

hello from t1
&s: 0x7fcf17d04080

hello from t4
&s: 0x7fcf17e04080

hello from t3
&s: 0x7fcf17f04080
```

16.6 상태 변수

상태 변수(condition variable)를 이용하면 메시지를 통해 스레드끼리 동기화할 수 있다. 스레드 변수는 <condition_variable> 헤더에 정의돼 있다. 한 스레드는 송신자 역할을 하고, 다른 스레드는 수신자 역할을 한다. 수신자는 송신자가 알림을 보낼 때까지 기다린다. 상태 변수는 생산자-소비자 워크플로(producer-consumer workflow)에서 흔히 사용한다.

상태 변수는 메시지의 송신자뿐만 아니라 수신자도 될 수 있다.

▼ 표 16-4 상태 변수(cv)에 대한 메서드

메서드	설명
cv.notify_one()	대기 중인 스레드에게 알림을 보낸다.
cv.notify_all()	대기 중인 스레드 모두에게 알림을 보낸다.
cv.wait(lock, …)	std::unique_lock을 건 상태에서 알림이 올 때까지 기다린다.
cv.wait_for(lock, relTime, …)	std::unique_lock을 건 상태에서 지정된 지속 시간만큼 알림을 기다린다.
cv.wait_until(lock, absTime, …)	std::unique_lock을 건 상태에서 지정된 시간까지 알림을 기다린다.

송신자와 수신자는 락을 사용해야 한다. 송신자는 std::lock_guard만 사용해도 된다. 잠금과 잠금 해제를 한 번씩만 호출하기 때문이다. 수신자는 std::unique_lock을 사용해야 한다. 뮤텍스를 잠그고 해제하는 경우가 많기 때문이다.

상태 변수

```
// conditionVariable.cpp
#include <iostream>
#include <condition_variable>
#include <mutex>
#include <thread>

std::mutex mutex_;
std::condition_variable condVar;

bool dataReady;

void doTheWork(){
```

```
  std::cout << "Processing shared data." << std::endl;
}

void waitingForWork(){
  std::cout << "Worker: Waiting for work." << std::endl;

  std::unique_lock<std::mutex> lck(mutex_);
  condVar.wait(lck, []{return dataReady;});
  doTheWork();
  std::cout << "Work done." << std::endl;
}

void setDataReady(){
  std::lock_guard<std::mutex> lck(mutex_);
  dataReady=true;
  std::cout << "Sender: Data is ready."  << std::endl;
  condVar.notify_one();
}

int main(){
  std::cout << std::endl;

  std::thread t1(waitingForWork);
  std::thread t2(setDataReady);

  t1.join();
  t2.join();

  std::cout << std::endl;
}
```

```
// 실행 결과
Worker: Waiting for work.
Sender: Data is ready.
Processing shared data.
Work done.
```

상태 변수 사용법은 쉬워 보이지만, 중요한 두 가지 주의 사항이 있다.

> **Warning** 잘못된 깨우기(spurious wakeup) 방지하기
>
> 잘못된 깨우기로부터 보호하려면 상태 변수에 대해 `wait`를 호출할 때 프레디케이트(8장 '콜러블' 참조)를 지정한다. 이때 프레디케이트는 알림이 정말 송신자로부터 왔다는 것을 보장한다. 나는 람다 함수 `[]{ return dataReady; }`를 프레디케이트로 사용했다. `dataReady`는 송신자가 `true`로 설정한다.

> **Warning** 사라진 깨우기(lost wakeup) 방지하기
>
> 깨우기(wakeup)가 사라지는 것을 막으려면 상태 변수에 대해 `wait`를 호출할 때 프레디케이트(8장 '콜러블' 참조)를 사용한다. 이 프레디케이트는 송신자가 보낸 알림이 사라지지 않도록 보장한다. 수신자가 기다리는 것을 시작하기 전에 송신자가 수신자에게 알림을 보내면 그 알림이 사라진다. 그래서 수신자는 끝없이 기다리게 된다. 이처럼 프레디케이트를 지정하면 수신자는 먼저 프레디케이트(`[]{ return dataReady; }`)부터 확인한다.

C++ STANDARD LIBRARY

16.7 태스크

C++는 작업을 비동기식으로 수행하기 위한 수단으로 스레드뿐만 아니라 태스크(task)도 제공한다. 태스크는 `<future>` 헤더에 정의돼 있다. 태스크는 작업 패키지(work package)로 매개변수를 지정할 수 있으며, 프로미스(promise)와 퓨처(future)라는 두 가지 컴포넌트로 구성돼 있다. 두 컴포넌트는 데이터 채널을 통해 서로 연결돼 있다. 프로미스는 작업 패키지를 실행시켜서 나온 결과를 데이터 채널에 전달한다. 그러면 이 프로미스에 연결된 퓨처가 그 결과를 가져간다. 두 통신 엔드포인트는 서로 다른 스레드로 실행시킬 수 있다. 여기서 주목할 점은 나중에 퓨처가 결과를 가져갈 수 있다는 것이다. 따라서 프로미스가 계산한 결과는 이와 연결된 퓨처가 결과를 조회하는 것과 별개다.

> **Tip** 태스크는 데이터 채널이라고 할 수 있다
>
> 태스크는 데이터 채널처럼 작동한다. 프로미스가 수행한 결과를 이 데이터 채널에 넣으면, 퓨처는 기다리고 있다가 결과가 들어오면 가져간다.

▼ 그림 16-1 태스크

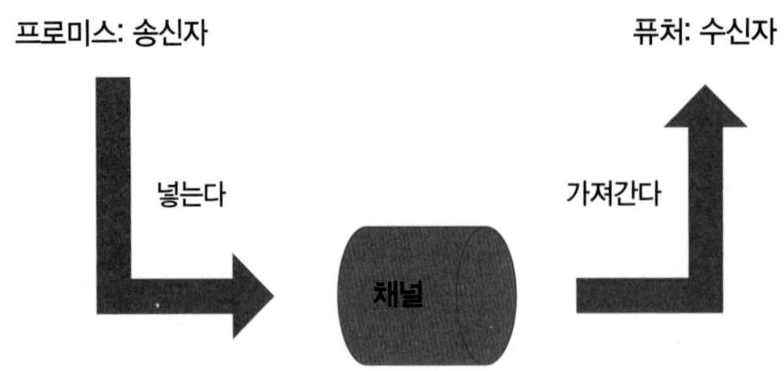

16.7.1 스레드 vs. 태스크

스레드와 태스크는 완전히 다르다.

스레드를 생성한 스레드와 생성된 스레드가 서로 통신하려면 공유 변수를 사용해야 한다. 태스크는 데이터 채널로 통신한다. 이 채널은 암묵적으로 보호된다. 그래서 태스크는 뮤텍스(16.4.2절 '뮤텍스' 참조)와 같은 보호 메커니즘을 사용하면 안 된다.

스레드를 생성한 스레드는 `join`을 호출해서 자식 스레드가 마칠 때까지 기다린다. 퓨처(`fut`)는 `fut.get()`을 호출하는데, 결과가 올 때까지 멈추고 기다린다.

생성된 스레드에서 익셉션이 발생하면 즉시 종료하고, 그 결과로 이를 생성한 스레드도 멈추면서 전체 프로세스를 끝낸다. 이때 익셉션을 퓨처가 처리하도록 프로미스가 익셉션을 퓨처에게 보낼 수 있다.

프로미스는 결과를 여러 퓨처로 전달할 수 있다. 전달 대상은 값일 수도 있고, 익셉션일 수도 있으며, 알림만 보낼 수도 있다. 상태 변수보다는 태스크가 안전하다.

```
#include <future>
#include <thread>
...

int res;
std::thread t([&]{ res= 2000+11;});
t.join();
std::cout << res << std::endl;              // 2011

auto fut= std::async([]{ return 2000+11; });
std::cout << fut.get() << std::endl;        // 2011
```

자식 스레드 t와 비동기 함수 호출 std::async는 2000과 11의 합을 계산한다. 생성자 스레드는 공유 변수 res를 통해 자식 스레드 t가 계산한 결과를 받는다. std::async를 호출하면 송신자(프로미스)와 수신자(퓨처) 사이에 데이터 채널이 생성된다. 퓨처는 fut.get()을 호출해 데이터 채널에 계산 결과를 요청한다. fut.get()을 호출하면 실행을 멈추고 기다린다.

16.7.2 std::async

std::async는 비동기 함수 호출처럼 작동하며, 콜러블(8장 '콜러블' 참조)을 인수로 받는다. std::async는 가변 인수 템플릿이다. 그래서 원하는 수만큼 인수를 받을 수 있다. std::async는 퓨처 오브젝트(fut)를 리턴한다. 이 오브젝트는 fut.get()처럼 호출 결과를 가져오기 위한 핸들로 사용된다. 옵션으로 std::async의 구동 정책(start policy)을 지정할 수 있다. 이 구동 정책을 통해 비동기 호출을 같은 스레드에서 실행할지(std::launch::deferred), 아니면 다른 스레드에서 실행할지(std::launch::async)를 명시적으로 지정할 수 있다.

auto fut= std::aync(std::launch::deferred, …)와 같이 호출하면 프로미스가 즉시(eager) 실행되지 않으므로 주의한다. fut.get()을 호출하면 프로미스 실행이 지연(lazy)된다.

std::async의 즉시 실행과 지연 실행

```
// asyncLazyEager.cpp
#include <chrono>
#include <future>
#include <iostream>

int main(){
...
  auto begin= std::chrono::system_clock::now();

  auto asyncLazy=std::async(std::launch::deferred,
                            []{ return   std::chrono::system_clock::now();});

  auto asyncEager=std::async(std::launch::async,
                             []{ return  std::chrono::system_clock::now();});

  std::this_thread::sleep_for(std::chrono::seconds(1));

  auto lazyStart= asyncLazy.get() - begin;
  auto eagerStart= asyncEager.get() - begin;
```

```
    auto lazyDuration= std::chrono::duration<double>(lazyStart).count();
    auto eagerDuration=  std::chrono::duration<double>(eagerStart).count();

    std::cout << "asyncLazy evaluated after : " << lazyDuration << " seconds." << std::endl;
    std::cout << "asyncEager evaluated after: " << eagerDuration << " seconds." <<
  std::endl;
  ...
  }
```

```
// 실행 결과
asyncLazy evaluated after : 1.00171 seconds.
asyncEager evaluated after: 0.000123 seconds.
```

이 프로그램의 실행 결과를 보면 asyncLazy 퓨처에 연계된 프로미스는 asyncEager 퓨처에 연계된 프로미스보다 1초 늦게 실행되는 것을 확인할 수 있다. 여기서 1초는 asyncLazy 퓨처가 결과를 요청하기 전에 생성자가 잠든 기간과 정확히 일치한다.

> **Tip** 가능하면 std::async를 사용하자
>
> C++ 런타임은 std::async를 별도 스레드에서 실행할지 결정한다. 이러한 결정은 현재 시스템의 코어 개수나 사용량, 작업 패키지의 크기 등에 따라 달라진다.

16.7.3 std::packaged_task

std::packaged_task를 이용하면 나중에 다른 스레드에서 실행할 콜러블에 대한 간단한 래퍼를 만들 수 있다. 그 방법은 다음과 같이 네 단계로 구성된다.

1. 작업을 묶는다.

```
std::packaged_task<int(int, int)> sumTask([](int a, int b){ return a + b; });
```

2. 퓨처를 생성한다.

```
std::future<int> sumResult= sumTask.get_future();
```

3. 계산을 수행한다.

```
sumTask(2000, 11);
```

4. 결과를 요청한다.

```
sumResult.get();
```

std::packaged_task나 std::future를 별도 스레드로 옮긴다.

std::packaged_task

```
// packaged_task.cpp
...
#include <future>
...
class SumUp{
public:
  int operator()(int beg, int end){
    long long int sum{0};
    for (int i= beg; i < end; ++i ) sum += i;
    return sum;
  }
};

int main(){
  ...
  SumUp sumUp1;
  SumUp sumUp2;
  SumUp sumUp3;
  SumUp sumUp4;

  // 태스크를 정의한다
  std::packaged_task<int(int, int)> sumTask1(sumUp1);
  std::packaged_task<int(int, int)> sumTask2(sumUp2);
  std::packaged_task<int(int, int)> sumTask3(sumUp3);
  std::packaged_task<int(int, int)> sumTask4(sumUp4);

  // 퓨처를 가져온다
  std::future<int> sumResult1= sumTask1.get_future();
  std::future<int> sumResult2= sumTask2.get_future();
  std::future<int> sumResult3= sumTask3.get_future();
  std::future<int> sumResult4= sumTask4.get_future();
```

```
  // 태스크를 컨테이너에 푸시한다
  std::deque< std::packaged_task<int(int, int)> > allTasks;
  allTasks.push_back(std::move(sumTask1));
  allTasks.push_back(std::move(sumTask2));
  allTasks.push_back(std::move(sumTask3));
  allTasks.push_back(std::move(sumTask4));

  int begin{1};
  int increment{2500};
  int end= begin + increment;

  // 각 태스크를 별도 스레드로 실행한다
  while ( ! allTasks.empty() ){
    std::packaged_task<int(int, int)> myTask= std::move(allTasks.front());
    allTasks.pop_front();
    std::thread sumThread(std::move(myTask), begin, end);
    begin= end;
    end += increment;
    sumThread.detach();
  }

  // 결과를 가져온다
  auto sum= sumResult1.get() + sumResult2.get() + sumResult3.get() + sumResult4.get();
  std::cout << "sum of 0 .. 10000 = " << sum << std::endl;
  std::cout << std::endl;
}
```

```
// 실행 결과
sum of 0 .. 10000 = 50005000
```

이 코드에서 프로미스(std::packaged_task)는 std::deque allTasks로 이동한다. 이 프로그램은 while 문에서 모든 프로미스에 대해 루프를 돈다. 각 프로미스마다 별도 스레드를 구동해 덧셈 연산을 백그라운드에서 수행한다(sumThread.detach()). 최종 결과는 0부터 100000까지 더한 것이다.

16.7.4 std::promise와 std::future

std::promise와 std::future 쌍을 통해 태스크를 완전히 제어할 수 있다.

▼ 표 16-5 프로미스(prom)에서 제공하는 메서드

메서드	설명
prom.swap(prom2)와 std::swap(prom1, prom2)	프로미스를 맞바꾼다.
prom.get_future()	퓨처를 리턴한다.
prom.set_value(val)	값을 설정한다.
prom.set_exception(ex)	익셉션을 설정한다.
prom.set_value_at_thread_exit(val)	값을 저장해서 프로미스가 종료할 때 사용할 수 있게 만든다.
prom.set_exception_at_thread_exit(ex)	익셉션을 저장해서 프로미스가 종료할 때 사용할 수 있게 만든다.

프로미스가 값이나 익셉션을 한 번 이상 설정하면 std::future_error 익셉션이 발생한다.

▼ 표 16-6 퓨처(fut)에서 제공하는 메서드

메서드	설명
fut.share()	std::shared_future를 리턴한다.
fut.get()	결과를 리턴한다. 결과는 값일 수도 있고 익셉션일 수도 있다.
fut.valid()	결과에 접근할 수 있는지 검사한다. fut.get()을 호출한 후라면 false를 리턴한다.
fut.wait()	결과가 나올 때까지 기다린다.
fut.wait_for(relTime)	결과가 나올 때까지(relTime 동안) 기다린다.
fut.wait_until(absTime)	결과가 나올 때까지(absTime까지) 기다린다.

결과에 대해 퓨처(fut)를 한 번 이상 요청하면 std::future_error 익셉션이 발생한다. 퓨처는 fut.share()를 호출해서 공유 퓨처(shared future)를 생성한다. 공유 퓨처는 프로미스에 연결되며 독립적으로 결과를 요청할 수 있다. 공유 퓨처는 일반 퓨처와 인터페이스가 같다.

프로미스와 퓨처를 사용하는 예는 다음과 같다.

프로미스와 퓨처

```
// promiseFuture.cpp
#include <future>
#include <iostream>
#include <thread>
#include <utility>

void product(std::promise<int>&& intPromise, int a, int b){
  intPromise.set_value(a * b);
}

struct Div{
  void operator() (std::promise<int>&& intPromise, int a, int b) const {
    intPromise.set_value(a / b);
  }
};

int main(){

  int a= 20;
  int b= 10;

  std::cout << std::endl;

  // 프로미스를 정의한다
  std::promise<int> prodPromise;
  std::promise<int> divPromise;

  // 퓨처를 가져온다
  std::future<int> prodResult= prodPromise.get_future();
  std::future<int> divResult= divPromise.get_future();

  // 결과를 별도 스레드에서 계산한다
  std::thread prodThread(product, std::move(prodPromise), a, b);
  Div div;
  std::thread divThread(div, std::move(divPromise), a, b);

  // 결과를 가져온다
  std::cout << "20 * 10= " << prodResult.get() << std::endl;
  std::cout << "20 / 10= " << divResult.get() << std::endl;

  prodThread.join();
```

```
  divThread.join();

  std::cout << std::endl;
}
```

```
// 실행 결과
20 * 10= 200
20 / 10= 2
```

이 코드는 프로미스(prodPromise)를 별도 스레드로 옮기고 계산을 수행한다. 퓨처는 prodResult.get()을 통해 결과를 가져온다.

Tip 프로미스와 퓨처를 이용해 스레드를 동기화하자

퓨처(fut)는 fut.wait()를 호출해서 이와 연결된 프로미스와 동기화할 수 있다. 또한, 상태 변수(16.6절 '상태 변수' 참조)와 달리 락이나 뮤텍스가 필요 없고 잘못된 깨우기나 사라진 깨우기가 발생할 수 없다.

동기화를 위한 태스크

```
// promiseFutureSynchronise.cpp
#include <future>
#include <iostream>
#include <utility>

void doTheWork(){
  std::cout << "Processing shared data." << std::endl;
}

void waitingForWork(std::future<void>&& fut){
  std::cout << "Worker: Waiting for work." << std::endl;
  fut.wait();
  doTheWork();
  std::cout << "Work done." << std::endl;
}

void setDataReady(std::promise<void>&& prom){
  std::cout << "Sender: Data is ready."  << std::endl;
  prom.set_value();
}
```

계속

```
int main(){
  std::cout << std::endl;

  std::promise<void> sendReady;
  auto fut= sendReady.get_future();

  std::thread t1(waitingForWork, std::move(fut));
  std::thread t2(setDataReady, std::move(sendReady));

  t1.join();
  t2.join();

  std::cout << std::endl;
}
```

```
// 실행 결과
Worker: Waiting for work.
Sender: Data is ready.
Processing shared data.
Work done.
```

prom.set_value()와 같이 프로미스를 호출하면 퓨처가 깨어나면서 주어진 작업을 수행한다.

A

absolute 293
absolute path 289
adjacent_find 161
aggregate initialisation 89
algorithm 30
allocator 88
any.emplace 80
any.has_value 80
any.reset 80
append 233
assign 93, 233
associative array 120
associative container 31
at(n) 228
available 295

B

back( ) 132, 228
basic_ios<> 267
basic_iostream<> 267
basic_istream<> 267
basic_ostream<> 267
basic_streambuf<> 266
begin iterator 31
Bernoulli distribution 214
bidirectional iterator 136
BiFunc 154
Bilt 154
binary 146
binary search 189
BiPre 154

C

C++11 29
C++14 29
C++17 29
C++20 29
callable 32
callable unit 146
canonical 293
canonical path 289
capacity 125, 295
capacity( ) 225
capture group 251
chrono 74
clear 233
clear( ) 282
clear(sta) 282
compiler explorer 157
condition variable 34
constexpr 321
constructor 43
container 30
container adapter 31
copy 293
copy( ) 224
copy-assignable 53
copy assignment 93
copy-constructible 53
copy_file 293
copy_options 291
copy semantics 43
copy_symlink 293
count 118, 163
count_if 163
create_directories 293
create_directory 293
create_directory_symlink 293
create_hard_link 293

create_symlink 293
critical section 313
c_str() 224
current_path 293
cyclic reference 66

D

data() 224
data race 311
deadlock 315
detach() 309
directory 288
directory_entry 290
directory_iterator 290
directory_options 291

E

eager 329
emplace 114
empty() 225
end iterator 31
epoch 75
equal_range 118
equivalent 293
erase 114, 233
erase–remove idiom 174
exclusive_scan 206
ExePol 154
exists 293
expired 65
extraction operator 33

F

factory function 43
fail() 282
FIFO 132
file 288
file name 289
file_size 293
file_status 290
file stream 33, 277
filesystem_error 290
filesystem library 33
file_time_type 291
file_type 291
find 118, 161, 231
find_first_not_of 232
find_first_of 161, 232
find_if 161
find_if_not 161
find_last_not_of 232
find_last_of 232
forwarding reference 44
forward iterator 136
free 295
from_time_t 80
front() 132, 228
fully qualified name 34
function 146
function object 147
functor 147
future 327
FwdIt 154

G

gcount() 270
Generator 212

get(buf, num) 270
get(ch) 270
get_id() 309
getline 230
getline(buf, num[, delim]) 270

H

hard link 288
hard_link_count 293
heap 195

I

ignore 270
include 34
inclusive_scan 206
Inlt 154
input iterator 137
insert 114, 233
insertion operator 33
insert iterator 141
ios_base 267
I/O stream library 33
I/O 스트림 라이브러리 33
is_array 69
is_base_of 72
is_block_file 297
is_character_file 297
is_class 69
is_convertible 72
is_directory 297
is_empty 297
is_enum 69
is_fifo 297
is_floating_point 69
is_function 69
is_integral 69
is_lvalue_reference 69
is_member_function_pointer 69
is_member_object_pointer 69
is_other 297
is_pointer 69
is_reference 69
is_regular_file 297
is_rvalue_reference 69
is_socket 297
is_symlink 297
istream_iterator 142
is_union 69
is_void 69
iterator 30, 136, 155

J

join() 309
joinable() 309

L

lambda function 148
last_write_time 293
lazy 329
length() 225
LIFO 130
load factor 125
lock 65, 317
lost wakeup 327
lower_bound 118

M

manipulator 33
MapReduce 205
max_load_factor 127
max_size( ) 225
merge 191
Mersenne Twister 213
move assignment 93
move semantics 42
m.try_lock_for(relTime) 315
multithreading 33
mutex 313
mutual exclusion 313

N

namespace alias 37
non-binding 226
non-modifying algorithm 161
non-modifying operation 243
notify_all( ) 325
notify_one( ) 325
now 79

O

O(1) 98
O(i) 98
O(n) 98
opt.emplace 82
opt.value 82
opt.value_or 82
ordered associative container 31, 112
ostream_iterator 142
output iterator 137

P

partition 184
path 289
peek( ) 270
permission 291
permissions 293
perms 291
pop( ) 130, 132
pop_back 233
predicate 40
preprocesor 35
promise 327
proximate 293
push_back 233
push(e) 130, 132
putback 270

R

RAII 55
random number 212
random number distribution 213
random number generator 32
random number library 32
range 31
raw string literal 248
rdbuf( ) 278
rdstate( ) 282
read_symlink 293
recursive_directory_iterator 290
reduce 204
reference wrapper 53
regular expression 248
regular file 288
relative 293
relative path 289

remove 293
remove_all 293
remove_prefix 244
remove_suffix 244
rename 293
replace 233
reserve(n) 225
reset 65
resize_file 293
resize(n) 225
rfind 232

S

Search 154
search_n 169
seed 212
seekg(off, rpos) 279
seekg(pos) 279
seekp(off, rpos) 279
seekp(pos) 279
sequential consistency 302
sequential container 30, 98
setstate(fla) 282
shared future 333
shrink_to_fit( ) 225
SIMD 156
Single Instruction Multiple Data 156
size( ) 225
smart pointer 30
space 293
space_info 291
spurious wakeup 327
standard library 28
Standard Template Library 28
start policy 329
status 294
status_known 297
std::accumulate 201
std::add_const 73
std::adjacent_difference 201
std::advance 139
std::allocator 88
std::all_of 164
std::any 30, 80
std::any_cast 80
std::any_of 164
std::array 30, 89, 99
std::async 329
std::atomic 302
std::back_inserter 141
std::bad_any_cast 81
std::bad_optional_access 82
std::bad_variant_access 83
std::basic_iostream<> 267
std::begin 139
std::binary_search 189
std::bind 29, 45
std::boolalpha 272
std::call_once 322
std::cbegin 139
std::cend 139
std::cerr 268
std::chrono::high_resolution_clock 80
std::chrono::steady_clock 80
std::chrono::system_clock 80
std::cin 268
std::clog 268
std::common_type 74, 86
std::conditional 74
std::copy 170
std::copy_backward 170
std::copy_if 170
std::copy_n 170
std::cout 268

std::crbegin 139
std::cref 29, 54
std::crend 139
std::dec 272
std::defaultfloat 273
std::default_random_engine 213
std::deque 31, 104
std::distance 139
std::enable_if 74
std::enable_shared_from_this 62
std::end 139
std:endl 269
std::equal 165
std::equal_range 189
std::equal_to〈key〉 121
std::execution::par 155
std::execution::par_unseq 156
std::execution::seq 155
std::filebuf 277
std::filesystem::create_directories 290
std::filesystem:perm_options::add 292
std::filesystem::perm_options::remove 292
std::filesystem::perms 291
std::filesystem::space 295
std::filesystem::space_info 295
std::fill 174
std::fill_n 174
std::find_end 168
std::fixed 273
std::flush 269
std::for_each 159
std::for_each_n 159
std::forward 43
std::forward_list 31, 108
std::front_inserter 141
std::fstream 277
std::function 29, 45, 47
std::future_error 333
std::generate 174
std::generate_n 174
std::get 50, 83
std::get_if 84
std::has〈key〉 121
std::hex 272
std::hexfloat 273
std::ifstream 277
std::ignore 51
std::includes 191
std::inner_product 201
std::inplace_merge 191
std::inserter 141
std::internal 272
std::ios::app 277
std::ios::ate 277
std::ios::badbit 281
std::ios::beg 279
std::ios::binary 277
std::ios::cur 279
std::ios::end 279
std::ios::eofbit 281
std::ios::failbit 281
std::ios::goodbit 281
std::ios::in 277
std::ios::out 277
std::ios::trunc 277
std::iota 201
std::is_heap 195
std::is_heap_until 195
std::is_partitioned 185
std::is_sorted 187
std::is_sorted_until 187
std::istream 267
std::istringstream 275
std::launch::async 329
std::launch::deferred 329
std::left 272

std::less 117
std::lexicographical_compare 165
std::list 31, 106
std::lock_guard 317
std::lower_bound 189
std::lowercase 272
std::make_heap 195
std::make_optional 82
std::make_pair 49
std::make_tuple 50
std::make_unique 60
std::map 116, 120
std::max 40
std::max_element 198
std::merge 191
std::min 40
std::min_element 198
std::minmax 40
std::minmax_element 198
std::mismatch 165
std::move 42, 176
std::move_backward 176
std::multimap 116
std::multiset 116
std::next 139
std::next_permutation 200
std::noboolalpha 272
std::none_of 164
std::noshowbase 272
std::noshowpoint 273
std::noshowpos 272
std::nth_element 187
std::oct 272
std::ofstream 277
std::once_flag 322
std::optional 30, 82
std::ostream 267
std::ostringstream 275
std::packaged_task 330
std::pair 29, 48
std::partial_sort 187
std::partial_sort_copy 187
std::partial_sum 201
std::partition 185
std::partition_copy 185
std::partition_point 185
std::pop_heap 195
std::prev 139
std::prev_permutation 200
std::priority_queue 133
std::push_heap 195
std::queue 132
std::random_device 213
std::random_shuffle 182
std::ratio 79
std::rbegin 139
std::ref 29, 54
std::reference_wrapper 53
std::regex_constants::format_first_only 259
std::regex_constants::format_no_copy 259
std::regex_constraints::icase 250
std::regex_iterator 248, 261
std::regex_match 248, 255
std::regex_replace 248, 258
std::regex_search 248, 256
std::regex_token_iterator 248, 261, 263
std::remove 173
std::remove_const 73
std::remove_copy 173
std::remove_copy_if 173
std::remove_if 173
std::rend 139
std::replace 171
std::replace_copy 171
std::replace_copy_if 171
std::replace_if 171

std::reverse 179
std::reverse_copy 179
std::right 272
std::rotate 181
std::rotate_copy 181
std::scientific 273
std::search 168
std::search_n 168
std::set 116
std::set_difference 192, 193
std::setfill(c) 272
std::set_intersection 192
std::setprecision(val) 273
std::set_symmetric_difference 192
std::set_union 192
std::setw(val) 272
std::shared_lock 320
std::shared_ptr 30, 55, 61
std::shared_timed_mutex 320
std::shared_time_mutex 315
std::showbase 272
std::showpoint 273
std::showpos 272
std::shuffle 182
std::smatch 252
std::sort 187
std::sort_heap 195
std::stable_partition 185
std::stable_sort 187
std::stack 130
std::string 32
std::stringstream 275
std::string_view 32
std::sub_match 253
std::swap 44, 177
std::swap_ranges 177
std::swap(t1, t2) 309
std::symmetric_difference 193
std::this_thread::get_id() 309
std::this_thread::sleep_for(relTime) 309
std::this_thread::sleep_until(absTime) 309
std::this_thread::yield() 309
std::thread 304
std::thread::hardware_concurrency() 309
std::tie 51
std::transform 178
std::tuple 29, 49
std::union 193
std::unique 183
std::unique_copy 183
std::unique_lock 319
std::unique_ptr 30, 55
std::unordered_map 121
std::upper_bound 189
std::uppercase 272
std::variant 30, 83
std::vector 30, 102
std::visit 85
std::weak_ptr 30, 55
std::wfilebuf 277
std::wfstream 277
std::wifstream 277
std::wistringstream 275
std::wofstream 277
std::wostringstream 275
std::ws 269
std::wstringstream 275
STL 28, 30
sto* 237
stod 238
stof 238
stoi 238
stol 238
stold 238
stoll 238
stoul 238

stoull 238
stream 275
stream iterator 142
stream manipulator 269
strict weak ordering 118
string 220
string stream 33
string view 242
swap 65, 93, 233, 244
symbolic link 288
symlink_status 294

T

task 327
tellg() 279
tellp() 279
temp_directory_path 294
thread_local 323
thread-local 34
thread local data 323
thread local storage 323
time 30
time duration 75
time point 75
top() 130
to_string 237
to_time_t 80
to_wstring 237
TR1 28
transform_exclusive_scan 206
transform_inclusive_scan 206
transform_reduce 204
t.swap(t2) 309
type trait 30, 68

U

unary 146
UnFunc 154
unget() 270
universal reference 44
unordered associative container 31, 112
UnPre 154
upper_bound 118
use_count 65
using 디렉티브 36
using 선언 35
utility 29

V

ValType 154
var.emplace 83
var.holds_alternative 83
var.index 83

W

wait_for(lock, relTime, …) 325
wait(lock, …) 325
wait_until(lock, absTime, …) 325
weakly_canonical 293

ㄱ

경로 289
공유 퓨처 333
교착 상태 315
구동 정책 329
기간 75, 77

기본 타입 카테고리 69
긴 이름 34
끝 반복자 31

ㄴ

난수 라이브러리 32
난수 생성기 32
네임스페이스 앨리어스 37

ㄷ

단항 146
대입 93
데드락 315
데몬 스레드 306
데이터 경쟁 311
디렉터리 288

ㄹ

락 317
람다 함수 148
레퍼런스 래퍼 53
로드 팩터 125
로 스트링 리터럴 248

ㅁ

맞바꾸기 93
매니퓰레이터 33
맵리듀스 205
멀티스레딩 33
메르센 트위스터 213
메모리 모델 302
무작위수 212
무작위수 라이브러리 32
무작위수 분포 213
무작위수 생성기 32, 212
묶음 초기화 89
문자열 220
뮤텍스 313

ㅂ

반복자 30, 136, 152, 155
반복자 어댑터 141
범위 31
베르누이 분포 214
보편 참조 44
복제 대입 93
복제 대입 가능 53
복제 생성 가능 53
복제 의미론 43
분할 184
불러오기 34
비교 연산자 94
비수정 연산 243
비정렬 연관 컨테이너 31, 112, 121

ㅅ

사라진 깨우기 327
삭제 후 제거 구문 174
상대 경로 289
상태 변수 34, 325
생성자 43
순차 일관성 302

순차 컨테이너 30, 98
순환 참조 66
스레드-로컬 34
스레드 로컬 데이터 323
스레드 로컬 스토리지 323
스마트 포인터 30, 55
스트림 266, 275
스트림 반복자 142
스트림 조작자 269
스트링 220
스트링 뷰 242
스트링 스트림 33, 275
시간 30
시간 라이브러리 74
시드 212
시스템 라이브러리 33
시작 반복자 31
시점 75
심볼릭 링크 288

ㅇ

알고리즘 30, 152
양방향 반복자 136
엄격한 약순서화 118
에포크 75
연관 배열 120
연관 컨테이너 31, 112
용량 125
원소를 수정하지 않는 알고리즘 161
위험 부분 313
유틸리티 29
이동 대입 93
이동 의미론 42
이중 연결 리스트 106
이진 탐색 189
이항 146
인클루드 34
일반 파일 288
임계 영역 313
임의 접근 278
임의 접근 반복자 136
입력 반복자 137

ㅈ

잘못된 깨우기 327
적재율 125
전달 참조 44
전처리기 35
절대 경로 289
정규 표현식 33, 248
정규 표현식 오브젝트 250
정렬 연관 컨테이너 31, 112
정방향 반복자 136
조작자 33
즉시 실행 329
지연 실행 329

ㅊ

추가 반복자 141
추가 연산자 33
추출 연산자 33
출력 반복자 137

ㅋ

캡처 그룹 251
컨테이너 30
컨테이너 어댑터 31

컴파일러 익스플로러 157
콜러블 32, 85, 146
콜러블 단위 146
크리티컬 섹션 313
클럭 79

ㅌ

타입 트레이트 30, 68
태스크 34, 327

ㅍ

파일 288
파일 스트림 33, 277
파일 이름 289
파일 접근 권한 291
팩토리 함수 43
펑터 147
표준 경로 289
표준 라이브러리 28
표준 템플릿 라이브러리 28, 30
퓨처 327
프레디케이트 40, 146
프로미스 327
플래그 281

ㅎ

하드 링크 288
할당자 88
함수 146
함수 오브젝트 147
합병 191
호출 가능 단위 146
힙 195

기호

〈〈 33, 230, 269, 271
〉〉 33, 230, 269
$` 261
$& 261
$$ 261
$i 261
〈algorithm〉 153
〈cmath〉 216
_copy 154
〈cstdlib〉 216
_if 154
〈numeric〉 153
–O3 157
〈random〉 212
〈string〉 220